KB127067

감정이
지배하는
사회

Sebastian Herrmann: GEFÜHLTE WAHRHEIT
WIE EMOTIONEN UNSER WELTBILD FORMEN

Copyright © Aufbau Verlag GmbH & Co KG, Berlin 2019
All rights reserved. No part of this book may be used or reproduced in any manner whatever without written permission except in the case of brief quotations embodied in critical articles and reviews.

Korean Translation Copyright © 2019 by MegaStudy CO., Ltd.
Korean edition is published by arrangement with Aufbau Verlag GmbH & Co KG, Berlin through BC Agency

* 이 책의 한국어판 저작권은 BC에이전시를 통해 저작권자와 독점 계약한 메가스터디 (주)에 있습니다. 저작권법에 의해 한국 내에서 보호를 받는 저작물이므로 무단 전재와 무단 복제를 금합니다.

합리적 개인이 되기 위한 16가지 통찰

감정이 지배하는 사회

세바스티안 헤르만 지음

김현정 옮김

메가스터디BOOKS

목차

감정은 판단을 재배한다

_생각의 배후에는 왜 사소한 감정들이 숨어 있을까?

투표 전에 느끼는 개인적인 딜레마는 선거 때마다 계속 존재한다. 우리는 '어느 당에 투표해야 할까?'라는 똑같은 문제에 매번 직면할 때마다 이러한 딜레마를 느낀다. 이론상으로는 이른바 내용, 즉 선거 공약이 중요할 것이다. 하지만 아주 솔직하게 말하자면 선거 공약을 실제로 읽는 사람이 있을까? 그러니까 확실하게 호감을 느끼는 정당 외에 선거에 참여하는 모든 정당의 공약을 전부 꼼꼼하게 읽어보는 사람이 있을까?

어느 한 정당에 대해 친근감을 느끼는 데에는 다양한 요인들이 작용한다. 예를 들면 자신의 부모가 어떤 견해를 지지하는지, 자신의 가족이 과거에 혹은 현재 어떤 정치 좌표에 위치하는지 등은 중요한 요인이다. 이때 유전적 요인도 어느 정도의 역할을 한다. 어느 정도까지인지에 대해서는 여전히 논의 중이지만, 확실한 사실은 유전자도 정치 성향에 영향을 미치는 다양한 요인 중 하나라는 점이다.

아동기와 청년기에 겪은 개인의 경험과 기억은 보다 구체적인 요인으로 작용한다. 특히 10대 시절과 20대 후반까지가 중요하다. 이 연령대에서는 여론을 지배하는 굵직굵직한 논쟁들이 특히 한 개인의 정치 참여 의식에 강한 영향을 미친다. 친구들의 성향도 중요한 역할을 한다. 절친한 친구들은 자기 자신과 비슷한 가치관을 가지고 있으며, 그렇지 않다면 그들과 친해지지도 않았을 것이다. 또한 당에 대한 충성심도 중요한 요인이다. 특히 과거에는 자신이 어느 정당을 지지했는지가 지금보다 훨씬 더 중요했다. 예전에는 선거에서 자신이 지지하던 당이 아닌 다른 당에 투표할 경우, 오늘날보다 더 큰 죄책감과 근심에 시달렸다.

정당을 선택하는 데에는 수많은 원인들이 존재한다. 하지만 결국 결정은 직감적 직관에 따라 이루어진다. 다시 말해 사람들은 이 정당이 좋고 저 정당은 싫다고만 대답할 뿐이다. 많은 사람들이 어느 정당도 확고한 신념으로 지지하지 못하고 정치인들을 욕하는 것이 일상적인 일이 되어버린 지금은, '어느 정당이 가장 덜 멍청하다고 느껴지는가?'라는 질문이 더 어울릴 것이다. 어쨌든 사람들은 결국 감정에 뒤덮인 호감을 근거로 결정을 내린다. 마찬가지로 대부분의 유권자들은 이러한 방식으로 정치인들에게 접근한다. 이를테면 우리는 정치인이 호감형인지 비호감형인지 한 번쯤 외모를 기반으로 평하고 판단한다.

실제로 아주 많은 사람들이 정치인들의 외모를 토대로 투표를 결정한다. 이러한 사실은 스위스 로잔 대학교의 존 안토나키스John Antonakis와 올라프 달가스Olaf Dalgas가 2009년 과학 전문지 〈사이언스Science〉에 발표한 연구에서 명백히 설명되고 있다. 연구진은 5세에서 13세 사이의 어린아이들에게 프랑스 총선 후보자들의 사진을 보여주고 당선 가능성을 평가해보라고 했다. 어린아이들은 사진을 얼핏 보고서도 누가 당선 가능성이 높은지를 충분히 예측할 수 있었고, 놀랍게도 실제 선거 결과가 어린아이들의 예측과 상당히 일치했다. 실제로 선거구의 70%에서 어린아이들이 지목한 정치가가 당선되었다. 그렇다면 유권자들은 정당의 공약이 아니라 후보자의 얼굴을 읽는 것일까? 어른들에게 동일한 실험을 실행했어도 그들은 자신의 직감에 따라 유망해 보이는 후보의 사진을 지목했을 것이다.

그렇다면 사람들은 얼굴에서 정확히 무엇을 보는 것일까? 그리고 이러한 인상은 얼마나 적중할까? 후보자는 유권자들에게 어떻게 해서든지 유능하게 보이는 것이 좋다. 유능해 보이는 인상은 유권자들에게 유리하게 작용하기 때문이다. 적어도 선거 내용에 정보가 어둡고 자신의 직감을 믿는 유권자들에게는 말이다. 그리고 이러한 사람들은 생각보다 상당히 많다. 하지만 유능한 인상을 풍기는 얼굴을 가졌다고 해서 그 사람이 정말로 유능한 사람일까?

워런 하딩Warren Harding은 최소한 지금까지는, 미국 역대 최악의 대통령으로 꼽힌다. 하지만 그의 인상은 1920년대 초반, 많은 이들로부터 과찬을 받았다. 그의 용모는 날카로운 지성과 강한 의지를 풍겼다. 작가 조르주 앙리 르바Georges Henri LeBarr는 1922년에 자신의 저서《왜 당신의 모습이 곧 당신인가Why You Are What You are》에서 "그의 턱은 거의 초인적인 강인함으로 축복받은 듯한 느낌을 준다."고 기술하고 있다. 이 책은 그 당시 관상 기술에 관한 대중적인 책들 중 하나였다. 워런 하딩의 얼굴은 그가 대통령직에 적임일 것 같다는 인상을 불러일으켰다. 하지만 실제로 1921년부터 그가 사망한 1923년까지의 재임 기간은 완전히 실패였다. 어떤 후보자가 훌륭한 정치인인지 아닌지는 사진만 보고서는 파악할 수 없다. 용모와 얼굴은 그 사람이 유능할 것 같다는 인상 혹은 호감을 주는 인상이라는 느낌만을 야기할 뿐이다.

하지만 편견을 갖지 않는 사람이 되기란 쉬운 일이 아니다. 결국 우리의 결정은 '나는 이 정치인 혹은 이 정당을 좋다고 생각하는가, 나쁘다고 생각하는가?'라는 단순한 질문을 토대로 이루어진다. 우리가 어떤 것을 옳다고 혹은 틀리다고, 좋다고 혹은 나쁘다고 여길 때 이를 결정하는 것은 근본적으로 감정이다. 실험 심리학의 창시자인 빌헬름 분트Wilhelm Wundt는 1890년에 이른바 감정의 우위에 대해 이야기했다. '감정'이라는 개념 뒤에는 사소하고 순간적인 감정적 분출들이 숨겨져 있다. 인간은 이러한 순간적인 감정적 분출이 긍정적인지 부정적인지에 따라 그러한 감정에 접근하거나 그로부터 빠져나오려고 한다. 이는 어떤 것이 좋다 혹은 나쁘다고 느끼는 최후의 감정과 근본적으로 같다.

빌헬름 분트는 1896년에 출간한 자신의 저서《심리학 개론 Grundriss der Psychologie》에서 인간의 감정은 인지와 밀접한 관련이 있으며, 우리는 우리 시아에 들어오는 모든 것을 자동적으로 판단하여 좋고 나쁨의 범주로 구분한다고 설명했다. 미국의 도덕 심리학자 조너선 하이트Jonathan Haidt는 이러한 과정이 아주 순식간에 이루어지기 때문에 우리가 판단하려는 대상이 무엇인지를 제대로 알지도 못할 때가 많다고 말한다. 조너선 하이트는 자신의 저서《바른 마음The Righteous Mind》에서 이러한 순간적인 감정은 즉각적으로 나타나기 때문에 의식적인 모든 생각보다 앞서고, 의식적인 생각에 결정적인 영향을 미친다고 얘기한다.

조금 과장되게 표현하자면, 지금 우리가 무엇에 대해 좋다 혹은 싫다고 판단하는 것에 앞서, 좋다 혹은 싫다는 감정 자체를 먼저 느낀다는 것이다. 우리는 우리의 주변 세계에 매우 직관적으로 반응한다. 이는 선거를 앞두고 입후보한 정치인과 정당들에도 마찬가지로 반응한다. 감정은 개인의 견해를 형성하는 과정에서 중요한 역할을 한다. 즉 감정이 먼저 작용하고 그다음에 그 감정에 들어맞는 사실, 자신이 처음부터 갖고 있었던 생각을 더욱 확고하게 만들어줄 수 있는 사실을 찾기 시작한다.

이러한 감정적 우위는 다양한 정치 진영의 주장들을 대하는 방식에도 영향을 미친다. 결국 우리의 모든 인지 작용은 감정에 따라 형성된 견해를 지탱하려는 데에 방향을 맞춘다. 우리는 자신의 기대와 생각에 부합하는 사건들만을 인식하려는 경향이 있다. 슈퍼마켓 계산대에서 줄을 잘못 선 것 같은 느낌이 드는 사소한 문제부터 혹은 의학적 치료에 대해 찬반을 결정하는 것처럼 매우 중요한 결정의 문제까지 상관없이 말이다.

빌헬름 분트의 연구는 현대의 많은 연구와 실험들을 통해 입증되고 있으며, 감정이 인간의 판단 체계를 얼마나 직접적으로 조종하는지가 명확히 드러나고 있다. 예를 들면 앞에서 언급한 것처럼 얼굴을 인식할 때나 첫인상을 느낄 때 감정이 크게 작용한다. 판단은 아주 짧은 순간 안에 결정된다. 프린스턴 대학교의 심리학자 알렉산더 토도로프Alexander Todorov가 피험자들에게 미국 상원의원 후보들의 사진을 보여주자 그들은 평균 1초 이내에 판단을 끝냈다. 알렉산더 토도로프는 재닌 윌리스Janine Willis와 함께 심리학 전문지 〈사이콜로지컬 사이언스Psychological Science〉에 어떤 사람이 믿을 만한지, 공격적인지, 쾌활한지, 남성적인지, 여성적인지, 지배적인지, 소심한지 등을 판단하는 데에 0.1초면 충분하다는 사실을 발표했다. 0.1초는 눈을 한 번 깜박거리는 시간보다 짧은 시간이다.

스치는 시선만으로도 인간을 분류하여 서랍 안에 정리할 수 있는 것이다. 감정은 지성이 서서히 깨어나 상황을 인식하기 훨씬 전에 결정을 내린다. 외모를 더 오래, 더 집중적으로 관찰할 수 있는 충분한 시간이 주어지더라도 감정이 내린 판단은 쉽게 바뀌지 않는다. 인간은 자신이 원하는 사람인지 그렇지 않은 사람인지에 따라 주변 사람들을 분류하며 다른 사람들을 판단하는 데에 1초도 걸리지 않는다. 하지만 이러한 판단은 대부분 그릇된 경우가 많다. 감정과 진실은 별개의 문제이기 때문이다.

감정적으로 판단하는 첫인상은 강한 영향력을 행사하기 때문에 판단 능력을 흐리게 만든다. 예를 들면 토도로프와 윌리스의 실험에서 참가자들은 어떤 한 사람에 대해 그의 외모보다 더욱 신빙성 있는 다른 중요한 정보들을 이미 많이 가지고 있음에도 자신의 주관적인 생각을 확신했다. 피험자들은 어떤 사람의 얼굴에서 신뢰할 만한 인상이 느껴지면 그 사람의 행동 내용에 대해서는 거의 고려하지 않았다. 호감 가는 외모를 가진 사람은 좋은 사람이라고 생각하는 것이다. 하지만 다른 사람의 외모를 맹목적으로 믿기보다는 그 사람의 행동 내용을 아는 것이 훨씬 더 중요할 것이다. 그러나 이미 감정이 앞서 나가기 때문에 그러한 느낌을 지나칠 수가 없다.

우리가 이와 똑같은 방식으로 다른 모든 사안에 대해서도 감정적인 판단을 내린다면 감정에 따라 생겨난 생각들이 모여 결국 개인적인 세계상을 구성하게 된다. 그리고 인간은 매우 복합적이고 무질서한 성향을 지니고 있기 때문에 거꾸로도 생각해볼 수 있다. 즉 우리의 세계상은 우리 앞에 놓인 온갖 사안에 대해 다소 순간적인 감정적 판단을 내리게 하며, 우리의 이러한 감정적 판단을 더이상 이상 그만둘 수 없게 한다.

인간은 자신의 감정에 따라 움직이는 존재다. 미국의 코미디언 스티븐 콜베어Stephen Colbert는 이와 관련하여 '트루시니스Truthiness'라는 매우 적합한 개념을 처음으로 만들었다. '트루시니스'는 '진실스러움'이라고 번역할 수 있으며, 무언가가 옳다고 혹은 진실이라고 느끼는 매우 주관적인 감정을 뜻한다. 우리가 어떤 주장에 대해 진실이라고 느낄 때, 그 주장이 정말로 사실에 부합하는지 아닌지는 중요한 역할을 하지 않는다. 중요한 것은 우리가 느끼는 감정적 진실이다.

콜베어는 자신이 진행하는 TV쇼 '콜베어 르포The Colbert Report'에서 "나는 무엇이 사실인지 거짓인지를 우리에게 끊임없이 말해주는 교과서나 백과사전을 추종하는 사람이 아니다."라고 말한 바 있다. 콜베어는 방송에서 시청자들에게 책을 찾아보기보다는 자신의 직감에 물어보는 것이 좋다고 권했다. 그러면서 그는 미국의 전 대통령 조지 부시가 2002년에 했던 말을 인용했다. "나는 내가 생각하는 것이 올바른지 아닌지를 알기 위해 전 세계를 돌아다니면서 여론조사를 하는 데에 시간을 허비하지 않는다. 그저 내가 어떻게 느끼는지만 알면 된다." 더 많이 아는 척하며 우쭐대는 책에서가 아니라 직감에서 나온 진실, 이것이 바로 '진실스러움'이다! 지금 다른 사람들의 지적 게으름을 경멸하며 비웃는 사람들이 있다면 이렇게 얘기해주자. 우리 모두가 그렇게 생각하고 행동한다고 말이다. 이 책의 저자인 나도 마찬가지다!

감정의 우위는 오늘날 매우 상승세를 타고 있다. 미국과 유럽 대학의 몇몇 학과에서, 이를테면 젠더학이나 다른 인문 및 사회과학에서 주관적 경험이 경험적 인식의 등급으로 승격되고 있다. 미국 여러 대학의 학생들은 자신들이 거부하는 정치 연설가의 등장에 주기적으로 이의를 제기한다. 그리고 그 이유에 대해 주로 이렇게 말한다. 그 정치 연설가들의 견해가 자신들에게 불쾌감과 분노를 유발하고, 그들의 계획적인 등장으로 말미암아 불안감을 느끼기 때문이라는 것이다. 극도로 분열된 미국의 정치에서 트럼프 대통령 지지자들은 오로지 본인의 감정과 그에 따른 감정적 진실을 믿기 위해 '네 감정 같은 건 엿 먹어Fuck Your Feelings!'라는 글귀가 쓰인 티셔츠를 입는다. 말하자면 멍청이는 언제나 내가 아닌 다른 사람들이며, 잘못된 감정을 품는 쪽은 항상 상대편이라는 것이다. 이처럼 모든 사람은 자신이 올바른 편에 서 있고 진실을 인식한 사람들에 속한다는 자신감을 가지고 살아간다.

하지만 우리는 어떤 사안에 대해 다른 사람이 자기 자신과 완전히 다른 시각을 가지고 있을 때마다 매번 불쾌한 놀라움을 느낀다. 어떤 주제가 한쪽에서 여전히 큰 관심사이고 다른 쪽에서는 관심이 없을 때 양쪽 모두 큰 절망감을 느낄 수 있다. 그러니까 '저 사람은 이 중요한 사안에 어떻게 저렇게 아무 생각이 없지?'라는 절망적인 생각이 드는 것이다. 그렇다면 반대쪽에서는? 반대쪽에서도 똑같은 질문을 제기한다. 공화당과 민주당이 점점 적대적인 관계가 되어가는 미국에서 양 진영은 여론조사에서 상대측이 사실을 인식하지 못한다고 주기적으로 주장한다. 좌절감을 느낀 토론자들은 공화당 혹은 민주당과 논쟁하는 것은 의미가 없다고 말하면서 서로 상대에게 손가락질하며 이렇게 외친다. "저들은 현실을 인식하는 능력이 전혀 없습니다!"

심리학자들은 감정에 따라 판단하는 경향을 '감정 휴리스틱Affect Heuristic'이라고 부른다. 휴리스틱은 인간이 직관적으로 생각하고 그에 따라 행동하게 만드는 경험적인 법칙을 말한다. 하지만 우리는 이 과정을 의식적으로 인식하지 못한다. 심리학자 폴 슬로빅Paul Slovic은 1999년에 저술한 자신의 유명한 논문에서 어떤 주제로부터 유발되는 감정이 그 주제에 대한 입장을 형성하는 데 어떻게 영향을 미치는지를 구체적으로 설명했다. 슬로빅은 피험자들에게 수돗물 불소 첨가, 식품 방부제, 화학 공장 등 논란이 되고 있는 주제에 대해 판단을 요청했다. 그 결과, 이와 같은 주제에 대해 기본적으로 부정적인 입장을 가지고 있었던 사람은 이러한 기술이 효과도 없고 위험성도 너무 높다고 판단했다. 반면 이러한 주제들을 처음부터 긍정적인 시각으로 바라보았던 사람은 어느 정도의 위험을 감안하더라도 큰 유용성이 있다고 생각했다. 즉 감정이 먼저 생기고 그다음에 유용성과 위험성에 대한 판단이 내려지는 것이다.

우리는 많은 주제들을 직면할 때 이와 같은 경험을 한다. 확실한 견해에 도달하기 위해 한 개인이 모든 중요한 사실들을 정확히 알고 평가하는 것이 가능할까? 이것은 실질적인 이유에서 볼 때 이미 불가능하다. 인생은 하나의 커다란 주제에만 매달리기에도 그렇게 길지 않다. 또한 심리적인 이유에서도 불가능하다. 왜냐하면 우리는 실제 사실에 근거하고 있지도 않은, 그럼에도 상당히 중요하고 좋다고 생각하는 확고한 견해를 이미 가지고 있기 때문이다.

우리가 그러한 견해를 갖고 있다는 것은 슬픈 일이다. 왜냐하면 민주주의는 사정에 정통한 성숙한 시민들이 있을 때 좋은 기능을 발휘하기 때문이다. 한편 유권자들은 전문가들에게도 버거운 질문들을 주기적으로 접하게 된다. 영국의 브렉시트Brexit 결정을 예로 들어보자. 2016년에 영국 국민들은 영국의 유럽연합 잔류 여부에 대한 투표를 실시했고, 그들은 탈퇴를 결정했다. 국민투표 이후 혼란스러웠던 몇 달 동안 영국의 유럽연합 탈퇴를 적극 찬성한 사람들조차 그 과정이 어떻게 진행될지, 어떤 결과를 초래할 수 있는지에 대해 전혀 모르고 있었다는 사실이 점차 드러났다. 그들 중 많은 사람들은 유럽연합이 어떻게 형성되고 어떻게 운영되는지에 대해 아무것도 모르고 있었다. 40년 이상 밀접하게 연계되어 있던 한 나라를 다국적 국가 구성체인 유럽연합에서 제외시키는 것은 상상을 초월할 정도로 복잡한 문제다. 이에 비하면 다섯 아이를 둔 부부의 이혼은 식은 죽 먹기라고 할 수 있다.

2016년 국민투표를 통해 유럽연합 잔류 여부를 결정할 때 유권자들뿐만 아니라 유럽연합 탈퇴를 찬성하는 당 지도자들에게도 중요한 문제는 오로지 하나였다. 그것은 바로 '나는 유럽연합을 좋다고 느끼는가 아니면 싫다고 느끼는가?' 하는 것이었다. 영국의 황색신문을 한 번이라도 읽은 사람들은 브뤼셀의 사악한 관료주의자들과 부패한 유럽연합이 수십 년 동안 자랑스러운 대영 제국을 억압하고 속박하고 괴롭히려 한다고 생각했다. 이러한 황색신문들은 많은 사람들의 감정을 한 방향으로 향하게 만들었다. 바로 유럽연합을 멀리해야 한다는 것이었다.

상황적 여건들도 판단에 지속적으로 영향을 줄 수 있다. 이를테면 현재의 기분처럼 말이다. 기분이 좋을 때에는 자신이 듣는 모든 이야기를 어느 정도 믿으려는 경향이 있다. 이러한 사실은 여러 실험을 통해 잘 알려져 있다. 기분이 좋은 상태에서는 많은 것이 쉽게 여겨지고, 쉽게 여겨지는 것이 좋은 것, 옳은 것이라고 느낀다. 심리학자들은 이를 인지적 편안함Cognitive Ease이라고 말한다. 반면 기분이 언짢을 때에는 기억력이 더 잘 작동하여 분석적인 사고를 촉진하며 인간의 정신이 범하는 몇 가지 만성적 오류를 줄여준다. 사람들은 기분이 불쾌하면 자동적으로 주변의 정보들을 인지하려고 신경을 곤두세운다. 이때 인지적 편안함은 사라지고, 그 결과 어떤 것이 사실이라는 받아들이는 확률이 감소된다. 즉 나쁜 기분은 회의적인 경향을 증대시키고, 사실과 가공된 이야기를 구분하는 능력을 개선시킨다.

어쨌든 모든 인간은 판단을 하고 결정을 내리기 위해 무의식적으로 자신의 감정을 참고한다. 우리는 '사실 상태는 어떠한가?'라는 질문을 해야 마땅한 부분에서 '나는 이것이 좋은가 아니면 싫은가?'라고 질문한다. 우리의 감정이 주도권을 잡을 때에는 사실이 무엇인지는 전혀 개의치 않는다. 비행기를 타면 불안감을 느끼는 사람에게 비행기가 통계적으로 가장 안전한 교통수단이며 자동차를 타는 것이 훨씬 더 위험하다는 사실은 불안감을 진정시키는 데에 전혀 도움이 되지 않는다. 그는 이미 불안감을 느끼고 있고, 불안감은 사실 따위를 외면한다.

이와 동일한 원칙에 따라 난민에 대한 의구심도 사실이라는 수단을 통해 제거될 수 없다. 여러 연구와 수치에 따르면, 응답자의 대부분이 자국에서 외국 국적의 사람들이 차지하는 비율을 지나치게 높이 평가하며, 이민자 유입으로 말미암아 자국의 범죄 통계 수치가 높아졌다는 잘못된 생각을 가지고 있다. 이민자에게 의구심 혹은 혐오감을 품고 있는 사람은 수치라는 사실을 통해서도 그러한 의구심이나 혐오감을 없애지 못한다. 공식적인 통계가 본인의 의구심에 위배된다 하더라도 자신의 생각에는 결코 흔들림이 없으며, 불쾌감과 거부감은 여전히 존재한다. 감정은 이미 오래전에 판단을 내렸고, 이러한 판단은 앞으로도 바뀌지 않을 것이다.

우리의 생각과 세계상은 우리의 소망과 동경, 불안과 희망, 우리의 자아상과 주변 세계에 의해 형성된다. 자신의 생각은 소중한 자산이며, 우리는 자신의 견해, 특히 자기 자신에게 가장 근본적이라고 생각되는 견해를 매우 높이 평가한다. 여러 학자들은 이러한 주관적인 견해를 귀중한 재산과 비교한다. 우리는 자신의 주관적인 견해에 집착하고 이를 잘 포기하지 않는다. 그 이유는 무엇일까? 물질적인 재산처럼 그러한 확신들도 우리를 행복하게 해줄 수 있기 때문이다. 내가 옳다는 느낌, 올바른 편에 서 있다는 느낌은 우리를 행복하게 만들며, 우리는 이런 느낌을 계속 유지하려고 한다. 다른 사람이 아무리 논리나 사실을 우리에게 내밀어도 우리는 자신의 보물을 결코 포기하지 않는다. 당신은 상대의 생각이 잘못되었음을 인지시켰던 적이 마지막으로 언제였는지 기억할 수 있는가? 버스 출발 시각 문제 혹은 부르키나파소Burkina Faso의 수도 이름이 무엇인가라는 문제인 경우에는 가능했을 수도 있겠다. 이러한 문제의 정답은 감정이 그다지 크게 작용하지 않으니 말이다. 이러한 경우에는 사실적 내용이 중요한 역할을 한다.

하지만 독실한 기독교 신자를 무신론자로 바꾸어보려고 하거나 유럽연합에 강한 적대감을 가지고 있는 사람에게 유럽연합이 평화의 토대이며 힘을 갖기 위해 회원국들이 결속해야 한다고 설득해보라. 또는 성평등에 대해 토론할 때 토론 참가자의 입장을 변화시키려고 해보거나 시장 자유주의 지지자에게 재분배와 과세의 강도를 높여야 한다고 납득시켜보라. 혹은 음모론 추종자를 그의 망상으로부터 벗어나게 해보라.

이와 같은 경우라면 당신은 아마 고전을 면치 못할 것이다. 각각의 사람들이 가지고 있는 개인적인 견해는 그들에게 신성하고 매우 귀중한 소유물이기 때문이다. 그러므로 이러한 생각들을 버리려면 큰 고통이 따를 것이다. 거꾸로 생각해보면 우리가 가진 핵심적인 신념은 우리에게 발판과 나아갈 방향, 단순하게 말하자면 좋은 감정을 부여한다. 우리가 옳다고 생각하는 정보들은 우리에게 좋은 감정을 선사하기 때문에 우리는 그러한 정보들에 더욱 마음을 연다. 반면 우리의 신념을 의심스럽게 만드는 진술들은 기피한다.

요즘에는 무수한 목소리들이 한데 뒤섞여 큰 소리를 내고 있고 페이크 뉴스Fake News, 즉 가짜 뉴스를 내뱉고 있다. 사람들은 거짓 언론에서 나온 말들을 입에 올리고 거의 반사적으로 상대측을 성차별주의자 혹은 인종주의자라고 비방한다. 예전부터 인간의 이러한 반사적 행동 뒤에는 어떤 저의가 숨겨져 있다. 소위 탈사실Post-Factual 시대를 맞이했음에도 인간은 언제나 그렇게 생각하고 행동한다. 디지털화로 말미암아 거짓과 진실, 소문과 사실을 더욱 구분하기 어려워졌으며, 누구나 자신의 세계상에 들어맞는 정보를 얻을 수 있는 조건이 마련되었다.

사실이 그다지 중요한 역할을 하지 않는다면, 어떤 숨겨진 심리적 요인들이 우리의 생각과 정보를 대하는 방식에 영향을 주는 것일까? 우리는 수많은 정보들을 어떻게 대하고 있는가? 즉 우리는 어떤 정보들을 받아들이고 어떤 정보들을 반사적으로 거부하는가?

인간은 순간적인 판단을 내릴 때 어떤 원칙을 따르며, 어떻게 자신이 옳다고 생각하는 결정을 내릴까? 우리가 마음속에 품고 있는 무수한 감정적 진실은 어떻게 생겨날까? 지금이야말로 이 모든 문제에 대해 살펴볼 가장 좋은 때다.

행동하는 코끼리, 정당화하는 기수

우리는 왜 생각을 먼저 정해놓고
나중에 합리화시킬까?

아주 가끔이지만 처음에는 정말 멋진 생각인 줄 알았는데 그것이 바람직하지 못한 것이었음을 알게 되는 경우가 있다. 특히 어린 시절과 사춘기에, 또한 부부 사이에서도 이런 일이 자주 벌어진다. 이를테면 친구들과 술자리를 가질 때 흥이 나다 보면 맥주를 몇 잔 더 마시면서 밤을 지새우고 싶다는 생각이 불현듯 뇌리에 스친다. 이런 젊음은 지금이 아니면 절대 다시 느끼지 못할 거야! 그러니 지금 이 순간을 같이 즐기는 거야! 제대로 한판 벌여보자고! 그렇게 몇 시간이 흐른다. 몇 잔만 더 마시려던 계획과는 다르게 너무 많은 맥주를 마시고는 흥청망청 취해서 비틀거리며 집으로 돌아간다. 다음 날 아침, 숙취로 머리가 깨질 것 같다. 제기랄, 제기랄, 제기랄.

하루 종일 침대에 누워 있다가 저녁이 되어서야 슬슬 뭔가를 먹고 텔레비전을 보면서 남은 숙취를 풀면 좋겠지만 그럴 수도 없다. 주중이니 평상시처럼 일을 해야 한다. 중요한 프레젠테이션이 잡혀 있지만 아직 준비도 덜 됐다. 혹은 오래전부터 기획하고 준비해 온 협력 업체와의 미팅이 예정되어 있는데 늦잠을 자버리고 만다. 숙취 때문에 벌어질 수 있는 또 다른 최고의 불운이 있다. 술을 거나하게 마신 다음 날, 집에서 아이들을 돌보는 것이다. 이 아이들은 무엇보다도 손이 많이 가는 어린 나이인 데다가 주말에도 어김없이 일찍 일어난다. 본인의 술 마신 어리석은 행동으로 인해 일상의 평온함을 깨버린 것이다.

이러한 경우에 부모나 배우자가, 혹은 스스로를 향해 이렇게 캐물을 것이다. "도대체 무슨 생각으로 그런 거야?" 앞에서 이야기한 술판에 대해 솔직하게 대답하자면 "아무 생각이 없었다."라고 말할 것이다. 부모나 배우자 혹은 자신의 양심의 가책이 어떤 해명을 뚜렷하게 요구해야 비로소 우리는 질문에 대한 대답이나 변명거리를 찾기 시작한다.

우리는 자신의 생각으로 가득 차서 다음과 같이 행동한다. 먼저 답을 정해놓고 그 다음에 근거를 찾는 것이다. 이를테면 술에 취하고 싶다는 마음이 먼저 생기고, 그 다음에 "도대체 무슨 생각으로 그런 거야?"라는 질문에 대한 근거와 대답이 뒤따른다. 감정은 어떤 사안에 대해 자동적으로 판단을 한다. 즉 마음속으로 엄지를 치켜들거나 내리면서 동의나 거부에 대한 판단을 내리지만, 판단의 근거는 아직 빠져 있는 것이다. 다시 말해 왜, 어떻게 그런 판단을 내리는지에 대한 대답은 없다. 머나먼 전쟁 지역 출신의 난민들을 왜 수용해야 하는가, 혹은 수용하면 안 되는가? 왜 기업 경영진의 남녀 성비가 균형을 이루어야 하는가, 혹은 균형을 이루면 안 되는 가? 왜 장기 기증은 본인이 뚜렷하게 반대하는 경우를 제외하고는 모든 국민이 자동적으로 장기 기증자가 되도록 체계화되어야 하는 가, 혹은 그렇게 되면 안 되는가?

사람들은 자신의 의견에 대한 근거가 무엇이냐는 질문을 확실하게 받거나 자신의 견해를 표명해야 할 때 비로소 자신의 입장 뒤에 어떤 생각이 깔려 있는지를 스스로 고민하게 된다. 우리가 자신의 생각과 견해를 표명하는 것은 근본적으로 볼 때 이른바 사후 해명이다. 즉 나중에 정당화하는 행위다. 먼저 생각을 정한 다음 이러한 직관을 확실하게 뒷받침할 수 있는 근거를 의식적으로 찾기 시작한다.

우리는 수많은 상황 속에서 무의식적으로 '감정이 우선이고 이성은 나중'이라는 틀에 박혀 생각을 하고 판단을 한다. 이 사실은 심리학자 리처드 니스벳Richard Nisbett과 티모시 윌슨Timothy Wilson 의 사회심리학 연구를 통해 구체적으로 설명되고 있다. 우리는 일상 속에서 무수한 사안에 대해 자신의 행동 근거가 무엇이냐는 질문에 항상 직면한다. "너는 왜 그 일자리를 택했어?", "너는 왜 저 여자 동료를 좋아해?", "너는 어떻게 이 문제를 해결했어?" 니스벳과 윌슨은 많은 사람들이 이러한 질문을 받았을 때 설득력 있는 대답을 자동적으로 바로 떠올리지 못하는 이유에 대해서 다음과 같이 설명한다. 우리가 대부분의 상황에서 자신의 인지 과정을 직접적으로 관찰하지 못하기 때문이라는 것이다. 자신의 생각을 꿰뚫어보면서 자신의 확신이 어떤 사실을 토대로 하고 있는지를 정확하게 지적하려면 매우 큰 노력이 필요하다. 게다가 여러 감정이 생각들 사이에서 끊임없이 작동하기 때문에 생각에 집중하기가 어렵다. 의식적인 사고 과정이 명확하고 뚜렷하게 드러나서 이를 표명할 수 있는 경우는 매우 드물다.

조너선 하이트는 이러한 사실로부터 이른바 도덕성 기반 이론 Moral Foundations Theory이라는 설득력 있는 모델을 발전시켰다. 그는 이 이론을 설명하기 위해 '코끼리에 탄 기수'라는 비유를 든다. 안장에 앉아 있는 기수는 합리적인 사고, 즉 이성을 대변한다. 기수는 자신이 결정권을 가진 대장이라는 환상 속에 빠져 있다. 하지만 실제 결정권자는 코끼리다. 거대한 코끼리는 직관적 생각, 즉 감정과 정서에 따라 움직이는 정신적 과정을 상징한다. 감정 휴리스틱의 의미에서 볼 때 코끼리는 도덕에 대한 질문과 자극, 좋고 나쁨의 판단을 자동적으로 유발하는 여러 사안들에 직접적으로 반응한다. 비유적으로 말하면 코끼리는 자신에게 긍정적인 반응을 불러일으키는 자극 쪽으로 움직이며, 너무 세게 강요하는 자극 앞에서는 뒷걸음질을 친다.

그럼 자기 자신이 결정권자라고 생각하는 기수는 무엇을 하는가? 그는 코끼리의 대변인이자 홍보 자문가, 변호사 노릇을 한다. 기수의 임무는 자신이 탄 코끼리의 감정적 반응을 내용으로 채우는 것이다. 안장에 앉은 기수는 코끼리의 판단을 합리화시키고 감정적으로 인지된 내용에 대해 사후 근거를 마련한다. 이때 진실은 중요하지 않으며, 감정을 정당화시키기 위해 근거를 찾는 것이 중요하다. 기수의 임무는 사실을 밝혀내는 것도, 경우에 따라 어리석은 코끼리에게 네 생각이 완전히 틀렸다고 알려주는 것도 아니다. 사실을 탐색하다 보면 코끼리가 행했던 행동과 완전히 다른 그림이 드러나므로 판단에 대한 논의를 다시 해야 하기 때문이다. 따라서 기수가할 일은 코끼리의 행동을 뒷받침할 수 있는 취지를 찾는 것이다. 즉기수는 감정을 정당화할 수 있는 근거를 찾는다.

코끼리가 무엇에 우선적으로 반응하는지에 따라 정치적으로 좌파 혹은 우파라고 지칭되는 사상이 형성되기도 한다. 조너선 하이트는 사람들의 정치적 심리를 결정하는 데에 다섯 가지 도덕 기반이 형성되어 있음을 주장했다. 첫 번째로 '배려'는 이러한 도덕 기반 중 하나다. 코끼리는 곤경에 빠져 괴로움을 겪는 사람을 보면동정심을 느끼거나 감정이입을 한다. 두 번째인 '공평성' 또한 도덕 기반을 이루는 또 다른 기둥이다. 인간이 타인을 이용하거나 누군가를 속이고 기만할 때 공평성이 작동한다. 세 번째 도덕 기반인 '충성심'은 예를 들어 몇몇 구성원이 빠져나가려고 하여 한 집단이나 팀의 결속이 위태로워질 때 코끼리의 감정을 동요시킨다. 하이트는 네 번째 도덕 기반으로 '권위'를 꼽았다. 그는 권위의 하위 범주에 위계질서를 보호하거나 위험하게 만드는 욕구를 포함시켰다.

마지막 다섯 번째 도덕 기반은 '고귀함'이다. 고귀함은 미천함이나 질병 혹은 금기를 깨는 행동에 의해 유발된다.

이 다섯 가지 도덕 기반은 대부분의 문화권에서 명백하게 작용하고 있다. 하이트는 이 사실을 브라질, 인도, 미국을 비롯한 여러 나라 출신의 참가자들 수천 명을 대상으로 한 실험에서 확인했다. 그렇다고 각 문화권의 도덕적 이념들이 구별되지 않는다는 사실을 의미하는 것은 결코 아니다. 문화권에 따라 도덕적 이념에 약간의 차이가 있다. 다만 그 차이는 어떤 자극이 코끼리의 도덕 기반 감정을 유발하며, 그 감정이 어떤 내용과 결합하는지에서 알 수 있다. 하이트에 따르면, 근본적으로 문화적 차이는 도덕적 직관을 야기하는 유발 요인이 완화될 수 있는지 혹은 강화될 수 있는지를 통해 설명할 수 있다고 한다. 예를 들어 서구 문화에서는 인간의 동정심이 동물에게까지 그 범위가 비교적 점점 더 확장되고 있다. 우리는 지난 수십 년 전에 비해 고통을 당하는 동물들에게 더 큰 동정심을 느낀다. 아마도 그 이유는 사회가 풍요로워지면서 동물을 혹사시킬 필요가 줄어들었기 때문일 것이다. 반면 규범에 어긋나는 성적 취향에 대한 역겨움은 서구 문화권에서 비교적 줄어들었다. 이러한 사실로 보면 코끼리의 반응은 상이한 문화에서 서로 다르게 나타나고, 그에 따라 기수는 각 문화의 특성에 따른 이야기를 서술한다고 볼 수 있다.

그러므로 한 사람이 정치 좌표에서 취하는 위치는 무엇보다 이

다섯 가지 도덕 기반 중 어떤 기반에 민감하게 반응하는지에 따라정해진다. 좌파나 진보 입장을 취하는 사람들은 대체로 '배려'와 '공평성'을 기반으로 반응한다. 반면 우파나 보수 성향을 가진 사람들은 다섯 가지 도덕 기준을 모두 활용한다. 물론 그 범위와 정도는 다르지만 말이다. 예를 들면 좌파 진영과는 달리 우파 진영에서는 집단 '충성심'이나 전통적인 '권위'에 대한 존중이 더 큰 역할을 한다.

도덕성 기반 이론은 많은 것을 해명해주는 힘을 가지고 있다. 다시 말해 이 이론은 상반되는 진영의 추종자들이 왜 서로를 이해하지 못하는지, 서로 다른 정치적 관심사를 가진 지지자들이 왜 서로 대립하고 상대를 납득하려고 하지 않는지를 이해할 수 있게 도와준다. 그 이유는 코끼리가 각각 서로 다른 자극에 반응하기 때문이다. 즉 상대의 정치적 입장을 서로 이해하지 못하도록 방해하는 요인은 실재 사실이 아니라 바로 감정이다. 감정은 서로 다른 사람들에게서 각자만의 사실을 만들어낸다. 예를 들어 청중 앞에서 이야기하는 것에 큰 두려움을 가진 사람과 이러한 상황을 즐기는 사람은 서로 상대를 이해하지 못한다. 이성적인 차원에서 생각을 교환하는 것은 가능할 수도 있지만, 감정적인 차원에서는 그렇지 않다. 상대의 감정에 동감하지 못하는 사람은 상대를 제대로 이해할 수 없으며 상대에 대한 진실한 친밀감을 느끼지 못한다.

조너선 하이트의 《바른 마음》에서 도덕 기반이 좌파와 보수 성향의 사람들에게서 어떻게 서로 다른 반응을 유발할 수 있는지에 대해 한 가지 예를 들고 있다. 지금은 고루해진, 체벌이라는 문제다. 아이가 말을 듣지 않을 때 부모와 교사는 아이에게 신체적 체벌을 가해도 될까? 정치적으로 좌파 성향을 가진 사람들은 신체적 체벌이라는 사안에 대해 배려 기반을 격렬하게 활성화시킨다. 코끼리는 이러한 폭력적 사고로부터 뒷걸음질 치고 기수는 잔혹성, 규율과 복종이라는 배후의 생각을 이야기함으로써 코끼리의 행동을 정당화시킨다. 반면 보수 성향의 사람들에게는 추가로 권위와 충성심기반이 활성화된다. 이제 기수는 부모와 교사에 대한 존경심과 권위를 요구하는 발언을 한다. 이렇게 서로 다른 판단이 내려지는 이유는 상이한 도덕 기반이 활성화되기 때문이다. 그렇기 때문에 양측은 서로 다르게 느낀다.

도덕성 기반 이론을 이주와 난민이라는 주제에 적용해보면 '왜 상대를 서로 이해하지 못하는가'라는 수수께끼의 해답에 몇 걸음 더 가까이 다가갈 수 있다. 좌파 성향의 사람들은 전쟁과 기근을 피해 온 난민의 모습을 보고 배려 기반을 활성화시키고 이에 따른 감정이 유발된다. 즉 난민들은 궁지에 내몰린 가엾은 사람들이고, 나라에서 이들에게 피난처와 도움을 제공하는 것이 의무라고 생각한다. 그리고 좌파 측의 대변인들은 인간성과 자비심, 공감에 대해 이야기한다. 반면 우파 성향의 사람들은 똑같은 난민들의 모습을 보고 위협의 감정을 일으키는데, 이때 충성심 기반이 강하게 활성화되기 때문이다. 코끼리의 거부반응을 본 기수는 우리가 이 사람들을 자국에 유입시키면 우리 집단 혹은 우리 국가의 결속력이 파괴될 것이라고 생각한다. 이 이방인들은 우리와는 다른 충성심을 갖고 있을 테니 말이다. 그러면 우파 측의 대변인은 이민자의 압도적인 영향으로 자국이 고유성을 잃을 수도 있다는 것과, 자국의 위기 혹은 자국의 이슬람화에 대해 이야기한다. 냉철하게 분석해보면, 양측이 서로 엇갈리는 이야기를 하는 이유는 사람마다 자신의 견해를 뒷받침하는 도덕적 기반과 감정적인 요인이 다르기 때문이다.

여기에는 왜 도덕적 혹은 감정적인 주제와 관련하여, 사실이 생각이나 견해에 거의 영향을 주지 못하는지에 대한 원인이 숨겨져 있다. 사람들은 잘못된 정보를 믿는 이가 관련된 중요한 사실들을 전혀 모른다고 생각한다. 학계에서는 이러한 개념을 '결핍 모형 Deficit Model'이라고 부른다. 학자들은 왜 많은 사람들이 연구를 통해 입증된 지식을 거부하는지에 대해 아주 오래전부터 의문을 가져왔다. 왜 그토록 많은 사람들은 인간이 초래한 기후 변화를 현실로 받아들이지 않는가? 왜 그토록 많은 사람들은 유전자 변형 식물을 두려워하고 그것의 섭취를 위험하다고 믿는가? 왜 그토록 많은 사람들은 생명을 구하는 백신 접종을 거부하고 이러한 면역 조치를 질병 자체보다 더 위험하다고 말하는가?

지금까지 이러한 질문에 사실, 또는 사실 위주의 대답이 제시되었다. 결핍 모형에 따르면 사람들은 충분히 지식을 갖고 있지 않다고 생각한다. 하지만 유감스럽게도 그렇지 않다. 인지과학자 스티븐 슬로먼Steven Sloman과 필립 페른백Philip Fernbach은 결핍 모형을 연구하면서 피험자들에게 과학 지식에 대한 퀴즈를 냈다. 피험자들은 핵에너지, 유전자 변형 식품, 줄기세포 치료, 백신 접종, 나노 기술을 비롯하여 두려움을 느끼게 하는 주제에 관한 질문에 대답을 해야 했다. 그들의 대답을 바탕으로 두 연구가는 지식과 수용 태도 사이에 어떤 관계가 존재하는지를 조사했다. 그 결과, 연구가들은 둘 사이에서 아주 미미한 상관관계만을 발견했다. 즉 어떤 주제에 대해 더 많이 알고 있다고 해서 그 기술이 유의미하고 우리 사회가 그 기술의 혜택을 볼 수 있다고 생각한 사람은 소수였다. 사람들의 태도는 사실과 완전히 무관하지는 않았지만, 거의 무관했다. 이처럼 사실이 주는 효과는 매우 미미했다. 이러한 결과를 바탕으로 스티븐 슬로먼과 필립 페른백은 많은 과학적 주제에 대한 견해는 아주 다양한 요인들에 의해 결정되며, 사실은 단지 미미한 영향력을 지닐 뿐이라는 결론에 도달했다.

감정적 진실이 흔들리게 하려면 코끼리와 소통해야 한다. 즉 감정의 언어로 말하고, 마음을 뒤흔들어야 한다. 그러기 위해서는 어떻게 해야 할까? 일단 이러한 사실을 인식한 것만으로 첫 단계는 이미 이루어졌다. 왜냐하면 인간이 모든 사실을 마음대로 사용할 수만 있다면 현명한 결정을 내릴 수 있다는 명제가 여전히 유효하기 때문이다. 그렇게 된다면 사람들은 자신의 주장과 반대 주장을 충분히 검토하고 헤아린 후 모든 정보들을 잘 종합하여 결정을 내릴 수 있을 것이다. 지타운 대학교의 의학자 캐스린 테일러Kathryn Taylor는 남성 전립선암 검진 사례를 통해 이러한 사실을 구체적으로 보여주었다. 2013년에 발표된 이 연구의 참가자들에게 전립선암 검진의 장단점에 대해 충분한 정보를 제공한 결과, 그들은 이 정보를 본인의 기존 입장을 확실하게 굳히는 수단으로 활용했다. 그들의 감정은 이미 그 전에 판단을 내렸다.

2012년에 미국 보건복지부의 위임을 받은 한 전문 협회가 남성 전립선암을 조기에 발견하기 위한 검사의 유의미성과 무의미성에 대한 자료를 평가한 결과, 전립선암 검사가 큰 의미가 없다는 명확한 결론을 얻었다. 즉 전립선암 검사는 생명을 구하지 못할 뿐만 아니라 위험부담도 안고 있다는 것이다. 하지만 검사를 받을 것인지에 대한 결정은 남성들이 스스로 내려야 했다. 테일러는 환자 자신들이 제공받은 충분한 정보를 토대로 개인적인 판단을 내릴 것이라고 생각했다. 하지만 이것은 착각이었다.

테일러는 "우리는 이 정보들을 꼼꼼히 살펴본 남성들이 검사를 받지 않기로 마음을 바꿀 거라고 굳게 확신했어요. 하지만 그렇지 않았어요."라고 말했다. 피험자들은 이제 더 많은 정보를 얻었기 때문에 자신의 결정에 좀 더 확신이 생겼다고 말했다. 즉 이러한 정보는 검사를 받겠다는 그들의 의지에 아무런 영향을 주지 않았다. 테일러가 13개월 후에 결과를 종합해보았을 때, 검사에 대한 사전 정보를 미리 받아보지 않은 비교집단과 동일한 비율의 피험자들이 검사를 받기로 결정했다. 참가자들은 전립선암 검사에 대해 어떤 확실한 감정을 가지고 있었고, 무엇보다도 그 감정에 들어맞는 정보들을 주로 습득했다.

백신 접종에 대한 논의에서도 이러한 사고 패턴이 크게 작용한다. 자신이나 본인의 자녀가 백신을 접종받는 것을 두려워하는 사람은 백신 접종의 위험성을 주장하는 정보들을 찾기 시작한다. 해당 질병 자체와 비교했을 때 백신 접종의 위험성이 훨씬 미미하다는 객관적인 사실을 알면서도 당사자는 계속 자신의 두려움을 확인하려고 한다. 위험성에 대한 언급만으로도 충분히 이러한 두려움이 확인된다. 사람들은 자신의 감정을 뒷받침하는 정보들을 대부분 아무런 검증 없이 옳다고, 그리고 매우 중요하다고 받아들인다. 반면 반대 주장이나 그를 뒷받침하는 증거에 대해서는 의심하고 또 다른 증거들을 찾으려고 한다.

안타깝게도 간혹 객관적인 사실들이 견해를 과격화시키는 데에 한몫을 하기도 한다. 심리학자들은 한 고전적인 실험에서 대표적 감정적인 주제인 사형 제도에 찬성하는 사람들과 반대하는 사람들에게 사형 제도의 효과에 관한 서로 상반된 연구 결과를 제시했다. 사형에 찬성하는 사람들은 이 연구 결과를 보고 자신의 생각이 옳음을 확인했으며, 일부는 더 큰 확신을 가지고 자신의 의견을 피력했다. 사형에 반대하는 사람들도 똑같은 반응을 보였다. 코끼리의 대변인이 자신의 임무를 훌륭히 수행한 것이다!

정치적 담론에서도 마찬가지다. 코끼리에 탄 기수들은 자신이 왜 옳은지를 알린다. 기수는 자신이 의도하는 바가 정확히 어떻게 수행되어야 하는지를 설명하는 것이 아니라, 자신이 하려는 행동이 왜 옳은지를 설명한다. 말하자면 정당화시키는 것이다. 우리도 모두 마찬가지다. 우리는 왜 옳은 편에 서야 하는지 그 근거를 생각해 내고 우리가 느끼는 감정적 진실을 사후 정당화에 사용한다. 학자들은 이때 지적 능력이 중요한 역할을 한다는 사실을 관찰했다. 즉 지능 지수가 높은 사람들은 어떤 사안에 대한 자신의 입장을 더 잘 피력한다. 그들은 자신이 왜 옳은지에 대한 근거를 더 많이, 더 잘 떠올린다. 또한 그들은 옳고 그름에 대한 자신의 감정을 쉽게 말로 표현할 수 있다. 하지만 영리한 사람들도 종종 허튼소리를 잘 믿는다. 다만 그들은 이러한 허튼소리를 정당화하고 구미에 맞게 꾸미는 데 아주 능숙할 뿐이다.

가끔은 감정적인 거대한 코끼리의 등에 탄 대변인, 즉 기수에게 아무런 생각도 떠오르지 않을 때가 있다. 판단은 확고한데 그러한 판단을 정당화시킬 수가 없는 것이다. 조너선 하이트는 이에 관해서도 한 가지 사례를 들고 있다. 그는 피험자들에게 딱 한 번 잠자리를 가진 남매의 일화를 들려주었다. 둘 외에는 아무도 이 일에 대해 모르며, 둘 중 누구도 심리적인 피해를 입지 않았다. 오히려 남매는 이 일회적인 경험을 통해 둘 사이가 더욱 가까워졌다고 말한다. 하지만 앞으로 다시 잠자리를 가질 마음은 전혀 없다. 근친상간은 거의 모든 문화권에서 강한 금기로 여겨진다. 피험자들은 이 일화에 등장하는 남매의 행동을 거의 이구동성으로 도덕적으로 비난받을 행동이라고 판단했다. 하지만 아무도 이러한 판단을 정당화할 근거를 제시하지는 못했다. 아무도 상처나 피해를 입지 않았으니 말이다. 그럼에도 실험 참가자들은 이 행동을 잘못된 행동이라고 생각했다.

이처럼 가끔은 아무런 판단 근거를 떠올리지 못해 대변인의 말문이 막히기도 한다. 일상에서도 이러한 일은 흔하게 일어난다. 일상에서 누군가는 신문에 글을 게재하거나 인터넷에 어떤 기사를 공유하고, 라디오에서 어떤 의견을 표현하며 TV 속에서 카메라를 향해 뭔가를 말하기도 한다. 그런데 어떤 사람들은 그러한 견해나 입장이 완전히 잘못되었다고 생각한다. 뻔뻔하게 어떻게 그럴 수가 있을까! 흥분과 격앙에 빠진 사람들은 자리에 앉아서 독자의 편지를 쓰거나 트위터에 코멘트를 달거나 페이스북에 분노를 표현하기 시작한다. 언론인인 나는 주로 다른 사람들이 언짢게 생각하는 견해들을 알리는 사람 중 하나다. 그래서 나는 분노가 담긴 독자의 편지를 받는다. 하지만 사람들은 자신의 불쾌감을 표현하는 것을 종종 매우 어려워한다. 그렇다. 자신의 불쾌감을 표현하는 것은 실제로 매우 도전적인 일이다. 그들은 적극적으로 반론을 제시하기보다는 독자의 편지라는 지극히 고전적인 형식에 머무른다. 고작해야 가십거리를 떠드는 수준의 글로 어리바리한 사람들을 끌어들여 그들을 동요시킨다고 말이다. 혹은 이 기사는 분명히 제약 회사로부터 돈을 받고 쓴 기사이며, 언젠가 이러한 거짓 언론은 그에 응당한 보복을 받게 될 것이라고 말이다.

가끔은 본인의 생각이 불분명하기 때문에 정당화시키지 못하기도 한다. 말하자면 우리는 어떤 것이 옳다 혹은 그르다고 느끼면 이러한 감정을 확실하게 굳히기 위한 말만 찾으려고 한다. 그러다 보면 우리는 '너는 어떻게 그런 생각을 하게 되었어?'라는 질문에 제대로 대답하지 못하는 경우가 많다.

익숙한 건 분명 좋을 거야

반복이 지닌 무서운 힘에 대하여

．
．
．

　가끔 우리는 긴 우회로를 돌고 돌아 목표에 도달하기도 한다. 이러한 경우에, 맨발만 툭 튀어나온 '검정 자루'가 포퓰리즘Populism 정당들의 인기와 성공을 설명하는 데 도움이 될 수도 있다. 이 검정 자루는 어느 날 오리건 주립대학교의 한 강의실에 불쑥 나타나 학생들 사이에 앉아 있기 시작했다. 매우 기이한 모습과 독특한 복장 탓에 강의실에 있는 학생들의 시선이 자연스레 집중될 수밖에 없었다. 검정 자루 속에 누군가 완전히 몸을 감추고 있었다. 세상에, 도대체 저 사람은 뭐지?

　강의실에서 검정 자루를 뒤집어쓰고 몸을 감춘 사람이라니? 1960년대에 '스피치 113: 설득의 기본'이라는 딱딱한 제목의 강의에 참석했던 학생들은 그에 대해 어떤 생각을 했을까? 누군가 매우 기이한 변장을 한 채 어울리지 않는 장소에 앉아 있다면 사람들은 저마다 상상력을 발휘하게 되고 뭔가 그 행동에 대한 합당한 설명을 하려는 내적 욕구가 생긴다. 이를테면 '개성이겠지.', '행위 예술이겠지.' 하면서 말이다.

심리학적 관점에서 볼 때 검정 자루가 다른 학생들로 하여금 공격적인 행동을 유발시켜야 마땅한 것처럼 보인다(여기서 주의해야 할 점은 마땅하다는 것이 이러한 설명으로 행동이 정당화된다는 것을 뜻하지는 않는다). 이렇게 기이하게 변장한 사람은 우리에게 여러 가지 질문을 끌어낸다. 당신은 왜 정체를 밝히지 않는가? 당신은 우리에게 무슨 말을 하려는 것인가? 당신은 왜 우리와는 다른 규칙을 가지고 있는가? 이 모든 것은 무엇을 의미하는 것일까? 맨발만 드러낸 검정 자루는 이러한 모든 의혹에 아무 대답도, 아무 말도 하지 않은 채 두 달 동안 꼬박꼬박 강의실에 착석했다.

검정 자루 속에 몸을 숨긴 사람의 정체를 아는 사람은 찰스 괴칭거Charles Goetzinger뿐이었다. 이 강의를 맡은 그가 주목한 대상은 검정 자루가 아니라 그의 학생들이었다. 괴칭거 교수는 이 검정 자루를 직접 자신의 강의실에 두고 강의에 참석한 학생들의 반응이 어떻게 바뀌는지를 관찰했다. 미국 연합통신Associated Press이 1967년 2월 27일에 게재한 기사에서 괴칭거 교수는 자신이 수행한 이 작은 실험 결과에 대해 다음과 같이 이야기했다. "검정 자루에 대한 적대감은 호기심으로 바뀌었고 나중에는 결국 우정으로 변모했다." 검정 자루 속에 있던 남성은 아무 말도 하지 않았고 학생들과 어떤 식의 교류도 하지 않았다. 그저 강의실에 앉아있었을 뿐이다. 이러한 사실만으로도 그에 대한 학생들의 생각은 긍정적으로 바뀌었다. 학생들은 점차 검정 자루에 익숙해지면서 언제부터인가 그의 존재를 어느 정도 받아들이기 시작했다. 학생들이 자신들의 무리 속에 말없이 앉아 있는 이 기이한 존재를 강의실의 마스코트로 사랑스럽게 받아들이고, 검정 자루의 존재를 모르고 이상하게 바라보는 사람들로부터 지켜주었다.

포퓰리즘, 즉 대중영합주의 성향의 정치인들을 비롯하여 의심스러운 선동가들이 제시하는 내용들도 마찬가지다. 그들이 하는 말들을, 언젠가부터 우리의 인식 속에 갑자기 나타나 맨발을 내민 채 우리의 불안감을 일으키는 기이한 검정 자루라고 생각해보자. 우리의 영혼을 뒤흔드는 그런 말들을 처음 접할 때에는 아주 깜짝 놀랄 것이다. 이를테면 난민에 대한 나쁜 소문이나 남녀 차별에 대한 공격적인 발언을 들으면 고통스러운 것처럼 말이다. 주요 언론들이 처음으로 '가짜 뉴스'라는 개념을 끌어들일 때도 이와 같은 원리가 적용된다. 사람들은 세계적으로 유명한 대규모 언론사들이 갑자기 선전 도구가 되고 있다는 사실을 놀랍게 생각한다. 사람들은 이러한 이야기를 처음 접할 때, 강의실의 검정 자루를 처음 볼 때처럼 의혹과 의심을 품게 된다.

하지만 처음에는 어처구니없다고 느껴진 진술들이 시간이 지나면서 세상이라는 무대에 확고한 자리를 차지한다. 이러한 진술들은 자리를 잡고 나면 오리건 주립대학교 강의실에 출몰했던 검정 자루처럼 항상 그 자리에 존재한다. 이러한 불쾌한 정보와 주장들은 사람들의 마음을 늘 불편하게 만든다. 선거용 포스터나 TV에서 사람들을 향해 외치는 말들은 트위터를 통해 확산되거나 페이스북을 통해 친구들에게 공유된다. 터무니없는 진술들을 거부하고 반박하기 위해서 트위터나 페이스북이라는 수단을 활용할 때에도 사람들은 이러한 방식으로 자신의 이야기를 들어줄 청중을 찾을 수 있다.

하지만 트위터나 페이스북에서 정보를 나르는 이와 같은 행위만으로도 이러한 정보들의 인지와 가공에 변화를 준다. 물론 거부와 분노의 감정이 곧바로 수긍으로 바뀌는 것은 아니지만, 마음속의 단단한 벽에 금이 가기 시작하고 처음에는 격분을 일으켰던 진술들에 대한 거부감이 점점 줄어들고 냉담해진다. 이러한 주장들이 더 이상 새롭거나 낯설지 않다는 이유만으로도 그렇다. 익숙함과 친숙함은 긍정적인 감정을 불러일으키거나, 적어도 부정적인 감정을 사그라들게 만드는 경향이 있다. 그렇게 되면 이 세상의 포퓰리스트들과 선동가들의 진술에 어느 정도 마음을 열게 된다.

학자들은 익숙한 것이 지닌 마력에 대해 이미 오래전부터 이야기해왔다. 영국계 미국인 심리학자 에드워드 브래드포드 티치너 Edward Bradford Titchener는 이미 1911년, 한 책에서 '웜 글로우Warm Glow'에 대해 기술한 바 있다. 웜 글로우란 어떤 사물이나 사람, 혹은 어떤 견해에 대해 친숙함의 감정이 유발되는 것을 뜻한다. 반면 사람들은 낯선 것, 잘 알지 못하는 것을 살짝 과장해서 표현하자면 위협적이거나 불확실함의 원천이라고 인지한다. 그렇게 되면 관찰자에게서 따뜻한 감정이 결코 유발되지 않고, 거부감이나 혐오감이 일어난다.

1967년에 스탠퍼드 대학교의 사회심리학자 로버트 자욘스Robert Zajonc는 검정 자루와 그것이 학생들에게 미친 영향에 대한 실험을 다룬 기사를 읽었다. 그 내용에 크게 매료된 로버트 자욘스는 친숙함이 인간의 판단 능력에 미치는 영향에 대해 집중적으로 연구하기 시작했고, 자신의 관찰을 통해 '단순 노출 효과Mere-Exposure-Effect'라는 이론을 내놓았다. 그 이후로 자욘스를 비롯한 다른 학자들은 수많은 실험을 통해 반복적인 노출 및 접촉이 친숙함을 만들고 친숙함은 호감을 발생시킨다는 사실을 관찰했다. 우리는 우리가 알고 있는 것을 좋아하고, 우리가 알고 있는 것은 좋은 감정을 만든다. 이러한 원리는 우리가 지닌 세계상에도 그대로 적용된다. 동일한 자극에 반복적으로 노출되면 시간이 지남에 따라 그 자극에 대한 관점이 긍정적으로 바뀐다.

자욘스는 실험을 위해 미시건주의 두 대학교에서 발행되는 학생신문 제1면에 아무런 뜻이 없는 단어들이 나열된 짧은 광고를 반복적으로 게재했다. 이를테면 Nansoma, Saricik, Afworbu, Iktitaf, Biwojni, Kadirga와 같은 의미 없는 단어들이었다. 그는 이 단어들이 두 학생신문에 나타나는 빈도를 서로 다르게 조정했다. 그리고 광고 내용이나 기이한 단어에 대한 설명은 전혀 하지 않았다. 검정 자루가 학생들 사이에 그냥 앉아 있었던 것처럼 이 단어들 역시 학생신문 제1면에 그저 게재되었을 뿐이었다. 몇 주 후에 자욘스는 두 대학의 학생들에게 설문지를 보냈다. 설문지에는 신문 광고에 실렸던 알 수 없는 단어들이 열거되어 있었다. 학생들은 각각의 단어가 좋은 느낌을 유발하는지 혹은 나쁜 느낌을 유발하는지를 평가했다. 학생들은 신문에 더 자주 출현한 단어에 대해서 더 큰 호감을 보였고, 반면 나타나는 빈도수가 낮은 단어일수록 좀 더 부정적인 입장을 보였다. 다시 한 번 강조하지만, 이 기이한 단어들 중 어떤 단어도 내용상의 의미를 담고 있지 않았다. 그런데도 학생들은 이 단어들의 배후에 어떤 좋은 것 혹은 어떤 나쁜 것이 숨겨져 있다는 느낌을 자동적으로 품게 되었다.

단순 노출 효과의 영향력에 대한 증거 자료들은 무수히 많다. 이를테면 사람들에게 자신이 좋아하는 글자를 물어보면 (물론 이러한 질문은 우스꽝스럽기는 하지만, 어쨌든 이데올로기적으로는 중립적인 질문이다) 국가별로 눈에 띌 정도로 서로 다른 대답이 나온다. 한 언어에서 자주 사용되는 글자일수록 사람들은 그 글자를 좋아했다. 예를 들어 프랑스인들은 W를 가장 좋아하지 않았는데, 그 이유는 프랑스에서 W가 매우 드물게 사용되기 때문이다. 또 다른 실험에서 일본인 피험자들은 숫자에 특히 호감을 보였는데, 자신들의 생년월일에 숫자가 들어 있었기 때문이었다. 또 사람들은 자신이 이미 여러 번 보았던 기하학적 형태에 더 높은 미학적 가치를 부여했다. 또한 우리는 거울에 반사된 자신의 모습에 익숙하기 때문에 사진 속 자신의 모습을 더 좋아한다.

　파리 사람들은 에펠탑을 높이 평가하고 사랑한다. 이것 또한 단순 노출 효과를 보여주는 예다. 1889년에 이 철탑이 완성되었을 때, 파리의 많은 시민들은 기괴한 이 탑이 파리의 치욕이라고 야유했다. 오늘날의 시각에서 보면 이러한 야유가 전혀 납득이 가지 않겠지만, 결국 에펠탑은 세계에서 가장 유명한 상징 중 하나가 되었다. 에펠탑이 이렇게 된 이유는 그저 그 자리에 오래도록 있었기 때문이라고 사회심리학자들은 말한다. 파리 사람들이 에펠탑을 반복적으로 볼 수밖에 없었다는 이유만으로 그들은 어느 순간 에펠탑을 사랑해야 한다고 배운 것이다. 친숙함은 애착을 만들어준다. 이는 동물의 세계에서도 마찬가지다. 이를테면 알에서 부화하지 않은 병아리에게 반복적으로 똑같은 소리를 들려주면 나중에 이 소리가 병아리의 스트레스를 줄여준다.

　혹은 에스컬레이터에서의 우연한 만남을 상상해보자. 한 동료와 얼굴을 모르는 동료의 동행자가 반대 방향에서 오고 있다. 서로 지나치면서 고개를 숙이고 입가에 미소를 지으며 인사한다. 이때 동료의 미소는 정말 반갑다는 인상을 준다. 반면 우리가 잘 모르는 동행자의 미소는 그렇지 않다. 저 사람은 기분이 별로인가? 우리는 모르는 얼굴의 미소보다 친숙한 얼굴의 미소를 자동적으로 더 환하게 인지하기 때문이다. 낯선 사람이 친절하게 웃고 있더라도 뭔가 다른 의미를 품고 있을지 누가 알겠는가?

진화론적 관점에서 볼 때 이러한 효과는 다음과 같은 의미를 지닌다. 즉 친숙함은 과거에 아무 탈이 없었다는 사실, 그러니까 어떤 생물과 접촉해서 혹은 어떤 버섯을 먹고 우리가 죽지 않았다는 사실을 암시한다. 동물과 인간의 조상들은 낯선 자극에 도망가거나 최소한 극도로 경계하는 행동으로 반응하면서 생존 가능성을 확대시켰다. 숲에서 바스락거리는 소리가 나면 일단 뛰어서 그곳에서 벗어나는 것이 좋은 생각이라 판단할 것이다. 하지만 어떤 특정 자극, 예를 들어 소리와 맛, 눈으로 느낄 수 있는 어떤 것이 반복적으로 부정적인 결과를 초래하지 않을 경우에는 경계심이 줄어들면서 친숙함이 생겨난다. 이러한 자극은 거부감이나 경계심을 유발하는 대신 안전의 신호로 바뀐다. 그러면서 이 자극에 대한 호감이 생겨난다. 안전이 최우선이기 때문이다.

항상 그 자리에 있으면서 우리에게 해를 주지 않는 것은 나쁜 것이 아닐 수 있다. 이는 아이들과 주말에 동물원에 갔을 때에도 관찰된다. 동물원에는 노루들이 사람들 사이를 돌아다니면서 먹이를 받아먹는다. 말하자면 노루들에게 이 공원은 무제한 뷔페 같은 곳이다. 매일 방문객들이 찾아와서 맛있는 먹이를 나눠주니 말이다. 그렇기 때문에 이곳의 노루들은 사람을 거의 경계하지 않는다. 우리에 갇힌 늑대들도 50cm 앞 울타리에서 자신들을 바라보고 있는 어린이와 어른들을 크게 경계하지 않는다. 방문객은 늘 그렇게 있고 그들의 행동은 늑대들에게 익숙하기 때문이다. 아마도 늑대는 매일 방문객의 행동에 흥분해봤자 아무 소용이 없다고 생각할지도 모른다. 그리고 울타리 앞에서 어른과 아이들, 노루들을 있는 그대로 받아들인다. 인간도 이러한 식으로 정보와 사태에 익숙해지는 것이다.

친숙함과 긍정적인 감정은 이른바 인지적 편안함을 증대시키고, 사람들은 이러한 인지적 편안함을 바탕으로 생각을 가공한다. 즉 어떤 것에 대해 이미 알고 있을 경우 많은 고민과 노력을 할 필요가 없다. 이는 진실에 대한 착각을 촉진시킨다. 이처럼 친숙함의 감정은 좋은 기분과 비슷한 작용을 한다. 즉 우리는 기분이 좋으면 피상적이고 직관적으로 생각한다. 기분이 좋을 때에는 불신하거나 경계하는 자세를 취하지 않으며, 크게 애쓰지 않아도 일을 쉽게 성공시킬 수 있을 것 같다는 생각이 든다. 또한 어떤 진술이 친숙하게 느껴질 경우에도 우리는 그 진술에 믿음을 부여한다. 예를 들면 퀴즈 쇼 혹은 이와 비슷한 상황에서 어떤 질문에 대한 정답을 모를 경우에 주어진 4개의 보기 중에서 하나가 다른 3개에 비해 어쩐지 더 나은 것 같고 더 익숙하고 친숙하게 느껴질 때가 있다. 인지적 편안함의 감정을 믿고 그 보기를 선택하는 것은 나쁜 생각이 아니다.

의심스러운 자극을 의식적으로 인지하지 않더라도 단순 노출 효과가 작용한다는 사실은 매우 놀랍다. 예를 들면 미시건의 두 대학교 학생들은 로버트 자욘스가 학생신문 제1면에 게재한 의미 없는 단어들을 집중적으로 살펴보지 않았다. 오히려 그들은 이 이상한 단어들을 건성으로 인지했다. 기껏해야 그들은 이 기이한 단어들을 보고 처음에는 흠칫 놀랐을 것이며, 다음 호에도 알 수 없는 이 단어들이 같은 지면에 실린 사실을 잠깐 인지하고 말았을 것이다. 하지만 실험 결과가 보여주듯 이러한 무성의한 접촉만으로도 친숙감을 느끼기에 충분했다.

반복은 인간을 경멸하는 선전도 믿게 만들 수 있으며 의미 없는 단어들에도 긍정적인 의미를 채울 수 있다. 예를 들면 피험자들이 어떤 이유에서 똑같은 메일을 두 번 받게 되면 그들은 이 메일의 내용을 신뢰하게 된다. 혹은 심리학자 노베르트 슈바르츠 Nobert Schwarz 연구진이 2007년 〈인성과 사회심리학 저널Journal of Personality and Social Psychology〉에 발표한 것처럼, 동일한 사람이 같은 진술을 여러 번 반복할 때에도 이와 같은 효과가 나타난다. 실험에 자주 등장하는 진술일수록 더 믿을 만한 진술로 판단된다. 위의 두 실험 결과를 논리적으로 설명하기는 어렵다. 사람들은 왜 두 번 읽은 내용이 더 가치가 있다고 생각할까? 내용에는 아무런 변함이 없는데도 말이다. 한 사람이 똑같은 말을 반복할 때에도 내용에는 크게 변함이 없다. 인지적 편안함은 우리가 큰 믿음을 가져도 된다는 강한 신호다. 신뢰의 감정이 우리를 현혹시킬 때에도 어리석게 우리의 사고는 위험 신호를 보내지 않는다.

많은 심리학자들이 실험했듯이 신뢰가 낳는 진실의 환상은 심지어 빛을 발하며 영향력을 발휘한다. 이를테면 한 문장 안의 일부

구절이 반복을 통해 신뢰를 얻으면 그것만으로도 전체 내용을 신뢰할 수 있게 만든다. 예를 들어 연구진은 다양한 텍스트 안에 '닭의 체온'이라는 문구를 반복적으로 삽입해서 피험자들에게 제시했다. 그 결과 피험자들은 '닭의 체온은 60℃이다.'와 같이 시비가 확인되지 않은 진술을 사실로 받아들였다. 닭의 체온이 이렇게 고온이라면 그 자리에서 익어버릴 텐데 말이다. 그런데도 사람들은 이미 문장의 첫 부분만 보고도 이 진술을 쉽게 사실이라고 받아들였다.

광고와 선전도 단순 노출 효과를 이용한다. 정보를 주기적으로 반복하여 노출하면 그 정보의 신빙성이 높아진다. 이러한 정보는 사람들에게 친숙하게 느껴지고, 깊이 생각하거나 비판적으로 바라보는 수고를 덜어준다. 한 고객이 마트 선반 앞에 서서 두 개의 빨래 세제 중에서 무엇을 살까 고민할 경우, 그는 아마도 전에 한 번쯤 들어본 적이 있는 세제를 택하게 된다. 그가 광고 내용을 믿어서가 아니라, 친숙한 것과 모르는 것 사이에서 결정을 해야 하기 때문이다. 사람들은 익숙한 것, 알고 있는 것을 특히 친근하게 여긴다.

이러한 익숙함의 효과만으로도 정치 시스템은 자동적으로 안정성을 유지한다. 모든 헌법기관과 공공 기관들, 정당들을 비롯한 국가의 주요 기둥들 너머에는 하나의 숨겨진 요인이 정치 구조를 지탱하고 있다. 즉 사람들이 자신이 살고 있는 국가 형태에 완전히 익숙해져 있다는 것이다. 게다가 사람들은 자신에게 익숙한 것을 좋은 것이라고 생각한다. 안정성의 닻이라고 할 수 있는 익숙함의 효과는 독재 국가에서도 그 기능을 발휘한다. 독재 국가의 국민들도 자신이 살고 있는 여건에 익숙해져 있고 이러한 여건을 긍정적으로 판단한다. 물론 국가의 극단적인 침해로 말미암아 자신들의 삶이 악화되지 않는다는 전제하에 말이다. 상황이 안정적이기만 하다면 국민들은 국가 형태에 대해 점점 익숙해지고 동의하게 된다.

익숙한 것은 지지를 받고 낯선 것은 의심을 받는다는 이러한 원리는 경제정책 논의에서도 나타난다. 유럽에서는 '미국의 상황'을 골칫거리라고 생각하며, 미국에서는 '유럽의 사회주의'를 종말론적 비전이라고 비판한다. 이는 얼마나 많은 사람들이 본인이 알고 있는 것만을 높게 평가하는지 보여줄 뿐만 아니라, 변화를 얼마나 거부하는지도 입증해준다. 변화의 시기에는 불안정한 단계가 존재하는데, 그 이유는 안정을 느끼게 하는 익숙함의 효과가 선행되기 때문이다. 물론 자신이 살고 있는 국가의 정치 시스템에 대한 국민들의 지지가 급격하게 증가하는 것은 아니지만 비교적 매우 높은 수준에 도달해 있다. 이 나라에서 민주주의가 확고하고 당연한 것이라는 이유만으로 국민들은 자신들의 국가 기관의 우수성에 대해 논한다.

마찬가지로 민주주의의 적대자 또한 익숙함의 힘에 의존한다. 노벨상을 수상한 행동경제학자 대니얼 카너먼Daniel Kahneman은 "사람들이 허위 정보를 믿도록 만드는 확실한 방법은 잦은 반복이다.

왜냐하면 친숙함은 진실과 쉽게 구분되지 않기 때문이다."라고 말
했다.

반복의 힘은 중국의 한 일화에서도 뚜렷하게 나타난다. 미국의
사회학자 할 아크스Hal Arkes는 어느 학회에서 이 일화에 대해 이야
기했다. 아크스에 따르면, 한 젊은 남성이 중국에서 마오쩌둥이 주
도한 문화대혁명이 일어난 시기에 살고 있었다. 이 젊은 남성은 당
국에 대해 좋은 마음을 품고 있지 않았다. 1966년과 1967년 사이
는 피해망상으로 얼룩진 시기였고, 곳곳에서 사람들이 반공산주의
혁명 세력과 국가의 적을 킁킁거리며 찾던 시기였다. 이웃과 친구
들은 서로를 밀고했다. 이 젊은 남성의 부모도 정치적 희생자가 되
어 여러 곳의 수용소로 끌려다녔다. 혼자 남게 된 그는 자기 부모를
그렇게 만든 사람들에게 강한 앙심을 품었다.

어느 날 학교에서 돌아오는 길에 한 벽보가 그의 눈에 띄었다. 그
벽보에는 이웃에 사는 한 수공업자가 자본주의적 죄를 지었다는
고발 내용이 적혀 있었다. 그 수공업자는 바구니를 만드는 사람이
었다. 그는 가족을 먹여 살리기 위해 자신의 작은 작업장에서 힘겹
게 일하면서 돈을 벌었다. 피의자인 그는 가공업자도, 당내 거물도,
학자도 아니었다. 그저 지독한 가난 속에 살던 소박한 수공업자일
뿐이었다.

이 젊은 남성은 이 벽보를 처음 보았을 때 어떻게 반응했을까?
아크스는 "젊은 남성은 벽보 내용이 완전히 어처구니없다고 생각

했다."고 말했다. 아크스는 후에 미국에서 이 젊은 중국 남성을 자신의 학생 중 한 명으로 알게 되었다고 했다. 젊은 남성은 자신의 삶이 이러한 쓰라림으로 가득 차지 않았다면, 바구니를 만들면서 소박하게 사는 사람이 거대한 중국을 자본주의적으로 위협하는 인물이라는 말도 안 되는 생각을 그저 웃어넘기고 말았을 것이라고 말했다.

그 벽보는 오랫동안 벽에 붙어 있었다. 이 젊은 남성은 매일 학교에 갈 때마다 이 벽보를 지나쳤다. 그러면서 그의 인지가 차츰 변하기 시작했다. 벽보 내용의 부당함에 대한 그의 분노가 점차 누그러진 것이다. 그리고 언제부터인가 벽보에 더 이상 눈이 가지 않았고 벽보는 지극히 평범한 일상의 것이 되어버렸다. 아크스는 "결국 벽보는 그에게 믿을 만한 것이 되었다."고 말했다. 젊은 남성은 이러한 고발을 혐오할 만한 충분한 이유를 가지고 있었다. 결국 그의 부모도 이와 비슷한 밀고 때문에 강제 노동 수용소에 가게 되었으니 말이다. 그리고 그는 벽보 내용이 터무니없다는 사실도 알고 있었다. 그런데도 그는 언제부터인가 벽보에 믿음이 가기 시작했다. 아크스는 그 이유에 대해 "그저 벽보가 그렇게 계속 붙어 있고 그가 반복적으로 벽보를 보았기 때문"이라고 설명했다. 지속적인 반복은 극단적으로 거부하는 입장을 가진 사람조차 납득하게 만들 수 있었다.

똑같은 일이나 정보를 반복적으로 접할 경우 우리는 모두 이 중국 학생처럼 반응하게 된다. 우리는 반복적으로 접하는 것을 언젠가 좋다고 생각할 가능성이 높다. 예를 들어 당신이, 누가 봐도 거친 주장을 지속적으로 반복하는 미국 대통령 도널드 트럼프의 터무니없는 말을 들은 경우를 생각해보라. 누군가 백신 접종의 위험성을 강력히 주장하거나 유럽연합이 냉혹한 기술만능주의 신봉자들이 모인 배타적인 무리라고 지칭되는 경우를 생각해보라. 당신은 분명이 그와 같은 진술을 믿지 않을 것이다. 그런데도 이러한 정보는 언젠가 효력을 발휘한다. 언제부터인가 이러한 정보가 친숙하게 느껴지고, 이는 자동적으로 긍정적인 감정을 유발한다. 이러한 좋은 감정은 진실의 환상으로 귀결된다. 반복이 큰 영향력을 발휘한다는 것은 지속적으로 언급되어온 사실이다.

잘 모르는 것을 어떻게 좋아하겠어?

우리는 왜 낯선 것과 새로운 것을 단번에 거부할까?

거대한 빌딩의 사무실 유리창들이 반짝반짝 빛나고 정장 차림의 사람들이 돌아다닌다. 점심시간이 되자 사무실 직원들이 대형 쇼핑몰처럼 보이는 거대한 구내식당으로 모여든다. 이는 아시아의 어느 한 나라, 인도에서 보이는 한 장면이다. 얼핏 봤을 때는 어느 나라에서나 볼 수 있는 지극히 평범한 장면이다. 하지만 자세히 들여다봤을 때는 그들 모습이 우리와는 사뭇 다르다는 것을 알 수 있다. 점심시간이 되자 정장을 입은 사람들이 떼를 지어 빙 둘러 앉아 손으로 음식을 휘젓고 있는 것이다. 손으로 말이다! 그들은 소스가 가득한 끈적거리는 쌀을 손으로 뭉쳐서 덩어리로 만든 다음 입으로 가져간다. 게다가 구내식당에는 '생선머리 카레'라는 메뉴가 있는데 직장인들이 손으로 이 음식을 먹는다. 그들이 넥타이나 재킷에 소스를 묻히지 않는 것도 놀랍다.

이러한 관찰 내용을 위와 같이 묘사하는 것은 인종차별적일까? 이처럼 친숙하지 않은 문화를 바라보며 놀라는 것은 통상적인 것처럼 여겨진다. 나쁜 의도와는 전혀 상관이 없다. 심리학자 한스 알베스Hans Alves가 말하길, 혐오감은 그에 맞는 어떤 조치를 취하기도 전에 자동적으로 생겨난다고 한다. 오늘날에는 이러한 발언이 위험하게 들릴 수도 있지만, 낯선 문화에 대한 경시를 막기 위해 어떤 조치를 취하려면 왜 그런 생각이 들었는지부터 분석해야 한다. 또한 경우에 따라서는 인간의 인지 유형이 어느 정도의 역할을 할 수 있다는 사실도 고려해야 한다.

퀼른 대학교의 심리학자 한스 알베스와 알렉스 코흐Alex Koch, 크리스티안 웅켈바흐Christian Unkelbach는 모르는 사람들을 처음 인지할 때에는 알고 있는 사람들과 끊임없이 비교하여 판단한다는 사실을 한 연구를 통해 보여주었다. 이때 관찰자는 낯선 사람들이 자신과는 다르다는 생각에 자동적으로 무게를 실었다. 말하자면 앞에서 언급한 인도의 사례에서 중요한 쟁점은 사무실의 일상이 똑같다는 점이 아니라, 손으로 음식을 먹는다는 점이다. 손으로 음식을 먹는 것은 다른 나라의 관점에서 볼 때 낯설게 느껴지기 때문이다. 연구진의 설명에 따르면, 낯선 문화에서 독특하거나 주목할 만하게 느껴지는 것, 혹은 특별하게 여겨지는 것에 대해서는 부정적인 시각을 갖게 될 확률이 높다. 연구진은 "집단 간의 갈등은 미묘한 인지 차원에서 이미 시작된다."고 설명한다.

우리는 우리가 알지 못하는 어떤 것에 대해 일단 이상하다는 생각을 한다. 사람들은 낯설고 새로운 것에 두려움을 느끼는, 네오포비아Neophobia의 성향을 가지고 있다. 예를 들면 끊임없이 대두되는 주제인 신기술에 대한 논의에서 이를 쉽게 찾아볼 수 있다. 신기술은 우리에게 걱정과 두려움을 주기적으로 유발한다. 20여 년 전에 자전거의 발명으로 말미암아 '균형의 두려움'이라는 개념이 생겨났다. 자전거를 발명한 카를 폰 드라이스Karl von Drais 남작과 동시대를 산 사람들은 바퀴가 앞뒤로 달린 자전거가 넘어지지 않고 안정적으로 굴러갈 수 있다는 사실을 거의 이해하지 못했다. 19세기 말경에 자전거가 대중교통 수단으로 확고한 기반을 차지하고 여성들도 자전거를 타기 시작하자 이는 당시의 도덕 훈계가들 사이에서 큰 우려를 낳았다. 그들은 자전거로 말미암아 필연적으로 뒤따라오는 심각한 질병이나 통제할 수 없는 경련, 성적 무절제함에 대해 되는 대로 근거 없는 이야기를 지껄였다. 다시 말해 그들은 그때까지 상상도 하지 못했던 새로운 모습, 즉 여성들이 자전거를 타는 광경에 대해 이러한 터무니없는 주장으로 반응했다.

또한 기차가 처음 등장하면서 걱정 많은 사람들은 기차 질환을 만들어냈다. 쉭쉭 소리를 내고 악취를 풍기며 빠른 속도로 달리는 금속 괴물이 지역을 통과해 운행하는 것이 건강에 좋지 않다는 것이었다. 사람들은 신기술이 나타남과 동시에 새로운 걱정거리가 생겨나면서 신기술을 다시 밀어내려고 한다. 수십 년 전에 텔레비전이 발명되었을 때에는 텔레비전이 아이들을 살찌게 하고 멍청하게 만든다고 했다. 오늘날에는 모두가 휴대폰 중독에 대해 경고하며,

청소년들이 인터넷에 중독되는 것을 우려한다. 이때에도 인지의 초점은 무엇보다도 부정적인 측면을 향한다. 스마트폰을 손에 든 청소년은 대부분의 사람들의 눈에는 위험한 기술의 어린 희생양으로 인지될 뿐, 스마트폰의 구글맵을 사용하여 도시에서 길을 척척 잘 찾는 기특한 청소년으로 인지되지 않는다. 또한 우리는 전철에서 스마트폰을 손에 쥔 사람들을 화면에 사로잡힌 기술의 노예라고 생각할 뿐, 다른 형태의 책이나 신문을 읽는다고는 생각하지 않는다. 이 모든 것이 너무 추상적이라고 느껴지는 사람이 있다면 자신의 자녀에게 완전히 처음 접해보는 이국적인 특산물을 먹게 해보라. 그러면 네오포비아가 무엇인지 확실하게 경험해볼 수 있을 것이다. 아마도 아이들은 그 음식을 먹지 않으려고 하면서 거부감과 혐오감을 표현할 것이다. 어른들도 똑같은 행동을 하기는 마찬가지다. 이를테면 우리는 이국적인 음식을 접할 때 불쾌감을 유발하는 재료들을 가장 먼저 인지한다.

우리는 새로운 것이나 모르는 사람을 처음 접할 때 공통점이 아니라 다른 점, 특히 공포감을 일으키는 기이한 특수성에 주의를 기울인다. 또한 인간은 세상을 자동적으로 '우리'와 '그들'로 구분하는 경향이 있다. 이러한 구분 행위는 무수한 차원에서 이루어진다. 이를테면 동양인과 서양인, 독일인과 난민, 남성과 여성, 노인과 젊은이, 큰 사람과 작은 사람, 바이에른 팬과 도르트문트 팬, 육식주의자와 채식주의자, 자전거를 타는 사람과 자동차를 타는 사람 등 수 없이 많다. 우리가 착한 사람과 나쁜 사람이 다르다고 생각하는 것은 어렸을 때나 어른이 되었을 때나 마찬가지다. 심리학자들은 수많은 연구에서 사람들이 낯선 집단이나 소수 집단에 대해 주로 부정적인 입장을 취한다는 사실을 보여주고 있다. 반면 자신이 속한 집단과 다수 집단은 긍정적인 시각으로 바라본다.

이러한 현상을 심리학적으로 규명해주는 통례적인 모델은 동기 유발 원리에 바탕을 두고 있다. 간략하게 말하면 그 배후에는 다음과 같은 질문이 쟁점이 된다. 사람들은 다른 사람들을 나쁜 사람이라고 생각할 때 그로부터 어떤 보상을 받는가? 사람들은 이를 통해 자신의 사회적 정체성을 보호하고 자신의 긍정적인 자아상을 유지하기 위해 이러한 식으로 불확실함을 비롯한 부정적인 감정에 맞서 싸운다. 이와 같은 사실은 지난 수십 년 동안 많은 연구를 통해 입증되었다.

한스 알베스 연구진이 제시한 모델은 동기적 측면보다는 인지 차원에서 문제를 분석한다. 말하자면 우리가 낯선 사람을 바라볼 때 우리의 시선은 어디에 초점을 맞추는가라는 문제를 다루고 있다. 연구진은 실험 참가자들에게 가상의 외계인 종족을 보여주고 그들을 판단해보라고 했다. 먼저 연구진은 참가자들에게 첫 번째 외계인 종족의 특성을 설명했다. 그다음에는 두 번째 종족의 특성을 제시한 후, 두 번째 종족의 특성을 첫 번째 종족의 특성과 비교 및 평가해보라고 했다. 두 번째 종족, 즉 이 실험에서 뒤에 새롭게 등장한 낯선 종족의 특성은 참가자들의 판단의 근거가 되었다. 반면 두 종족 간의 공통점은 이 실험에서 중요한 역할을 하지 않았다. 한스 알베스는 "우리는 먼저 한 집단에 대해 어떤 것을 경험하고, 그 후에 다른 집단이 먼저 경험한 집단과 어떻게 다른지 생각한다. 이것은 일반적인 학습 원리다."라고 말했다. 사람들이 어떤 상품을 평가할 때에도 이와 같은 틀을 따른다. 이를테면 새로 출시한 스마트폰은 기존의 스마트폰에 없는 어떤 새로운 기능을 가지고 있으며, 특별히 어떤 기능이 추가되었는가 또는 신기술이 기존에 없던 어떠한 위험을 수반하는지를 묻는다.

한스 알베스 연구진이 제시한 모델의 두 번째 가정은, 독특한 특성은 부정적으로 느껴질 확률이 높다는 점이다. 알베스는 "반면 서로 유사한 특성은 대부분 긍정적으로 느껴진다."고 말한다. 러시아 작가 레프 톨스토이의 소설 《안나 카레니나Anna Karenina》의 첫 문장은 이러한 원리를 아주 완벽하게 요약하고 있다. "행복한 가정은 모두 비슷한 점이 있지만, 불행한 가정은 제각각 다른 모습으로 불행하다." 사람들의 외모에도 이와 같은 원리가 적용된다. 이를테면 매력적인 얼굴은 평균적인 얼굴이라고 느껴지고 그렇기 때문에 호감이 간다. 반면 독특한 얼굴은 오히려 매력적이지 않다고 알베스는 말한다. 축 늘어진 한쪽 눈꺼풀이나 크기가 서로 다른 양쪽 귀, 큰 점, 휘어진 코 등 눈에 띄는 특징은 일반적인 틀에서 벗어난다. 톨스토이의 문장을 다른 말로 바꾸어 표현하자면, "매력적인 얼굴은 모두 비슷한 점이 있지만, 매력적이지 않은 얼굴은 제각각 다른 모습으로 매력적이지 않다."라고 할 수 있을 것이다.

학자들은 언어 세계에서도 이와 같은 원리가 작용한다는 사실을 확인했다. 할레비텐베르크 대학교의 대니얼 라이징Daniel Leising 연구진의 관찰에 따르면, 사람들은 친구들을 묘사할 때에는 흔한 긍정적인 개념들을 자주 사용했지만, 친구들의 나쁜 면을 설명할 때에는 상당히 달랐다. 이러한 현상을 더 가까이서 직접 경험해보고 싶은 사람이 있다면, 자녀에게 오늘 학교에서 어땠는지를 물어보라. 학교에서 모든 것이 순조로웠다면 부모의 이러한 질문에 '좋았어.'라는 전형적인 대답을 할 것이다. 반면 학교에서 뭔가 문제가 있었다면 좋지 않았던 일이나 못된 친구들, 나쁜 선생님에 대해 장황하게 늘어놓을 것이다.

"부정적인 특성은 긍정적인 특성보다 훨씬 다양하며, 좋은 것보다 나쁜 것이 훨씬 더 많다."고 한스 알베스 연구진은 말한다. 이미 이러한 사실만으로도 낯선 사람들이나 낯선 집단이 자신과는 다른 특성, 그렇기 때문에 특히 쉽게 부정적으로 인지되는 특성을 가지고 있을 확률이 높아진다. 그 결과 낯선 사람들을 경시하는 생각을 갖게 된다.

이는 낯선 문화를 바라볼 때에만 해당되는 것이 아니라, 이성을 바라보는 시각에도 해당된다. 남성과 여성 사이에는 순전히 생리학적인 차이가 존재하기는 하지만, 이러한 차이는 일반적으로 미미하다. 그런데 우리가 남성의 본질이나 정의가 무엇인지를 물어볼 경우 여성에게는 존재하지 않는 어떤 특성을 가진 사람이라고 대답한다. 한스 알베스는 "이 또한 부정적인 왜곡으로 이어지는데, 그 이유는 사람들이 이상하고 나쁜 특성에만 집중하기 때문이다."라고 말한다. 반대로 여성에 대한 판단도 물론 마찬가지다.

단지 이러한 인지 방식을 토대로 낯선 문화의 사람들을 바라볼 경우 자신들과는 다른 그들의 특성에만 집중하게 된다. 이를테면 가족 구조가 다르다거나, 그러한 구조 안에서 남성과 여성이 차지하는 위치가 다르다거나, 음식 예절 등이 다르다는 점이 눈에 띈다. 모든 사람들이 가지고 있는 공통성, 예를 들면 우리 모두가 비슷한 희망을 품고 있고 비슷한 소망과 두려움을 가지고 있다는 점, 출근해야 하는 아침에는 모두가 피곤하다는 점 등은 더 이상 화제의 대상이 되지 않고 인지되지도 않는다. 예를 들어 요즘은 드물지만, 여성이 매우 적은 직장에 어떤 여자 직원이 새로 오는 경우에도 마찬가지다. 이 경우 남자 직원들의 눈에는 새로 온 여자 동료가 다른 남자들에 비해 뭐가 다른지가 먼저 보일 것이다. 정확히 말하자면 그 여자 동료가 무엇을 잘하는지 못하는지가 눈에 보일 것이다. 물론 여성들이 주로 일하는 직장에 남자 신입 사원이 입사할 때에도 마찬가지다. 친숙한 것은 큰 신뢰를 얻고 '좋은 것'이라는 자격이 주어지는 반면 새로운 것, 알지 못하는 것은 자동적으로 그저 힘들고 어려운 지위를 얻을 뿐이다.

그렇다면 우리는 어떻게 해야 하는가? 한스 알베스는 "잦은 교류가 인지를 변화시킨다."고 말한다. 그렇게 되면 공통점에 집중하게 되고 차이점은 잘 보이지 않게 된다. 이를테면 인도 사람들이 손으로 음식을 먹는 모습이 더 이상 눈에 띄지 않게 된다. 그 대신 모두가 시간에 쫓기며 일을 하고 점심시간도 느긋하게 즐기지 못한다는 생각을 하게 될 것이다. 손으로 음식을 먹는다는 사실은 더 이상 크게 자각되지 않을 것이다. 그리고 전에는 통상적이라고 생각했던 서양 근로자들의 별난 행동들이 눈에 띌 것이다. 이처럼 언젠가는 과거에 새로웠던 것이 낡은 것, 친숙하고 익숙한 것이 된다. 오리건 주립대학교 학생들을 당황스럽게 했던 검정 자루처럼 말이다. 우리는 친숙한 것은 좋아하는 반면, 새로운 것은 지나치게 비판적인 시선으로 바라본다.

잡초는 사라지지 않는다

왜 분명한 거짓말임에도
효과가 있을까?

‘멈춰라! 비상 브레이크를 당겨라!’ 같은 캠페인 문구는 왜곡된 이미지를 가지고 있기도 하지만, 사람들에게 관심을 유발하는 효과를 갖고 있다. 그래서 몇 년 전에 유럽 내 약용 식물 금지에 대한 소문이 급속도로 확산되기도 했다. 이러한 음모론 지지자들의 주장에 따르면, 유럽연합이 또다시 제약사의 수족 노릇을 하고 있다는 것이다. 그리고 브뤼셀에서 모든 약용 식물의 재배를 금지하려고 계획하고 있으며 심지어 개인 정원에서 캐모마일이나 쐐기풀을 키우는 것도 금지하려고 한다는 것이다.

하지만 이 내용 중 어느 것도 사실이 아니다. 유럽연합은 약용 식물 금지를 계획하지 않았다. 그러나 많은 사람들은 유럽연합이 모든 것을 할 수 있는 힘을 가지고 있고, 제약사를 악의 본거지라고 생각했기 때문에 이러한 터무니없는 소문은 지지자들을 끌어들일 수 있었다. 이러한 소문은 그저 소문에 불과하다는 사실이 드러났음에도 12만 명이 넘는 사람들이 연방의회의 온라인 청원에 서명했다. 심지어 치료사 및 자연치유사 전문가 협회에서는 약용 식물이 금지되는 일이 결코 없을 것이라고 강조하기까지 했다. 하지만 허위 정보는 무성한 잡초처럼 사라지지 않고 계속 번져나갔다. 결국 이 소문은 2011년에 인터넷을 통해 2차전에 돌입했다. 몇 년 후에도 결코 지치지 않는 활동가들은 아무도 계획하지 않은 약용 식물 금지에 반대하는 새로운 청원을 만들어 3차전을 시작했다.

어떤 소문이 사실이 아니라고 철저하게 반박되었어도 사람들은 결코 긴장의 고삐를 늦추지 않는다. 물론 소문의 내용이 터무니없다는 사실을 전혀 알아차리지 못하는 사람들도 있을 것이다. 하지만 더욱 참담한 일은 이러한 소문이 가짜라는 사실을 알면서도 실제로 많은 사람들이 허위 정보를 여전히 믿는다는 것이다. 즉 어떤 이야기가 거짓에 불과하다는 사실을 알고 있는 사람도 그 이야기를 믿으려는 경향이 있다는 것이다. 심리학자들은 이러한 현상을 '믿음 집착Belief Perseverance'이라고 부른다.

심리학자 토비아스 그라이테마이어Tobias Greitemeyer는 2013년 〈사이코노믹 불레틴&리뷰Psychonomic Bulletin&Review〉라는 학술지에 발표한 충격적인 한 연구에서 '믿음 집착'의 효과에 대해 구체적으로 설명했다. 즉 피험자들은 어떤 연구가 잘못된 데이터에 근거하고 있다는 사실을 사전에 명확하게 들었음에도 그 연구의 결과를 부분적으로 진실이라고 간주했다. 인간은 어떤 것을 일단 믿게 되면 자신의 입장을 바꾸는 경우가 극도로 드물다. 그라이테마이어는 최근 심리학 분과에서 벌어진 떠들썩한 조작 사건 문제에 연구 초점을 맞추었다. 몇몇 연구가들이 자신들이 꾸며낸 데이터를 바탕으로 허위 논문을 작성한 것이었다. 이러한 사기 논문 사건이 발각되었음에도 근거 없는 연구 결과들은 심리학계를 계속해서 돌아다니고 있다. 마치 죽었지만 묘지에 묻히지 않은 좀비처럼 말이다. 학술 잡지가 출판을 취소하고 이 연구들이 조작되었다는 사실을 지적했음에도 조작된 논문들은 다른 학과에서 광범위하게 인용되고 곧이 곧대로 맹신되었다.

이 사건은 유럽연합의 약용 식물 금지 루머와 비슷하다. 많은 사람들이 논문 사기 사건에 대한 소식을 알지 못했지만, 이에 대해 알고 있는 사람들조차 여전히 믿음을 놓지 않았다. 그라이테마이어는 이 사실을 앞에서 언급한 조작된 한 심리학 논문을 사용하여 검증해보고자 했다. 이제는 신뢰를 잃은 이 논문의 저자는 인간이 물리적으로 높은 위치에 있을 경우 친사회적 행동을 한다고 주장했다. 그라이테마이어는 피험자들에게 조작된 이 논문의 요약본을 제시했다. 그런 다음 일부 피험자들에게 이 논문이 사기 논문이라는 사실을 알려주었다. 그리고 그들에게 사회적 위치와 행동을 다룬 이 논문의 논제가 믿을 만한지에 대해 이야기해보라고 했을 때 참담하게도 그들은 긍정적인 대답을 했다.

거짓을 거짓이라고 드러내는 것은 결코 쉽지 않다. 한편으로는 이를 통해 거짓이 더 확산될 가능성이 높아지며, 다른 한편으로는 거짓이 그 자체로 머릿속에 박혀 거짓된 내용을 진실처럼 생각하게 된다. 이러한 사실은 미국인들이 자신의 대통령보다 바나나를 더 두려워했던 한 사건에서도 드러난다. 당시 미국의 많은 사람들에게 불안감을 조장하는 이메일이 도착했다. 최근에 바나나를 먹은 사람은 조금이라도 이상 증세가 느껴질 경우 병원을 찾아가야 한다는 내용의 이메일이었다. 박테리아에 오염된 바나나가 시중에 유통되고 있으며, 이 바나나를 섭취할 경우 조직이 괴사할 수도 있다고 했다. 물론 이는 터무니없는 괴소문이었다. 하지만 2000년에 벌어진 이 사태는 거짓임이 판명된 거짓이 어떻게 사람들 사이에서 퍼져나갈 수 있는지에 대한 귀중한 근거를 제공한다.

미 당국은 이 바나나 이메일 사건에서 치명적인 실수를 범했다. 그들은 사건을 반복적으로 이야기하며 점점 더 많은 청중들을 끌어들였다. 이것만으로도 그 당시에 괴소문은 걷잡을 수 없을 정도로 퍼져나갔다. 점점 더 많은 사람들이 불안해하자 미국 질병 통제 예방 센터는 어쩔 수 없이 이 소문에 대응해야 했다. 또한 믿을 만한 언론에서도 가짜 뉴스를 정정하고 진실을 바로잡아야 한다는 의무를 느꼈다. 질병 통제 예방 센터는 바나나 공포에 대해 발표하면서 괴소문의 내용을 서술하고 그것이 허위 정보라고 반박했다.

하지만 이것만으로는 충분하지 않았다. 이는 오히려 거짓 정보에 불을 붙이고 공포감을 조성하는 수준으로 커지게 만들었다. 질병 통제 예방 센터는 두려움을 오히려 확산시켰고 신문사들은 두려움에 떠는 사람들의 수가 몇 배로 불어났다고 보도했다. 공신력 있는 질병 통제 예방 센터에서 이메일에 대한 입장을 표명하자 사람들은 명백하게 뭔가 문제가 있다고 생각하게 된 것이다. 바로 이 것이 우리가 하지 말아야 하는 행동이다. 어떤 뉴스의 맥락과 그것의 정확한 내용은 순식간에 사라지고, 그 후에는 어디선가 한 번 들었거나 읽었다는 불확실한 감정만 남게 된다. 그 정보가 친숙하게 느껴지는 경우, 그것만으로도 진실의 환상을 낳는다. 정보의 내용과는 전혀 상관없이 말이다. 알고 있는 정보를 가공하는 데에는 정신적 노력이 거의 필요하지 않다. 정신적 노력이 필요하지 않은 정보일수록 사람들은 그 정보를 쉽게 사실로 받아들인다.

그렇기 때문에 가짜 뉴스를 반복하는 것은 독과 같다. 1945년의 한 오래된 연구에서도 부주의한 반복이 우리에게 어떤 피해를 주는지를 확실하게 드러냈다. 이 연구는 미국 군인들 사이에서 확산된 소문들을 제거하는 것에 대한 내용이었다. 그런데 가장 강력한 조치가 취해진 소문들이 가장 강하게 확산되었다. 그런 소문들이 가장 빈번하게 반복된 것이다. 이렇게 빈번하게 반복된 소문들은 군인들에게 친숙하고 익숙하게 느껴졌다. 또 한 번 반복해서 말하자면, 친숙함은 진실의 감정을 촉진한다.

허위 정보가 얼마나 확고하게 뇌리에 박힐 수 있는지는 사소한 일상에서도 쉽게 찾아볼 수 있다. 나의 경우를 예로 들어보면, 언젠가 잘못 기억한 전화번호에서 이러한 현상을 확인할 수 있었다. 나는 몇 년 동안 나의 동료인 홀거에게 전화를 한다는 것이 어떤 노부인에게 반복적으로 전화를 잘못 걸었다. 당시 그의 전화번호 끝 네 자리 숫자는 5157이었다. 그런데 처음으로 이 숫자를 떠올리려고 했을 때 나는 그 순서를 혼동해서 5751로 전화를 걸었다. 그 이후로 나는 이러한 동일한 실수를 몇 번 더 반복했고, 반복적 실수를 통해 잘못된 전화번호가 친숙하게 느껴졌다. 두 숫자의 조합이 모두 맞게 느껴지기 시작했고, 둘 중 어느 번호가 맞는 번호인지 구분하기가 어려워졌다. 수십 년이 지난 지금이 돼서야 마침내 맞는 번호가 내 머릿속에 각인되었다.

이 사례가 중요한 이유는 내가 잘못된 전화번호를 머릿속에 확실하게 각인했던 것처럼 거짓임이 분명한 정보들도 이와 같은 방식으로 작용되기 때문이다. 즉 거짓 정보들은 우리 머릿속의 하드디스크에 저장되는 것이다. 물론 이러한 정보들이 우리 머릿속에서 '거짓'이라는 꼬리표를 달고 있기는 하지만, 이러한 분류가 희미해질 수도 있다. 왜냐하면 거짓은 그저 단순히 그 자리에 존재하는 것만으로도 익숙하게 느껴질 뿐만 아니라 유감스럽게도 빈번히 반복되기 때문이다. 심리학자 이안 스커닉Ian Skurnik과 노베르트 슈바르츠는 내가 전화번호를 혼동한 사례와 관련된 연구를 수행했다. 그들은 피험자들에게 널리 확산되어 있는 독감 백신에 대한 불안감을 반박하는 전단지를 나눠주었다. 이 전단지는 미국 질병 통제 예방 센터가 2006년에 독감 백신을 둘러싼 허위 정보를 막기 위해 간행한 것이었다. 이 전단지는 흔히 사용되는 참-거짓 형식을 취하고 있었다. 전단지에는 독감 백신에 대해 돌고 있는 여러 근거 없는 이야기와 사실들이 열거되었고, 그 옆에는 각 진술들이 사실인지 거짓인지 표기가 되어 있었다. 이를테면 *"독감 백신의 부작용은 독감 자체보다 더 심각하다."(거짓)*, 혹은 *"독감 백신을 맞는 경우에도 가벼운 형태의 질환을 겪을 수 있다."(사실)*과 같은 형식이었다.

연구진은 피험자들에게 이 전단지를 신중하게 읽어볼 것을 부탁했다. 그다음에 기울임체로 되어 있는 진술들만 분리하여 피험자들에게 제시한 후, 각 진술들이 옳은지 틀린지 말하라고 하였다. 전단지 내용을 읽은 직후였기 때문에 이러한 과제는 큰 무리가 아니었다. 그런데 30분이 지나자 변화가 생겼다. 조금 전만 해도 명확했던 내용이 희미해진 것이다. 즉 피험자들이 사실과 거짓을 구분할 때 느꼈던 확실성이 강하게 줄어들었다. 그리고 점점 피험자들은 더 많은 거짓 진술을 사실이라고 생각했다.

대부분의 피험자들은 더 이상 확실하게 대답하지 못했고, 자신의 직감에 의존했다. 그리고 이러한 직감은 친숙감에 좌우되었다. 이와 관련하여 호주의 심리학자 존 쿡John Cook과 슈테판 레반도프스키Stephan Lewandowsky는 자신들의 저서 《사실을 밝히다The Debunking Handbook》에서 "기억이 희미해지자 사람들은 거짓이라는 꼬리표는 떼버린 채 내용만을 기억했다."라고 설명하고 있다. 대부분의 피험자들은 어느 정도의 시간이 흐르자 심지어 전단지를 읽기 전보다 더 많은 거짓 정보들을 내면화시켰다. 마치 내가 잘못된 전화번호를 여러 번 누름으로 인해 그 번호가 매우 위험할 정도로 익숙해졌던 것처럼 말이다.

정보들을 참-거짓의 형태로 서술하거나 단순히 거짓이라고 표기하는 형식은 우리를 원하는 목표 지점으로 이끌어주기는커녕 도리어 자기 발등을 찧는 결과를 낳게 만들었다. 이러한 사실은 이안 스커닉과 노베르트 슈바르츠가 추가로 조사한 피험자들의 입장에서도 나타났다. 실험 참가자들은 질병 통제 예방 센터의 전단지를 읽은 직후, 전단지를 전혀 보지 않은 비교 집단 피험자들에 비해 독감 백신에 대해 보다 긍정적인 입장을 보였다. 심지어 조만간 직접 독감 백신 접종을 받을 것이라고도 말했다. 하지만 30분이 지나자 백신 접종에 대한 입장이 다시 바뀌었고, 접종을 받겠다는 의욕도 눈에 띄게 줄어들었다. 사실 내용과 함께 피험자들에게 노출되었던 거짓 진술들로 말미암아 의혹이 슬며시 생겨난 것이다. 또한 오직 사실 내용만 읽은 비교 집단 피험자들은 30분이 지난 후에도 독감 백신에 대한 입장과 백신을 맞겠다는 의지가 여전히 확고했다.

도널드 트럼프 대통령과 당시 백악관 대변인이었던 숀 스파이서 Sean Spicer가 트럼프의 대통령 취임식 때 전 대통령 취임식에 비해 더 많은 인파가 몰렸다고 주장했고, 이러한 주장이 TV를 통해 뻔뻔한 거짓말로 드러났음에도 많은 사람들에게는 그러한 주장이 영향력을 발휘했었다. 트럼프는 자신의 뻔뻔한 주장을 청중의 신경 회로에 입력하도록 프로그램화했다. 이러한 주장 직후에 거짓말을 조심하라고 일종의 경고 표지판이 옆에 세워졌음에도 그러한 주장은 우리에게 무제한적인 영향을 주고 있다. 그 주장이 거짓이었다는 사실을 떠올리려면 약간의 인지적 수고가 필요하다. 그렇기 때문에 정치적으로 거짓말을 하는 사람은 언제나 유리하다. 그는 터무니없는 거짓말을 던져놓고 사람들이 이 거짓말을 가지고 어떻게 하는지 지켜본다. 그는 이러한 행동을 통해 첫째, 무대를 장악하고 어떤 주제들이 여론을 얻을지를 파악한다. 둘째, 자신의 정치적 적수들을 도발하여 이러한 거짓말에 몰두하도록 만든다. 독일 극우 정당을 비롯한 다른 모든 포퓰리스트들은 이러한 전략의 대가들이며, 특히 거짓말을 일삼는 백악관의 허풍쟁이는 말할 필요도 없다.

안타깝게도 이러한 거짓말은 그럴듯하게 꾸며진 이야기들인 경우가 많다. 이러한 이야기들은 대중의 감정을 강하게 동요시키고, 그렇기 때문에 소셜 네트워크에 진실인 것처럼 유포된다. 현재의 언론계는 거짓을 생산하는 완벽한 배양소다. 2016년 미국 대통령 선거가 있기 전에 학자들은 한 연구에서 이러한 사실을 구체적으로 보여주었다. 그들은 영향력이 강한 사실 정보 20개와 거짓 정보 20개에 대해 페이스북에서 얼마나 많이 '좋아요'가 클릭되고 공유되는지를 조사했다. 사실 정보들은 '좋아요' 클릭 횟수와 댓글, 공유 횟수가 총 730만 개에 달했다. 거짓 정보들은 '좋아요'와 댓글, 공유 횟수가 870만 개에 달하며, 더 멀리 퍼지고 더 많은 사람들의 머릿속에 저장되었다. 디지털화된 세상 속에서 진실과 허구를 구별하는 것은 점점 더 어려운 일이 되어가고 있다.

머릿속에서 거짓 정보를 추방하기 위해서는 진실로 거짓을 덮어야 한다. 그리고 그 진실은 거짓을 물리칠 수 있을 정도로 영향력이 더욱 강한 스토리여야 한다. 형사 소송을 한번 생각해보자. 한 유명인이 폭행 사건으로 고소를 당한 상황에서 모든 증거와 법적 수단을 동원하여 비난을 막고 있다. 이 가상의 재판에서 이 유명인은 정말로 무죄이고, 피해자는 정말로 누군가에게 폭행을 당했다고 가정해보자. 재판이 진행되면서 피고인의 혐의를 확실하게 풀어주고 그의 무죄를 증명하는 증거들이 나타난다. 그리고 그는 무죄 판결을 받는다. 그럼에도 그는 사람들에게 계속해서 가해자로 비칠 가능성이 매우 높다. 결국 규명되지도, 처벌되지도 않은 범죄 사건이 실제로 벌어진 것이다.

무죄 판결을 받은 혐의자에게는 엄청난 오점이 남게 된다. 우리는 어떤 일들이 끝마무리가 되기를 바라고 사건들이 끝까지 해명되기를 바란다. 이러한 바람은 결코 어떤 악한 의도나 비열함으로부터 생겨나는 것이 아니라 인간의 인지적 욕구로부터 생겨난다. 해결되지 않은 일들은 우리를 계속 괴롭히면서 머릿속에서 떠나지 않는다. 마치 흥미진진한 드라마나 책을 손에서 놓을 수 없는 것처럼 말이다. 다음 이야기가 어떻게 전개될지 혹은, 앞에서 언급한 가상의 재판에서 실제 범인이 누구인지 궁금해서 못 견딜 지경이 된다. 실제 범인이나 범죄 사건의 진행 과정이 정확하게 언급될 수 있을 때에 비로소 사람들은 피고인을 정말로 무죄라고 간주한다는 사실이 여러 심리학 실험을 통해 입증되었다.

이는 분명한 거짓말의 경우에도 마찬가지다. 즉 우리가 그 거짓말 대신 진실이 무엇이었는지를 분명히 들었을 때 비로소 거짓말의 영향력이 약해진다. 이러한 현상을 규명하기 위해 심리학자들은 어느 실험에서 피험자들에게 한 화재 사건에 대해 묘사했다. 이 화재가 가연성의 소재에서 불이 붙으면서 발생했다고 말했다. 그다음 이러한 진술을 번복했다. 하지만 새로운 화재 원인이 무엇인지에 대해서는 언급하지 않았다. 시간이 약간 지난 후 연구진이 피험자들에게 화재가 왜 발생했는지를 묻자 피험자들은 확실하지는 않지만 가연성 소재 때문이라고 대답했다. 하지만 이때 모든 피험자들은 그 내용이 사실이 아니라는 것을 알고 있었다. 그럼에도 이를 대체할 만한 다른 원인을 찾지 못했다.

허위 정보의 정정은 머릿속에 항상 빈자리를 남긴다. 이 빈자리는 채워져야 하는데, 만약 그렇지 못할 경우 허위 정보가 점점 익숙하게 느껴지기 때문에 계속 머릿속에 남아 있게 된다. 위의 실험에서 심리학자들이 피험자들에게 새로운 화재 원인을 제시했다면 잘못 알려진 원인을 머릿속에서 지울 수 있었을 것이다. 새로운 진술이 없을 경우 가짜 뉴스의 정정 또한 아무런 영향력을 발휘하지 못한다. 그렇기 때문에 거짓 정보와 소문에 대한 보도는 그러한 주장의 배후에 깔린 전략적 이해관계를 조명해야 한다. 말하자면 트롤 Troll(사이버 공간에서 고의적으로 선동적이거나 불쾌한 내용, 주제에서 벗어난 내용을 인터넷에 올려 사람들의 감정적인 반응을 유발하는 사람-옮긴이)의 동기를 규명하고 가능하다면 사실적인 맥락을 서술하는 것이 바람직하다. 하지만 그렇게 하기란 매우 어렵다. 왜냐하면 단순한 주장이, 그러한 단순한 주장을 복잡하게 정정하는 것보다 뇌에 더욱 매력적이고 사실인 것처럼 느껴지기 때문이다.

거짓말을 하는 사람들은 효과적인 무기를 갖추고 있다. 그들은 온갖 주장들을 내던져놓고 적수들이 자기 앞에 모여들게 할 수 있고, 청중의 머릿속에 자신들의 주장을 머무르게 할 수 있다. 이를테면 볼링그린Bowling Green이라는 이름을 들었을 때 가장 먼저 어떤 생각이 드는가? 국립 콜벳 박물관National Corvette Museum이 있는 켄터키주의 한 도시라는 사실? 공포 영화 감독 존 카펜터John Carpenter의 출신 도시라는 사실? 아니다, 볼링그린 학살 사건을 떠올릴 것이다. 하지만 결코 일어난 적이 없었던 볼링그린 학살 사건은 트럼프 정부의 백악관 선임 고문에 의해 사실이 아닌 내용, 즉 대안적 사실 Alternative Fact로 유포되었다. 일반적으로 어떤 주제에 대해 머릿속에 가장 먼저 떠오르는 내용은 옳다고 느껴지거나 적어도 사실에 가깝다고 느껴진다.

심리학자들도 거짓말과 가짜 뉴스의 확산을 막는 확실한 요법을 제공하지는 못한다. 하지만 트럼프 대통령이 일어난 적 없는 끔찍한 스웨덴 테러 사건을 언급했을 때 그에 대한 반응들은 약간의 희망을 선사한다. 스웨덴 사람들은 트럼프의 이러한 거짓말을 거부했을 뿐만 아니라 트럼프가 언급한 스웨덴 테러가 있던 날, 실제로 어떤 일이 있었는지에 대한 이야기들로 인터넷을 가득 채웠다. 이를테면 경찰이 스톡홀름에서 음주 운전자를 체포했다, 87세 싱어송라이터 오베 퇴른퀴스트Owe Thörnqvist의 대형 뮤직페스티벌 무대에서 기술적인 문제가 발생했다, 라플란드에서 눈사태 위험 때문에 관청에서 도로를 폐쇄했다 등의 이야기였다. 스웨덴 사람들은 거짓 정보를 반복하지 않았고 그 대신 자신들의 이야기들을 제공했다.

심리학적 관점에서 볼 때 스웨덴 사람들의 이러한 대응은 꾸며낸 이야기를 하는 미국 대통령과의 진실 공방에서 승리한 하나의 사례이다. 포퓰리스트들의 거짓 주장을 점검하는 데에만 그치는 것이 아니라, 자신의 미래상과 자신의 약속, 자신의 생각으로 이러한 거짓말을 대체해야 한다. 거짓말은 세상에서 사라지지 않는다. 그렇기 때문에 청중이 거짓말하는 사람들을 가까이 하지 못하게 하고, 그들에게 더 흥미진진한 이야기를 제시하는 것이 중요하다.

모
든
것
이
점
점
나
빠
지
다

사람들은 상황이 나아지면
기준을 바꾸고 불평하기 시작한다

．
．
．

　지난밤 또다시 잠들기까지 한참이 걸렸다. 침실 창문은 살짝 열
려 있었다. 밖에서는 바람이 불었고, 2km 떨어진 고속도로의 소리
가 바람을 타고 침대까지 들려왔다. 제기랄, 쏴쏴 소리가 또 들린
다. 심하지는 않지만 그럼에도 소음이 신경에 거슬린다. 소음 때문
에 도시를 떠나오지 않았는가! 하지만 처음 도심 외곽으로 이사한
직후에는 달랐다. 그때는 창문을 열어두었어도, 고속도로에서 쏴쏴
소리가 나도 마치 완전한 정적이 방의 갈라진 틈새까지 스며드는
것처럼 느껴졌다.

　이곳에서 들리는 소음은 도심에 살 때 침실에서 들렸던 야간 소
음과는 확연히 대비되었다. 도심에 살 때는 공동 주거를 하는 젊은
이들이 큰 소리를 지르며 게임을 하고, 스위스 억양을 쓰는 옆집 여
자는 창문을 열어놓고 시끄럽게 통화하기 일쑤였다. 거리에는 파티
를 즐기는 무리들이 뒤죽박죽 모여 떠들썩하게 소리를 지르고 쩽
그랑거리며 유리잔을 부딪혔다. 어느 오토바이 운전자는 오토바이

의 마력과 소리를 점검했고, 전차는 쉴 새 없이 덜커덩 소리를 내며 지나갔다. 의외로 이러한 소음은 통상적인 소음이라 짜증을 유발하지 않았다. 그런데 불과 몇 주 후 새로 이사 온 조용한 도심 외곽에서는 멀리 떨어진 도로에서 들리는 희미한 쉬쉬 소리에도 신경이 곤두섰다.

세상의 상황도 마찬가지다. 침실에서 바라보는 것처럼 일상을 평범하게 관찰한다면 이 세상 상황이 급격하게 악화되고 있다는 생각을 이성적으로 분석하는 데 도움이 될 수 있다. 서구 복지국가에 살고 있는 우리는 모두 동화 〈공주와 완두콩〉에 나오는 왕자와 공주처럼 행동한다. 다시 말해 너도나도 앓는 소리를 내며 끊임없이 한탄하고 비탄한다. 이를테면 스트레스, 번아웃, 자녀 문제, 경력, 알레르기, 인종차별주의자, 성차별주의자, 따돌림, 식품 안전성, 범죄 등이 늘 우리를 탄식하게 만든다. 개인에게 닥치는 삶의 걸림돌들은 너무나도 많아서 일일이 열거하기조차 어렵다.

또 하나의 사연을 예로 들어보자. 그렇게 오래전 일은 아니지만 독일의 한 남성이 지역 경찰관을 인종차별 문제로 고소했다. 이 경찰관이 페이스북의 친구 요청을 거부했다는 이유에서였다. 맙소사, 이 남성은 너무나도 속상했나 보다.

이 세상이 눈에 띄게 행동하는 과민한 사람들로 가득 모인 곳으로 변한 것일까? 이러한 예민함은 긍정적으로도 해석될 수 있다. 사회적 진보의 부작용이라고 말이다. 오늘날 사람들이 아주 경미한

침해를 당할 때조차 이를 인식하고 나아가 강하게 저지할 힘을 얻게 될 정도로 삶의 제반 조건들이 아주 많은 영역에서 개선되었다. 오늘날에는 악한 부정들이 고개를 들지 못하기 때문에 윤리적 규정을 아주 조금이라도 위반할 경우 사람들은 급격하게 흥분하면서 도덕적 잣대를 들이댄다. 안타깝게도 흥분과 격분의 수위에는 변함이 없고 입가의 거품은 그대로 남아 있다. 다만 그 이유나 구실만이 점점 더 사소해지고 있을 뿐이다.

이러한 식의 인지 방식과 감정은 마치 모든 것이 나빠지고 있으며, 인류가 단 하나의 문제도 제대로 해결하지 못하고 있다는 인상을 준다. 심리학자들은 이러한 인지적 오류의 영향력을 많은 실험을 통해 보여주었다. 이 실험들에 따르면, 하나의 문제가 해결되면 사람들은 반사적으로, 전혀 의식하지 못한 채 그 문제의 의미를 확대시킨다. 하버드 대학교의 대니얼 길버트Daniel Gilbert는 "문제가 사라지면 오히려 우리는 상황에 문제가 많다고 생각한다."고 말한다. 실험 결과들은 세상의 상태가 긍정적으로 전개될수록 우리는 점점 더 이에 비판적인 시각을 갖게 된다는 사실을 시사했다. 길버트는 "진보는 자신의 모습을 보이지 않게 감춘다."고 말한다. 각종 데이터들은 성공을 입증하고 있지만, 인간의 감정은 이에 보조를 맞추지 못한다.

길버트 연구진은 이러한 과민함을 연구하기 위해 피험자들에게 추상적인 과제를 하나 내주었다. 이 연구는 2018년 과학 전문지 〈사이언스〉에 게재되었다. 피험자들은 화면 위에 보라색에서 파란색에 걸쳐 있는 점들 중에서 파란색 점을 골라 그 수를 세어야 했다. 아주 단순한 과제였다. 그런데 연구진이 파란색 점의 개수를 줄일수록 피험자들의 인지에 변화가 생겼다. 피험자들은 '파란색'의 정의를 확대시켜 보라색 점들까지 파란색이라고 판단했다. 또한 이러한 패턴은 서로 다른 조건하에서도 나타났다. 즉 파란색 점의 개수가 서서히 줄어들든 급격히 줄어들든 상관없이 그랬다. 심지어 피험자들에게 파란색 점이 줄어들었을 때 정확한 개수를 맞추면 보상으로 돈을 주겠다는 약속을 했음에도 그들의 인지에는 변함이 없었다.

길버트와 그의 동료들은 덜 추상적인 또 다른 두 개의 실험을 통해서도 이러한 현상을 확인할 수 있었다. 한 실험에서는 피험자들이 중립적인 얼굴과 친근한 얼굴 사이에서 위협적인 얼굴을 골라내야 했다. 험악한 얼굴이 줄어들수록 많은 피험자들이 갑자기 중립적인 얼굴을 위협적인 얼굴로 느꼈다. 또 다른 실험에서도 이와 동일한 원칙이 드러났다. 이는 피험자들은 모의 위원회에서 연구 신청서가 윤리적으로 지속 가능한지 아닌지를 결정해야 하는 실험이었다. 길버트는 "우리가 윤리적으로 의심스러운 신청서를 감소시키자마자 실험참가자들은 위험이 없는 신청서까지도 비윤리적이라고 판단했다."고 말했다.

양질의 삶을 살수록 한탄이 점점 커질 수 있다. 궁핍과 불행이 줄어들수록 허리를 보호하는 항알레르기 매트리스 아래에 놓인 아주 작은 완두콩 한 알조차 몸에 거슬리게 느껴진다. 반면 지붕 사이로 비가 새는 집에 살면서 침대에 누워 내일은 아이들에게 무엇을 배불리 먹일 수 있을까 고민하는 굶주린 사람들에게 매트리스 아래에 있는 이 완두콩은 문제가 되지 않을 것이다. 불합리하게 들릴지 모르겠지만 진짜 문제를 가진 사람은 불평을 늘어놓을 계기를 거의 찾지 못한다.

이 모든 것을 고려해볼 때 수많은 사회적 문제들은 해소될 수 없으며 공공 분쟁도 결코 끝나지 않을 것임을 알 수 있다. 아마도 그 이유는 어려움들이 결코 사라지지 않기 때문이 아니라, 문제를 판단하는 좌표들이 옮겨졌기 때문일 것이다. 철학자 오도 마르크바르트Odo Marquard는 이러한 현상을 '부정적인 잔재물이 더 두드러지게 나타나는 원리'라고 기술한 바 있다. 이러한 정의는 아주 작은 스크래치가 거울처럼 반짝이는 매끄러운 표면의 미관을 해치고 신경을 매우 곤두서게 만드는 상황으로 가장 잘 표현될 수 있다.

그래도 너무 추상적으로 느껴지는가? 비흡연자 보호법의 전개 과정을 보면 상황이 좋아질 때 인간은 불평하고 싶은 충동을 느낀다는 점을 확실히 알 수 있다. 음식점 내 금연을 둘러싼 논쟁은 술집 흡연자들의 마음을 움직이지 못했다. 물론 바Bar에서 저녁 시간을 보낸 후 옷이 담배 냄새에 찌들어 있다는 것을 생각해보면 금연법이 그렇게 나쁘게 들리지만은 않았다. 하지만 술과 담배는 포기할 수 없는 궁합이기도 했다. 금연법이 시행되자 사람들의 무관심함은 감격으로 변했다. 맥주를 마시러 가는 것이 그렇게 쾌적할 수가 없었다.

하지만 또 다른 일이 벌어졌다. 담배 연기에 대한 관용의 한계가 급격하게 낮아졌다. 이제는 드넓은 콘서트홀에서 담배 연기를 내뿜는 한두 명의 흡연자도 불쾌하게 느껴졌다. 금연법이 시행된 이후로 심지어는 야외 맥줏집인 비어가르텐Biergarten에서 옆옆 테이블의 흡연자들도 신경에 거슬렸다. 말하자면 관용의 기준이 바뀐 것이다. 예전에는 수년 동안 담배 연기가 자욱한 좁은 술집에 있어도 아무렇지 않게 느껴졌지만, 오늘날에는 금연법이 발전함에 따라 멀리서 풍겨오는 옅은 담배 연기도 역하게 느껴진다.

의료계에서는 정신과 전문의 아서 바스키Arthur Barsky가 이미 1980년대에 이 현상을 '건강 역설'이라고 기술했다. 그에 따르면 사람들이 건강할수록 건강 손상에 대해 더 많이 하소연한다. 지병이나 육체적 결함과 관련해서도 부정적인 잔재물이 더 두드러지게 나타난다. 독일뿐만 아니라 대부분의 다른 나라 사람들도 수명이 점점 길어지고 건강도 예전에 비해 더 좋아졌다. 그런데도 여전히 건강이라는 주제로 야단스럽게 떠들어댄다. 건강염려증을 가진 사람들은 식료품 가게에서 유기농을 찾으며, 몇 가지 건강 보조 식품도 챙겨 먹는다. 유기농 마트에서 산 식료품이 우리 몸에 필요한 모든 영양소를 공급해주지는 않을 테니 말이다.

점점 더 많은 사람들은 몸속 깊은 곳에서 나는 잡음에도 민감할 정도로 아주 건강하다. 마치 고요한 한밤중에 말똥말똥한 정신으로 침대에 누워 있을 때 냉장고가 부릉대는 소리에 신경이 쓰이는 것처럼, 그들은 이따금씩 찾아오는 소화 장애나 두통, 그 밖의 다른 이상 증세에 더 이상 시선을 뗄 수가 없다. 이러한 증세는 건강한 몸에서도 어쩔 수 없이 나타나는데도 말이다. 이러한 현상을 아주 명확하게 보여주는 인도에서 실행된 연구가 있다. 놀랍게도 의료 시스템이 비교적 잘 갖춰진 인도의 부유한 동네에서 건강염려증이 가장 강하게 나타났다. 반면 빈곤한 인도 소농들은 허리에 통증이 있어도 크게 신경을 쓰지 못하기 때문에 심각한 병이라고 생각하지 않았다. 산업국가에서도 마찬가지다. 즉 교육 수준이 높은 사람, 부유한 사람, 건강한 사람이 자신의 건강에 더 많이 신경을 쓴다. 그런 사람들은 위가 계속 비어 있는 상태도 아니고 위험한 지병이 있는 것도 아닌데 배에서 가볍게 우르릉 소리가 나기만 해도 심각한 알레르기 증세나 다른 병에 걸린 것은 아닌지 확대 해석한다. 과장해서 말하자면, 콜레라가 창궐한 곳에서는 유당분해효소결핍증의 고통을 토로하는 사람들이 거의 없다.

스탠퍼드 대학교의 심리학자 아이리스 마우스Iris Mauss를 비롯한 연구진들은 인간이 자신의 행복과 안녕에 더 많은 의미를 부여할수록 더 많은 불행을 느낀다고 발표했다. 특히 모든 행복이 갖춰진 상황에서 더욱 불행을 느낀다는 것이다. 자신의 상황에 만족하지 못하고 무조건 더 행복해지기를 원하는 사람은 오히려 그러한 행동으로 말미암아 자신의 행복이 줄어들게 만든다.

"이는 건강에 대한 느낌에도 적용된다."라고 아이리스 마우스는 말한다. 건강한 사람, 자신의 상태를 계속해서 극대화시키려는 사람은 이로 말미암아 건강에 대한 자신의 정의가 바뀌게 된다. 그렇게 되면 경미한 두통이나 평범한 복통에도 신경을 곤두세우면서 큰 의미를 부여한다. 튀빙겐 대학교의 심리학자 파울 엔크Paul Enck는 "그러한 가벼운 통증도 더 이상 단순하게 받아들이지 못하게 된다."고 말한다. 우리는 가벼운 통증이 느껴질 때 그 원인이 무엇인지 반드시 찾아내려 하며 그 정도의 통증이 정상일 수 있다는 말을 들으려고 하지 않는다. 우리는 환경 독소나 식이 알레르기, 그 밖의 다른 외적 원인에 대한 정보를 쉽게 사실처럼 받아들인다. 하지만 이는 일시적으로만 도움을 줄 뿐, 많은 사람들은 이를 통해 알게 모르게 없던 병도 얻게 된다.

부정적인 잔재물이 더 두드러지게 보이는 현상은 특히 도덕적 주제가 담긴 정치적 논쟁에서 잘 드러난다. 이를테면 난민 문제에 대한 논쟁을 예로 들어볼 수 있다. 피난처를 찾아 새로 유입해 들어오는 난민들의 수는 줄어들고 있지만, 그렇다고 해서 우파 측의 흥분이 가라앉지는 않는다. 좌파 측도 똑같다. 다른 예로 페미니즘 논쟁에서 극도로 흥분한 나머지 서구 사회에서 오늘날처럼 여성의 권리와 평등권이 최악이었던 적은 없었다는 얕팍한 결론을 내놓는다. 하지만 실제로는 예전에 비해 훨씬 나아졌다는 것을 모르는 사람은 없을 것이다.

호주 멜버른 대학교의 심리학자 닉 하슬람Nick Haslam은 심리학 학술지 〈심리학 탐구Psychological Inquiry〉에서 이 현상을 인종차별의 확산을 억제하려는 노력과도 연관시켰다. 그에 따르면, 미국에서는 다른 곳에 비해 대학에서 인종차별이 더욱 강하게 배척되고 수십 년에 걸쳐 현저하게 줄어들었다는 것이다. 부정적인 잔재물이 더 두드러지게 나타나는 원리로 볼 때, 양면적인 상황들이 부정적으로 평가되기 때문에 대학에서는 소위 미세 공격Microaggression이 자리 잡는다는 것이다. 이를테면 공개적인 인종차별이 사라지면 어두운 색 피부를 가진 사람에게 어느 나라 출신이냐는 질문만으로 인종 차별적으로 해석될 수 있다. 즉 폭력이 줄어들면 그전에는 전혀 악 의가 담기지 않았던 상황들이 공격적이고 폭력적으로 여겨진다.

그렇게 되면 정의와 다양성, 평등을 위한 정당한 싸움이 부분적으로 기이한 효과를 낳는다. 특히 대학과 같은 환경에서는 말이다. 예를 들어 대학생들이 셰익스피어의 작품을 무리 없이 읽을 수 있을 것인가라는 질문을 제기해보자. 《타이터스 앤드러니커스Titus Andronicus》와 같은 작품에는 피비린내 나는 장면들이 많다. 살인과 교살은 셰익스피어의 많은 작품에 등장하는 주제다. 얼마 전 영국 의 케임브리지 대학교 학생들은 감정적으로 다치기 쉬운 학생들 을 셰익스피어의 작품으로부터 보호해야 한다고 생각했다. 그들은 셰익스피어 작품을 강의에서 다룰 때 경고 문구, 소위 트리거 워닝 Trigger Warning을 삽입해야 한다며 투쟁했다.

그들뿐만이 아니었다. 다른 교육기관에서도 이제는 고전 작품들이 문제적이며 나아가 위협적이라고 생각한다. 이를테면 미국 컬럼비아 대학교 학생들은 로마 시인 오비디우스Ovidius의《메타모르포시스Metamorphoses》의 문제적인 성적 내용을 세미나에서 다룰 때 미리 그 사실을 알려주어야 한다고 주장했다. 혹은 스콧 피츠제럴드의《위대한 개츠비》에 담긴 여성상이 난해하다는 사실이나 마크 트웨인의《허클베리 핀의 모험》에 나타나는 19세기의 일상적 상황에 인종차별적 내용이 담겨 있다는 사실을 강조해야 한다면서 투쟁을 벌였다. 이제는 수많은 대학의 교수진이 텍스트에 자극적인 내용이 담겨 있는 경우 학생들에게 미리 그 사실을 알려준다. 이러한 방식으로 트라우마를 가진 학생들은 과거의 정신적인 상처를 다시 상기시킬 수 있는 감정적 대면으로부터 보호받을 수 있다. 이처럼 고전 문학은 연약한 감정을 가진 사람들을 하나의 장면 혹은 하나의 문장으로 파괴시키는 힘을 가지고 있을 수도 있다는 주장이 생겨났다.

그렇다면 성기를 다 드러내고 있는 고대 신들의 대리석 조각상에도 마찬가지로 그러한 경고 장치가 필요할까? 오늘날 남성의 성기는 그다지 긍정적인 평을 받고 있지 않다. 웰즐리 대학교에서 수백 명의 학생들이 팬티 차림을 하고 있는 실물 크기의 남성 조각상을 공공장소인 학교에서 철거해줄 것을 요청했다. 벌거벗은 남성 조각상이 일부 학생들에게 트라우마를 다시 불러일으킬 수도 있었기 때문이었다. 민감한 학생들의 경우 이러한 조각상을 보지 못하도록 확실한 보호가 필요하다. 이는 금연법의 경우와 어느 정도 비슷하다. 즉 금연법을 어기는 모든 위법 행위가 금지 및 징계되고 자욱한 담배 연기가 사라지자 사소한 위반 행위, 이를테면 비어가르텐의 옆옆 테이블에서 담배를 피우는 한 명의 흡연자조차 우리의 신경을 곤두서게 만든다.

물론 모든 사람들이 이와 같은 생각을 하는 것은 아니기 때문에 종종 갈등이 불거지기도 한다. 이를테면 베를린의 앨리스 살로몬 대학교 건물 벽면에 쓰인 오이겐 곰링어Eugen Gomringer의 시에 대한 논쟁을 예로 들 수 있다. 이 대학의 학생회 내에서는 성차별을 매우 배척하고 억제하고 있는데, 이 시가 그들의 날카로운 감수성을 건드렸다. 과장해서 말하자면, 이 대학에서 성차별이라는 문제가 해결되면서 새로운 문제들이 등장했다. 학생들 사이에서는 '거리', '꽃', '여자', '숭배자'와 같은 단어 나열이 성폭행 경험을 불러일으킬 수 있다는 입장을 내놓았다. 마치 앞서 언급한 실험에서 공격적인 얼굴이 사라졌을 때 중립적인 얼굴을 나쁜 얼굴이라고 판단했던 것처럼 말이다.

반면 학생회 외부의 사람들, 조금 다른 판단 기준을 가진 많은 사람들에게는 이 시에 대한 이러한 논란을 지나친 페미니즘으로 인식되었다. 즉 페미니즘은 이제는 좋은 의도에서 시작된 행동이 목표에서 훨씬 벗어났을 뿐만 아니라, 지금까지 전혀 악의 없이 받아들여진 진술들을 악마로 만들고 있다는 강한 상징으로 여겨졌다. 이러한 논란 속에서 모든 사람들은 염세주의적 사고방식을 확인했다. 악한 남자들, 악한 여자들, 악한 세상.

매트 테일러Matt Taylor라는 사람을 기억하는가? 몸에 문신을 새긴 이 학자는 2014년 말에 머나먼 혜성에 탐사 로봇을 성공적으로 착륙시킨 후 인터뷰를 위해 카메라와 마이크 앞에 섰다. 그때 이 영국 과학자는 거의 반나체의 여성들이 만화풍으로 그려진 흉측한 셔츠를 입고 있었다. 그 후 트위터에서는 그가 성차별주의자라는 비난이 쇄도했다. 며칠 후 테일러는 울먹이며 공개적으로 사과를 했다.

이 사건으로 두 가지 해석을 해볼 수 있다. 즉 우수한 과학자가 여성 비하적인 내용이 담긴 셔츠를 입고 등장할 경우, 이는 성차별주의가 과학계에 부분적으로, 그리고 직장 내에 일반적으로 확산되어 있음을 입증한다. 또 이렇게도 해석해볼 수 있다. 즉 양성평등이 지난 수십 년 동안 막대한 진보를 이루었기 때문에 대중은 저속한 셔츠를 입은 매트 테일러를 보며 분개할 수 있었다.

많은 것들이 좋은 방향으로 발전하면 분노는 더 커진다. 심리학자 길버트 연구진은 "현대사회는 무수한 문제들을 해결하는 데 엄청난 진보를 달성했다. 빈곤과 문맹, 폭력, 아동 사망률이 크게 줄어들었다. 그런데도 대부분의 사람들은 이 세상이 점점 더 나빠지고 있다고 믿는다."고 말한다. 이러한 암울한 시각의 원천은 아마도 부정적인 잔재물이 더 두드러지게 부각되는 원리에 있을 것이다. 이러한 현상은 완화될 수 있을까? 아마 그렇지 못할 것이다. 하지만 밤에 침대에 누웠을 때 저 멀리 고속도로에서 들리는 소음을 있는 그대로 받아들인다면 도움이 될 수도 있다. 창문이 열려 있기 때문에 들리는 가벼운 소음일 뿐이고, 창문을 닫으면 참으로 평화롭고 고요하다고 말이다.

두
려
움
이 가
진
힘

왜 나쁜 소식이 대중에게
더 큰 주목을 받을까?

공항 보안 검색대에서 굴욕적인 절차가 이루어지는 동안 모든 사람들은 의혹을 받게 된다. 가방은 검색대를 통과하고, 보안 직원은 승객의 몸을 더듬으며 검색하며, 기내 수하물에 액체를 넣은 여행객에게 호통을 친다. 비행기는 가장 안전한 교통수단이라고들 하지만, 탑승 수속 과정에서 보이는 이러한 야단법석만으로도 이와 반대되는 생각을 하게 만든다. 암살이나 폭발물, 추락 사고와 같은 생각들이 머릿속을 맴돌게 만드는 것이다. 자기도 모르게 언론에서 떠들썩하게 보도된 비행기 추락 사고에 대한 기억을 떠올리게 된다. 대양 위에서 사라진 비행기나 로켓 때문에 회항한 비행기, 조종사의 실수로 외딴 산등성이에 부딪쳐 산산조각이 난 비행기. 이런 비행기를 타는 것이 정말로 좋은 생각일까?

그럼에도 비행기가 가장 안전한 여객 수단이라는 사실은 맞다. 다만 그렇게 느껴지지 않을 뿐이다. 그 이유는 사람들이 모든 항공 사고에 크게 주목하기 때문이다. 암스테르담 대학교의 사회과학자

토니 반 데어 메르Toni van der Meer와 그의 연구진은 1991년부터 2015년까지 네덜란드 일간지에 실린 비행기 사고에 대한 보도를 평가했다. 그 결과 두 가지 사실이 확인되었다. 하나는 이 기간 동안에 전 세계적으로 비행기 추락 사고가 점점 줄어들었다는 사실이며, 다른 하나는 몇몇 사고가 보다 상세하게, 보다 감정적으로 보도되었다는 사실이었다. 연구진에 따르면, 이러한 식의 보도로 말미암아 비행 위험에 대해 왜곡된 이미지가 생겨난다는 것이다. 그리고 이러한 왜곡된 이미지가 삶의 다른 영역까지 전이된다고 주장한다. 언론이 유독 부정적인 사건을 집중적으로 보도하기 때문에 암울한 현재의 모습이 과장되게 그려진다는 것이다.

그렇기 때문에 사람들의 머릿속에는 항상 세상의 종말이 임박해 있다. 이는 여론조사 기관 유고브YouGov에서 2015년에 발표한 연구에서도 드러난다. 9개국의 1만 8천 명 이상의 응답자들을 대상으로 여론조사를 실시한 결과 세계의 현 상태에 대해 전적으로 염세주의적인 사고를 하고 있음이 나타났다. 응답자들 중 스웨덴 사람들은 낙관주의적 입장을 보이기는 했지만, 그들 중 10%만이 세상이 좋아지고 있다고 말했다. 독일에서는 응답자의 4%만이, 이 여론조사에서 가장 비관적인 사고를 보인 프랑스에서는 3%만이 낙관적인 견해를 가지고 있었다.

오래전부터 사람들은 세상이 나빠지고 있다는 확신을 가지고 있다. 그렇다, 그들은 어깨를 으쓱대며 이렇게 묻는다. 어디 더 나아지는 곳이 있단 말이야? 사람들은 세상의 종말이 다가오고 있다는 느낌을 받는다. 이러한 사실은 옥스퍼드 대학교의 경제학자 맥스 로저Max Roser가 2011년부터 웹사이트 '데이터로 보는 세계 ourworldindata.org'에 정기적으로 게재하는 수치를 보면 알 수 있다. 이에 따르면 세계 인구 중 극빈층의 비율이 급격하게 줄어들었다. 1981년에는 세계 인구 중 44%가 절대 빈곤층이었지만, 2015년까지 10% 이하로 떨어졌다. 그것도 인구가 점점 증가하고 있는 상황에서 말이다. 거의 믿을 수 없을 정도의 발전이다! 이와 동시에 문맹률도 점점 하락하고 아동 사망률도 전 세계적으로 감소했다. 수명은 증가했으며, 시리아나 예맨 등에서 보이는 위급한 분쟁에도 불구하고 역사적으로 볼 때 오늘날에는 폭력으로 목숨을 잃는 사람들이 줄어들고 있다.

이러한 사실이 낙관주의자들로 하여금 기쁨의 환호성을 지르게 할 수 있을까? 그렇지 않다. 이러한 정보는 청중들을 끌지 못한다. 사람들은 극빈층이 증가하고 범죄도 점점 증가하며 밝은 미래상을 기대할 수 없다고 확신한다. 이는 각종 여론조사를 통해 확인된다. 사람들은 나쁜 것을 더 잘 인지하며 부정적 사건에 더 큰 야단법석을 떤다. 지진, 시리아의 전투 지역에서 있었던 것과 같은 인도주의적 참사, 이러한 사건들은 항상 위급하고 특별한 사건으로 그려지며 감정적인 위력을 수반한다. 반면 장기적으로 더 나아지는 추세들은 극적인 이미지를 생성하지 않는다. 그리고 그에 대한 어떠한 설득력 있는 서술도 제공되지 않고 조용히 전개되기 때문에 사람들의 인지 속으로 포착되지 못한다. 좋은 소식들은 매일 들려오는 끔찍한 소식들, 예를 들어 시리아, 북한, 도널드 트럼프, 기후 변화, 비행기 추락 사고 등에 묻혀서 점점 사라진다.

여기서 언론만을 지적하기에는 충분하지 않다. 인간의 심리 또한 긍정적인 정보보다 부정적인 정보에 훨씬 더 강한 반응을 보인다. 언론은 청중에게 그들이 기대하는 것을 제공하고 이를 통해 청중의 욕구를 강화시킨다. 과장해서 표현하자면, 좋은 소식은 사람들의 관심을 덜 받는다. 대부분의 사람들이 그렇지 않다고 주장해도 말이다. 이 사실을 믿지 못하겠다면 우리가 다른 사람들에 대해 대화와 험담을 나눌 때를 생각해보라. 우리는 그 사람에게 닥친 불운에 대해 이야기할까? 아니면 그 사람의 직업적 성공에 대해서 이야기할까? 그렇다, 우리는 당연히 불행이나 사고, 타격 등 부정적인 이야기에 대해서 더 많은 이야기를 한다. 또한 나이가 들면 오로지 나쁜 질환이나 신체적 노쇠함에 대해, 그에 비해 예전에는 모든 게 좋았다는 이야기만 하게 된다.

많은 심리학 연구들은 삶의 나쁜 면에 유독 집착하는 인간의 성향을 입증해준다. 이를테면 로이 바우마이스터Roy Baumeister와 캐틀린 보스Kathleen Vohs 연구진은 한 연구를 통해 부정적인 것이 지닌 힘에 대해 보여주었다. "소수의 몇몇 예외적 경우를 제외하고는 긍정적인 정보에 비해 부정적인 정보가 파급력이 훨씬 강하며, 인간의 판단에 더 강력한 영향을 미친다."라고 두 심리학자는 말했다.

다른 학자들도 이와 같은 결과를 무수한 조사를 통해 구체적으로 보여주었다. 이처럼 대체로 인간은 미래에 벌어질 사건들이 유발할 수 있는 나쁜 영향력에 대해 더 지속적으로 그리고 더 집중적으로 고민한다. 무엇이 좋은 방향으로 흘러갈 수 있는지를 생각하기보다는 잠재적인 참사에 대해 깊이 생각한다. 이를테면 많은 청중들 앞에서 강연을 해야 할 경우 강연의 흐름이 갑자기 끊어지거나 당황하는 상황, 혹은 절대로 그러지 말아야 하는 대목에서 폭소를 하는 등 잘못되는 경우만 생각한다.

심리학 실험의 참가자들에게 부정적인 사건이 담긴 사진을 제시할 경우, 그들은 즐거운 장면이 담긴 사진보다 이러한 부정적인 사진들을 더 지속적으로 응시한다. 부정적인 기억은 특히 더 쉽게 떠오르는 반면, 행복한 기억은 빨리 사라진다. 심리학자들은 이러한 현상을 '역풍과 순풍의 불균형'이라고 말한다. 말하자면 역풍을 맞으며 자전거를 탈 때에는 이러한 고통이 제발 끝나기를 간절히 바라지만 바람이 뒤에서 불어오면 일시적으로 쾌적함을 느낀다. 하지만 이런 느낌은 순식간에 평범한 것이 되고 잊힌다. 자전거를 탄 사람은 과거를 돌이켜 볼 때 무엇보다도 앞에서 불어온 날카로운 바람을 떠올리고 그 당시에 너무 힘들었다는 결론을 내린다.

또 다른 심리학 실험에서도 사람들은 자신이 극복해야 했던 장애와 어려움을 먼저 떠올린다는 사실을 보여주었다. 반면 주변 사람들에게서는 긍정적인 측면만을 보았다. 이처럼 부정적인 것에 집중할 경우, 자신이 부당한 대우를 받는다는 느낌을 갖게 된다. 이를테면 나는 힘들게 여기까지 왔는데 동료들은 모두 쉽게 출세했다는 생각이 든다. '그런 사람은 출세에 유리한 남자겠지.' 혹은 '모든 관심을 한 몸에 받는 여자겠지.' 이러한 사고 패턴은 인간의 불평 충동을 촉진시킨다. 이처럼 우리는 뒤에서 불어오는 순풍보다 얼굴을 때리는 역풍을 더 강하게 느낀다.

심리학자 토마스 길로비치Thomas Gilovich는 모든 스포츠 팬이 알아야 할 사실을 제시한 바 있다. 즉 팬들은 자신이 좋아하는 팀의 승리보다 패배한 경기에 대해 더 오래, 더 지속적으로, 더 열광적으로 토론한다는 사실이다. 또한 다른 사람들의 나쁜 성격적 특징도 오랫동안 기억에 남아 있다. 이러한 현상을 보여주는 연구들은 무궁무진하다. 이러한 연구들이 제시하는 결과를 간단하게 요약하면, 인간은 좋은 정보보다 나쁜 정보에 더 강하게 반응한다는 점이다.

이러한 사실은 진화적인 시각에서 볼 때도 의미가 있다. 위험과 장애 요인에 특히 주의를 기울이는 사람들은 들판에 핀 향긋한 꽃에만 즐거워하는 사람보다 분명히 더 오래 생존한다. 사람들은 불행한 사건이 터지면 배후에 숨겨진 의도를 재빨리 예측하며, 이와 동시에 그 사건이 빨리 규명되기를 요구한다. 캐리 모어웨지 Carey Morewedge는 심리학 학술지 〈실험심리학 저널: 일반Journal of Experimental Psychology: General〉에 발표한 한 연구에서 이 사실을 구체적으로 보여주었다. 캐리 모어웨지에 따르면, 컴퓨터에 저장된 중요한 정보가 사라지거나 좋아하는 팀이 패배하거나 어떤 사고가 발생하면 사람들은 곧바로 그 뒤에 어떤 음모 세력이 있다고 예측한다. 그 뒤에 분명히 누군가 있을 거야. 분명해!

반면 좋아하는 팀이 경기에서 승리하거나 날아간 줄 알았던 저장된 정보가 컴퓨터에 그대로 있을 경우에는 이러한 사실이 그냥 있는 그대로 당연하게 받아들여진다. 그리고 그 기쁨은 잠시 폭발한 후에 다시 순식간에 사라진다. 하지만 비행기가 추락하는 사고가 발생하면 인간의 심리는 그에 대한 해명을 요구한다. 어떻게 그런 일이 일어날 수 있지? 사고의 책임은 누구에게 있는 거지? 블랙박스는 도대체 언제 발견될 건데?

모순적이게도 부정적인 사건이 자주 발생하지 않는 드문 사례가 될수록 사람들의 관심은 막대하게 커진다. 암스테르담 대학교의 사회과학자 반 데어 메르 연구진은 이러한 사실로부터 언론이 몇몇 대참사에 대해 예전보다 더 많은 관심을 쏟는 또 다른 원인을 발견한다. 즉 아주 많은 것들이 점점 좋아지고 있기 때문에 불행한 사고들이 본격적으로 주목받고 사람들의 분노를 유발한다는 것이다. 이제는 비행기 추락 사고가 거의 일어나지 않지만, 일단 사고가 한 번 발생하면 모든 사람들이 본격적으로 사고에 대한 이야기를 한다.

이러한 점은 우리가 대조를 통해 더 잘 인지한다는 인간의 심리와도 맞아떨어진다. 즉 우리는 어떤 것이 갑자기 변할 때에는 그 사실을 잘 자각하지만, 서서히 진행될 때에는 자각하지 못한다. 긍정적인 놀라움은 순식간에 다시 사라지는 반면, 갑작스러운 사고는 인간에게 훨씬 오랫동안 남아 있다. 폭력 범죄에도 이와 동일한 원리가 적용된다. 한 사회가 더 안전하고 평온해질수록 하나의 개별적인 범죄가 유발하는 분노는 훨씬 커진다. 그 결과로 나타나는 대중의 혼란은 다시금 우리의 목숨이 끊임없이 위협받고 있으며 범죄가 점점 큰 문제가 되고 있다는 인상을 남긴다. 사실은 그렇지 않음에도 말이다. 주변이 고요해야 냉장고의 윙윙거리는 소음이 들리는 법이다.

각종 통계들은 이 세상이 점점 더 좋아지고 있음을 입증하고 있다. 예를 들어 비행기가 점점 안전해지고 있다는 사실과 같은 사례가 있다. 하지만 단 한 번의 사고로도 이러한 이미지를 다시 뒤엎기에 충분하다. 사고가 나면 언론은 서로 앞다투어 떠들썩하게 보도하고 사람들은 사고 내용을 정확히 들으려고 눈에 불을 켜고 달려든다. 정치가들도 부정적인 것에 집착하는 이러한 인간의 성향을 이용하여 일상에서 일어나는 끔찍한 보도에 사람들의 이목이 쏠리도록 만든다. 게다가 사람들은 나쁜 소식을 더 믿을 만한 것이라고 인지한다. 비관론자가 하는 말은 나쁜 일들에 대해 경고하고 주의를 주는 이성의 목소리로 여겨진다. 그가 하는 말의 배후에는 분명히 깊은 생각이 숨겨져 있다고 말이다. 반면 낙관론자는 몽상가이고 세상과 동떨어진 괴짜라고 여겨진다. 오두막집이 불타고 있는데도 꽃이 만발한 들판에 누워 아무 생각 없이 하늘을 느긋하게 바라보며 즐거운 이야기나 하는 사람이라고 생각한다. 그렇기에 그런 사람은 믿을 수 없다는 것이다! 또한 긍정적인 정보에는 사람들이 세상의 불행을 비정하게 외면한다는 잠재적 메시지가 항상 내재되어 있다. 다방면으로 많은 진보가 이루어졌음에도 이 세상에는 여전히 나쁜 일들이 일어난다. 질병에 시달리는 아동이나 굶주린 사람들의 모습은 기쁘고 희망적인 메시지보다 사람들의 감정과 동정심을 보다 강하게 뒤흔든다.

이처럼 집단적인 애도는 이 세상의 몰락에 대해 열정적으로 함께 외칠 새로운 사람들을 끊임없이 끌어들인다. 이는 비극적인 일이다. 비현실적인 부정적 세계상에 사로잡혀 있을 경우 불안감만 생겨나기 때문이다. 그리고 이러한 불안감은 사람들로 하여금 대부분 나쁜 결정을 내리게끔 유도한다. 이러한 사실은, 어쩌면 어느 점에서는 더 나았겠지만 분명 오늘날보다 좋지 않았던 과거의 많은 비극들이 보여준다.

머리를 모래에 처박다

사람들은 불쾌한 정보를
머릿속에서 잘 지워버린다

아주 오래전부터 타조를 따라다니는 나쁜 소문이 있다. 큰 덩치에 비해 머리가 작은 타조는 위험한 상황에 처하면 머리를 모래에 처박는다는 것이다. 사람들은 머리를 파묻은 타조가 적을 보지 못하면 적이 사라진다는 생각을 한다고 해석한다. 하지만 어떤 타조도 그러한 행동으로 맹수에게 자신을 먹잇감으로 제공하지는 않을 것이다. 오히려 위험과 곤경을 직시하기를 거부하고 자신의 좌절감을 타조에게 투영시키는 것은 인간이다.

우리는 소위 지식사회에 살고 있다. 하지만 많은 사람들은 선택을 내려야 할 때 무지함을 택한다. 이를테면 DNA를 발견한 사람 중 한 명인 분자생물학자 제임스 왓슨James Watson이 그렇다. 제임스 왓슨이 자신의 게놈Genom을 공개했을 때 그는 중요한 세부 정보를 알려고 하지 않았다. 즉 그는 자신이 알츠하이머병에 걸릴 유전적 성향이 어느 정도인지에 대한 내용을 알고 싶어 하지 않았다. 현대 유전학의 창시자인 왓슨이 그 학문에 힘입어 획득한 지식을 거부한 것이다. 만약 그가 치매로 사망할 확률이 높을 수도 있다는 사실을 알게 되었을 때 무엇을 할 수 있었을까? 그러한 사실은 자신의 남은 삶을 완전히 망쳐놓았을 것이다.

왓슨뿐만이 아니다. 대부분의 평범한 사람들도 미래의 사건들이 불분명한 상태로 남겨지기를 바란다. "알고 싶지 않은 바람은 놀라울 정도로 널리 확산되어 있다."고 베를린 막스 플랑크 인간 개발 연구소Max-Planck-Institut fur Bildungsforschung의 게르트 기거렌처Gerd Gigerenzer는 말한다. 그는 한 실험에서 2천 명 이상의 피험자들에게 미래에 대한 가상의 질문들을 제시했다. 예를 들어 "당신의 배우자가 언제 죽을지 알기를 원합니까?"라는 질문을 던졌을 때 응답자의 4%만이 그렇다고 대답했다. 비교적 소수의 사람들만이 자신이 언제 죽을지 혹은 그들이 이혼하게 될지에 대해 알고 싶어 했다.

알고 싶지 않은 바람은 특히 부정적인 사건에서 강하게 드러났다. 나쁜 메시지가 삶을 위협하면 호모사피엔스인 인간은 극도로 어리석게 행동하며 불쾌한 진실을 전혀 알려고 하지 않는다. 위험이 가까이 다가올수록, 정보를 아는 것이 더 중요할수록 인간은 모래 속에 머리를 처박고 자신만의 포근한 평행 우주에 숨고 싶은 충동을 더 강하게 느낀다. 우리는 우리에게 좋은 감정을 보장하는 정보들에 더 많은 관심을 기울인다. 그러한 정보들은 기존에 자신이 가지고 있던 견해를 확인해주거나 우리의 기분을 밝게 해주며, 보장된 미래를 약속해주는 등 그 외의 다른 방식으로 긍정적인 감정을 일깨워주기 때문이다.

　반면 불쾌한 정보들이 들릴 때 우리는 반사적으로 이를 거부한다. 이를테면 어떤 기사나 TV 프로그램에서 우리가 중요하다고 생각하는 견해들을 합리적으로 의심할 경우 그러한 진술들을 받아들이기가 힘들다. 예를 들어 과거에 사람들을 격분시킨 적이 있는 저자가 쓴 칼럼을 읽으면 좋지 않은 감정이나 고통, 분노, 화, 실망감이 생겨난다. 이처럼 우리의 입장과 충돌되는 내용은 외면당하고 서서히 사라진다. 그러한 내용으로부터 눈을 닫고, 귀를 닫는 것이다!

　인간의 이러한 행동은 인간의 성향이다. 좋은 메시지는 달콤한 보상이며, 반갑지 않은 정보는 치과에서 치료를 받을 때처럼 매력적이지 않다. 인간은 불행으로부터 달아나려고 하며 기쁨을 찾으려 한다. 이처럼 인간은 단순하고 평범하다. 그러면서 도덕적 훈계를 귀담아 듣지 않고 멀리하는 사람을 보면 모두가 의아하게 생각한다.

　학자들은 타조처럼 머리를 박는 인간의 행동, 다시 말해 정보 회피 현상에 대해 무수한 사례와 증거를 수집했다. 정보를 거부하는 행동은 건강한 인간의 상식뿐만 아니라 수많은 과학 사상과도 모순을 이룬다. 중요한 정보를 인지하는 것은 고전 경제학에서도 당연한 의무로 여겨진다. 명료함이 좋은 결정을 내리는 데 기여한다는 점은 경제 상아탑의 이념이다. 그런데도 인간은 경제학자들이 제시하는 모형들을 자주 거부한다.

　여러 연구에서 보이는 것처럼 완고한 재무 투자자들을 예로 들

수 있다. 2008년 세계 금융 위기 때처럼 주식시장이 하락하면 투자자들은 자신의 예치금 관리를 중단할 확률이 높다. 경제 위기 속에서 자신이 소유한 유가증권이 어떤 곡선으로 진행될지 점검해야 하는데도 실망이나 후회와 같은 심리적 타격에 대한 두려움 때문에 이러한 정보를 회피한다. 이러한 경향은 많은 학자들이 관찰한 것처럼 투자 금액이 많을수록 더 증대된다. 즉 더 많은 자금을 투자할수록 위기 시에 투자 예치금을 점검하지 않는 경향이 더 강해진다.

반면 주식시장이 상승 곡선을 그릴 때에 주식 보유자들은 마치 중독자처럼 수시로 로그인하여 불어난 금액을 들여다보며, 얼마 되지는 않지만 자신이 번 돈을 여기저기 자랑하며 부자가 되는 꿈을 꾼다. 미국의 카네기 멜런 대학교의 심리학자 조지 로웬스타인 George Loewenstein은 〈경제 문학 저널Journal of Economic Literature〉에서 "투자자들에게는 새로운 정보가 없어도 그저 수익을 바라보는 것이 매우 큰 만족감으로 작용한다."고 말한다. 많은 심리학자들이 관찰한 것처럼, 주중에 주가가 상승했을 때 투자자들은 주말에도 자신의 예치금을 수시로 확인한다. 토요일과 일요일에는 주식시장이 문을 닫기 때문에 아무런 주가 변동이 없는데도 말이다. 이러한 행동의 이면에는 오로지 한 가지 동기만 존재한다. 불어난 자신의 돈을 헤아리는 것이 달콤한 만족감을 제공하기 때문이다.

투자자들뿐만 아니라 은행 계좌를 가지고 있는 사람들도 이와 비슷하게 행동한다. 대부분의 사람들은 계좌에 돈이 가득 차 있을 때 주로 잔액을 조회한다. 반면 계좌가 마이너스 상태가 될 때에는 잔액 조회를 거의 하지 않는다. 하지만 오히려 이러한 경우에 자신의 경제적 형편을 가늠하기 위해 잔액 조회를 하는 것이 중요하다. 투자자도 마찬가지로 특히 위기 때에 예치금을 관리하여 전략을 마련하는 것이 좋다. "모순적이게도 대부분 수익을 보려는 사람들이 가장 피드백에 귀를 기울이려고 하지 않는다."고 로웬스타인은 말한다. 하지만 계좌가 마이너스 상태이면 비참한 감정이 생겨나는데, 이때 대부분의 사람들은 자신의 정신 건강을 위해 그런 비참한 감정을 외면한다. 로또를 사는 사람도 가끔은 이와 비슷한 패턴으로 행동한다. 그는 분명히 이번에도 당첨되지 않을 것이라고 확신한다. 그렇기 때문에 많은 사람들은 로또 당첨 번호를 며칠 혹은 몇 주가 지난 다음에야 확인한다. 그렇게 하면 당첨에 대한 꿈을 꿀 수 있는 시간이 연장되기 때문이다.

환자들도 자신들에게 훨씬 중요한 많은 정보들을 회피한다. 환자는 종종 자신이 받기로 되어 있는 불쾌한 치료에 대해 필요 이상으로 들으려고 하지 않는다. 이 경우에도 알고 싶지 않은 소망이 커지고 이와 함께 위험도 증대된다. 말하자면 환자의 기대가 낮고 암울할수록 오히려 환자는 진단을 더 회피한다. 그렇기 때문에 증상이 심각하거나 더 악화된 경우에 환자가 검사를 받는 것을 꺼릴 수 있다. 결국 진단을 받은 환자는 좌절하게 되기 때문이다. 반면 통증이 약해져서 환자의 불안감이 줄어들면 그는 기꺼이 검사를 받는다.

하지만 여기서는 반대로 생각하는 것이 더 의미 있다. 즉 진단이 없으면 결국 치료도 불가능하다. 하지만 후천성면역결핍증 감염 위험성이 높은 사람들조차 종종 진실을 알고 싶어 하지 않는다. 학자들은 연구를 위해 HIV 검사를 받은 고위험군 피험자 2천 200명을 대상으로 조사를 한 적이 있다. 참가자의 18%는 자신의 검사 결과를 결코 받으러 오지 않았으며 나쁜 소식을 들을까 봐 두려워했다. 감염에 대한 명확한 내용을 확보하는 것은 그들 자신과 배우자를 위해 매우 중요한 사안이다. 유방암 환자들에게서도 이와 유사한 맥락이 관찰되었다. 즉 환자들이 두려움을 가질수록 진실을 회피하려는 욕구가 더 커졌다.

인간이 좋은 정보와 나쁜 정보를 대하는 이러한 비대칭적 방식은 인간이 오로지 자기가 감당할 수 있는 내용만 듣고 싶어 한다는 사실을 보여주는 또 다른 실험에서도 나타났다. 실험 참가자들에게 흡연의 영향에 대해 다루는 강연 녹음을 들려주었다. 녹음 음질에 잡음이 들리기는 했지만, 버튼을 누르면 음질이 현저하게 향상된다는 사실을 참가자들에게 알려주었다. 흡연자들은 강연자가 흡연과 암의 상관관계를 반박하는 내용을 이야기할 때는 음질 향상 버튼을 눌렀다. 반면 비흡연자들은 정반대였다. 그들은 강연자가 흡연의 위험을 강조했을 때 버튼을 눌러 음질을 향상시켰다.

심리학자 데이비드 일David Eil과 저스틴 라오Justion Rao 역시 이와 유사한 결과를 얻었다. 실험 참가자들은 IQ를 테스트를 받고 자신의 매력을 다른 사람들로부터 평가받았다. 그런 다음 두 심리학자는 IQ 테스트와 외모 평가에 대한 허위 결과 일부를 참가자들에게 제공했다. 이 내용이 참가자들의 기대에 미치지 못한 경우 그들은 전체 평가 결과를 읽으려고 하지 않았다. 자신이 똑똑하지 않다거나 예쁘지 않다는 소리를 누가 들으려고 하겠는가? 반면 허위 결과가 긍정적인 내용을 담고 있는 경우 참가자들은 갑자기 전체 결과를 들으려는 집착을 보였다. 사람들은 자신의 정신 건강과 행복을 해치지 않기 위해 자신에게 부정적인 정보 혹은 불쾌한 정보를 멀리한다. 이를테면 연애편지를 받았을 때에는 편지 봉투를 즉시 뜯어보지만 전기 공급 회사로부터 연말에 요금을 추가 지불하라는 편지가 오면 각종 청구서와 함께 우편함에 그대로 둔다.

경영인들은 자신이 내린 결정에 대해 의문을 제기하는 정보들은 회피한다. 이러한 회피 전략이 위험하며 자신이 회피한 정보들이 유익할 수 있다는 사실을 아는 경우에도 그렇게 행동한다. 고통을 감수하기보다는 차라리 눈을 질끈 감고 그냥 외면한다. 이러한 정보 회피 현상을 보여주는 또 다른 고전적인 예는, 빈민촌과 비참한 참상을 회피하는 부유층 사람들의 성향에서 확인할 수 있다. 또한 유럽 중산층의 관광객이 멀리 떨어진 빈곤국을 여행할 때에도 볼 수 있다. 즉 다른 사람들의 비참함은 사람들에게 죄책감을 불러일으키며, 이러한 느낌은 불편하고 견디기 어렵다.

하지만 우리는 어떤 조치도 취할 수 없으며, 그저 한숨만 쉴 뿐이다. 한편으로는 자신이 할 수 있는 것은 없다는 편안한 변명을 할지도 모른다. 또 다른 한편으로는 어쩔 수 없다는 무기력한 감정이 불편한 진실을 회피하려는 충동을 강화시킨다. 어떤 조치나 치료, 도움을 기대할 수 없는 상황에서 굳이 끔찍한 소식에 몰두할 필요가 있겠는가? 바로 이러한 생각이 사고의 틀 배후에 숨어 있다. 그리고 이러한 생각으로 말미암아, 이를테면 기후 변화 문제를 앞에 두고 머리를 모래 속에 처박는 행동을 하는 것은 어쩌면 당연한 것처럼 여겨진다. 이러한 심각한 문제는 개인이 죄책감과 무기력한 감정에 사로잡히기 때문에 나타나기도 한다. 그래서 대부분의 사람들은 그러한 문제에 차라리 귀를 기울이려고 하지 않는다. 그리고 그러한 불쾌한 정보들을 거부할 수 있는 가능성은 충분히 높다. 이를테면 트위터나 페이스북에 한창 떠도는, 그것이 사실이든 소문이든 상관없는 어느 유명인의 과실 문제에 열을 올리면 된다.

고객들은 값비싼 물건을 구입한 후에 자신의 선택이 훌륭한 소비였음을 확인해주는 정보들을 더 많이 접하려고 한다. 한편 정치에 큰 관심을 가진 사람들은 자신의 신념을 심각하게 문제 삼을 수 있는 정보들을 회피한다. 실험에서 피험자들은 오로지 우연에 따라 결정을 내렸을 때에도 이러한 우연적 선택을 가장 보기 좋게 만들어줄 수 있는 정보만을 인지했다. 특히 개인적으로 매우 큰 의미를 지니는 정치적 혹은 도덕적 입장을 문제시하는 불편한 정보들이 회피된다. 월드컵이 시작되면 축구 팬들은 국제축구연맹FIFA과 같은 악당 조직의 부패에 대한 정보들을 외면한다. 자, 이제 우리는 축구 경기를 즐겨야 하니 제발 그만 좀 헐뜯으란 말이야!

모래 속에 머리를 처박는 행위는 정치적 양극화를 심화시킬 수도 있다. 다시 말해 좌파와 우파, 빈곤층과 부유층, 남성과 여성, 노년층과 청년층을 비롯한 모든 분파들이 그들의 태도에 의문을 제기하는 정보들을 회피할 경우, 성숙한 사회적 논의를 위한 공통된 정보의 토대가 결여된다. 그 대신 모두가 자신의 목소리만 울리는 방에 갇혀서 자기 확인이라는 달콤한 약물을 자신의 머릿속에 주입한다. 또한 개인도 이와 같은 정보 선별 방식으로 자신의 견해를 굳힌다. 그리고 항상 정보의 한 단면만을 듣게 되는 경우에도 처음에는 가벼웠던 확신이 금세 굳은 생각이 되어버린다. 다른 예를 들자면, 논란적인 문제나 가십을 자주 다루는 보수적인 〈빌트Bild〉지나, 독일의 진보 신문인 〈타츠Taz〉지를 너무 많이 읽는 사람은 이 신문의 내용들을 언제부터인가 그대로 받아들이고 옳다고 생각하며, 다른 신문에 실린 내용들은 옳지 않다고 생각한다. 사람들은 브렉시트, 트럼프의 행동, 포퓰리즘의 강화, 성차별 논쟁, 난민 문제 등에 대한 오늘날의 커다란 논쟁에서 서로 상대측의 의견을 전혀 경청하지 않고 있다. 상대측의 의견을 들으려고 노력해봤자 불쾌한 감정만 생기고 고통스럽기 때문이다.

사람들은 기피하는 정보를 적극적으로 회피할 뿐만 아니라 정보에 서로 다른 의미를 부여하기도 한다. 이를테면 논쟁의 여지가 있는 주제에 대해 상반된 두 입장을 모두 보여주는 글은 독자들이 처음부터 가지고 있었던 입장을 더 강하게 만든다. 사람들은 자신의 세계관과 일치하는 내용에 더 많은 주의를 기울인다. 그러한 내용이 눈에 더 쉽게 띨 뿐만 아니라 믿을 만한 사실이라고 인지되기 때문이다. 머리를 처박는 타조의 전략은 불편한 정보들이 조금이라도 인지될 경우, 더욱더 활성화된다. 말하자면 이러한 정보들에는 생각할 에너지를 쏟지 않고 대부분 그냥 거부하려고 한다.

한편 자신이 가지고 있는 기존의 입장과 어긋나는 내용을 담고 있는 글에서는 반사적으로 모든 방어 기제가 작동된다. 즉 그 글에 담긴 주장을 무가치하고 신빙성이 없다고 생각을 해버린다. 그리고 결국 독자는 자신이 방금 읽은 내용의 정반대가 옳다는 확신을 갖게 된다. 심리학자 에드워드 글레이저Edward Glaeser와 캐스 선스타인Cass Sunstein은 이러한 효과를 '기억 부메랑'이라고 표현한다. 즉 어떤 정보가 자신의 입장을 문제로 삼을 경우 독자는 자동적으로 자신의 입장을 방어할 수 있는 내용을 머릿속에서 찾는다는 것이다. 이러한 방식으로 잘못된 자신의 견해를 더욱 굳어지게 만든다. 독자는 자신이 자각하고 싶은 내용들을 기억 속에서 선택하는 반면, 자신의 견해를 위태롭게 할 수 있는 모든 내용들을 기피한다.

이와 동시에 독자는 자신의 견해를 확인해주는 진술보다 위태롭게 만드는 불편한 진술을 더 쉽게 잊는다. 많은 심리학자와 행동경제학자는 개인의 견해를 심지어 물질적 소유물과 비교하여 설명한다. 이를테면 자신의 집에 집착하는 사람들처럼 무엇이 이 세상을 결속시키고, 무엇이 옳고 그른지에 대한 자신의 입장에 집착한다는 것이다. 그러한 자신의 입장을 포기하는 것은 물질적 소유물을 잃는 것처럼 똑같이 고통스럽다. 그래서 사람들은 위협적인 정보가 시야에 들어오면 몸을 숨기고 있는 힘을 다해 외면하려고 한다. 놀랍게도 대부분의 사람들은 이러한 행동을 아주 잘하고 익숙하다. 하지만 현실은 이내 다시 모습을 드러내고 우리는 불편한 정보들을 더 이상 외면할 수 없게 된다.

나
는
전
문
가
란
말
이
에
요
!

왜 대부분의 사람들은 자신을 과대평가하며
자신의 생각이 뛰어나다고 여길까?

．
．
．

　어떤 과제들은 진지하게 받아들이기에는 너무나도 단순하다. 예
를 들어 애플Apple사의 로고를 기억에만 의존하여 그려보자. 이러
한 과제가 뭐가 어렵겠는가? 애플사의 로고는 전 세계 모든 곳에서
볼 수 있다. 아이폰 사용자들이 전화기를 귀에 대고 있거나 아이패
드 화면을 쓸어 넘길 때마다 애플 로고를 볼 수 있다. 영화와 드라
마, 그리고 실제 삶에서도 애플 로고가 반짝거리는 맥북 앞에 앉아
있는 애플 사용자들이 많이 보인다. 애플사의 최고 경영자 팀 쿡이
등장하기라도 하면, 전 세계의 언론이 카메라를 들이대며 애플 워
치나 다른 애플 제품들을 칭송한다. 마치 인간에게 없어서는 안 되
는 물건인 것처럼 말이다.

　애플사의 로고를 그려보라고? 그게 뭐가 어려워? 실험 참가자들
은 자신만만하게 펜을 잡았지만 결과적으로 애플 로고를 제대로
그리지 못했다. 연구진들은 이미 이를 예상했다는 듯이 미소를 지
었다. 85명의 참가자 중 단 한 명만이 애플사의 로고를 정확하게

그리는 데 성공했다. 다른 사람들은 엉터리 그림을 그렸다. 이를테면 줄기가 여러 개 달린 사과, 잎이 풍성한 사과, 한 입 베어 문 자국이 엉뚱한 위치에 있는 사과, 윤곽을 완전히 잘못 그린 사과 등. 그럼에도 실험 참가자들은 자신이 그린 그림을 실제 애플 로고와 비교해보기 전까지 로고를 대체로 정확하게 그렸다고 생각했다.

이는 단순한 실수였을까? 아니, 결코 그렇지 않다. 심리학자들은 이와 유사한 실험에서 참가자들에게 미완성의 자전거 그림을 주고 완성시켜보라고 하거나 여러 버전의 동전들 중에서 현재 사용되는 동전을 골라보라고 했다. 참가자들은 처음에는 이런 과제를 식은 죽 먹기처럼 여기고 자신만만했지만 결과적으로는 상당히 부족한 결과를 보여주었다.

그렇다면 대부분의 사람들이 잘 알려진 애플사의 로고나 어디에서든지 볼 수 있는 자전거를 정확하게 그리지 못하는 이러한 기이한 결과는 무엇을 설명해주는가? 많은, 그것도 아주 많은 내용을 시사해준다. 즉 이러한 실험들은 우리에게 친숙하고 당연하게 느껴지는 것들을 우리가 얼마나 잘 모르고 있는지를 보여준다. 우리는 그러한 것들을 잘 알고 있고 마음대로 구사할 수 있다고 철석같이 확신하고 있다.

우리는 자신의 견해가 매우 충분한 근거를 가지고 있다는 잘못된 확실을 가지고 살아간다. 말하자면 우리는 거의 모든 삶의 측면에 대해 자신이 확실하다고 생각하는 견해를 자신 있게 표현한다.

이는 애플사의 단순한 로고 형태보다 훨씬 더 복잡한 주제에 대해서도 그렇다.

이를테면 금융 위기를 예로 들 수 있다. 금융 위기와 유로화 위기가 어떤 결과를 초래했는가? 은행원들은 비정상적인 유가증권을 발행하여 매각했다. 또 그리스에서는 위조지폐가 유통되었다. 그렇지 않았는가? 이는 미국의 탐욕스러운 은행가와 부유한 그리스인들에게 책임이 있다. 게다가 이탈리아와 스페인, 유로 안정화 기구, 몇몇 부실 채권 정리 은행, 국가 보증도 책임을 면할 수 없다. 결국에는 정말 어쩔 수 없이 성실한 사람들이 바보가 되고, 모든 것을 전부 월스트리트의 탐욕스러운 은행가와 그리스의 재정 위기로 돌린다.

이것이 이렇게 간단한 문제인가? 분명히 그렇지 않다. 현실은 훨씬 더 복잡하다. 그런데도 대부분의 사람들은 몇 가지 견해 혹은 하나의 세계상을 쉽게 뚝딱 만들어버린다. 그러한 세계상은 단순한 만큼이나 잘못되었다. 이는 시골에서 어르신들이 모여 세상을 논하는 자리에서만 그러한 것이 아니다. 누구나 이러한 환경에 노출되어 있으며, 대부분 사실적인 지식이 부족한 모든 영역에서 그러하다. 여기에서 작용하고 있는 경험적 법칙은 다음과 같다. 즉 하나의 견해가 강렬한 지지를 받을수록 그 견해가 근거하고 있는 사실적 토대는 부실하다는 것이다. 필립 페른백과 요엘 인바Yoel Inbar, 폴 로진Paul Rozin을 중심으로 하는 심리학 연구진은 2019년에 학술지 〈자연 인간 행동Nature Human Behavior〉에 게재한 연구에서 이 사실을 또다시 관찰했다. 그들은 미국과 프랑스, 독일의 데이터를 참작하여 다음과 같은 사실을 보여주었다. 즉 유전자 변형 식품에 가장 투철하게 반대하는 사람들은 이 주제와 관련하여 가장 적은 지식을 보유하고 있었으며, 동시에 그들은 자신이 이와 관련하여 아주 잘 알고 있다는 잘못된 확신을 가지고 있었다.

우리는 모든 것을 잘 이해하고 있다는 집단적 망상 속에 살고 있다. 이러한 망상은 가짜 뉴스와 소셜 미디어의 시대, 정치적 포퓰리스트들이 세계적으로 승승장구하는 오늘날과 같은 시대에 매우 위험할 정도로 널리 퍼져 있다. 하지만 우리 모두를 방어하기 위해 강조하자면, 아무도 모든 사실에 정통할 수 없다. 예를 들어 금융 위기와 유로화 위기의 진행 과정의 모든 세부 사항까지 꿰뚫어 볼 수 없는 것과 같이, 모든 정보를 보유할 수는 없는 것이다. 이는 매우 지나친 요구다. 하지만 우리는 누군가를 질책하기 위해 책임이 누구한테 있는지에 대한 생각만 할 뿐, 그러한 생각에 중요한 사실적 토대가 결여되어 있다는 점은 전혀 의식하지 못한다. 그렇다. 이를 테면 우리는 배우자가 가사 노동을 얼마나 분담하고 있는지를 충분히 알지 못한다는 사실을 결코 인정하지 않는다. 또 소파에 앉아 축구 국가 대표팀의 부진한 경기를 보며 거친 말을 내뱉는다. 이때 우리보다 국가 대표팀 감독이 선수들을 훨씬 더 잘 알며, 우리보다 훨씬 더 많은 정보를 바탕으로 어떤 결정들을 내렸다는 사실을 전혀 생각하지 못한다. 잘 안다는 환상과 잘 모른다는 슬픈 진실은, 세상이라는 맥락을 판단할 때뿐만 아니라 누가 도대체 더러운 빨랫감을 항상 욕실에 그대로 두는가와 같은 문제처럼 작은 범위까지 모두 영향을 미친다.

반면 우리는 이 사실을 모른다. 물론 우리는 본인의 생각이 충분한 근거가 있다고 간주한다. 나아가 자신의 견해를 다른 사람에게 나누어줄 정도라고 자신만만하게 여긴다. 대부분의 사람들은 기본적으로 주변 사람들이 자신이 말하는 내용을 경청하고 자신이 알고 있는 내용을 공유하고 싶어 한다고 생각한다. 이러한 신념은 한 실험의 참가자들이 어떤 주제에 대해 자신의 생각을 다른 사람에게 말하기 위해 돈을 지불하거나 혹은 돈을 포기할 마음을 가질 정도로 깊이 뿌리박혀 있었다. 이 얼마나 큰 착각인가. 아마 우리 대부분은 돈을 지불하고서라도 다른 사람들의 말을 들으려고 하지 않을 것이다.

하나 예를 들어보자. 새로 온 동료의 잔소리가 온 부서 사람들의 신경을 거슬리게 한다. 대학을 갓 졸업한 그는 기껏해야 한두 개의 실습에 불과한 경력을 가지고 있으며 다른 회사에서 출산휴가 대체 인력으로 잠깐 일했을 뿐이다. 몇 주 전부터 그는 이 부서에서 한 직책을 맡아 일하고 있다. 그런데 사무실 사람들은 언젠가부터 그가 자신의 직책을 착각하고 있다는 생각을 하고 있다. 말하자면 그는 모든 것을 다 알고 있는 듯이 경험 많은 동료들에게 어떤 식으로 업무를 처리해야 하는지, 뭐가 잘못되고 있는지 앞으로는 어떤 식으로 나아가야 하는지를 마치 강연이라도 하듯이 늘어놓는다. 하지만 그의 업무 실적은 이러한 교만한 행동에 전혀 미치지 못하며, 지금까지 그가 보여준 것은 허풍일 뿐이었다. 물론 그는 자신의 실적에 대해 완전히 다르게 보고 착각하고 있지만 말이다.

직장에서 어느 정도 적응을 하고 헤매던 초기 단계를 벗어나면 곧바로 과대망상이 생겨나는 사람들이 있다. 매일 사무실을 비롯한 직장을 드나들어야 하는 사람은 어쩔 수 없이 종종 이런 동료를 마주치게 된다. 심리학자들은 여러 실험을 통해 자기 자신을 대단히 과대평가하고 이로 말미암아 주변 사람들의 신경을 건드리는 사람이 초보자에 불과하다는 사실을 보여준다. 처음에 초보자는 자신이 맡은 업무에 대한 지식이 부족하기 때문에 아주 겸손한 태도로 업무를 진행한다. 하지만 어느 정도 초보 경험을 떼고 나면 현실을 파악하는 힘을 순식간에 상실한다.

코넬 대학교의 심리학자 카르멘 산체스Carmen Sanchez와 미시건 대학의 데이비드 더닝David Dunning의 실험에서 대부분의 참가자들은 앞서 언급한 신참처럼 어느 정도의 지식을 축적하고 첫 단계를 마치자마자 자신의 성과를 부분적으로 매우 과대평가했다. 경험이 좀 더 쌓이면서 오만함이 비로소 다시 약해지고 실제 성과와 허세 사이의 간격이 점점 줄어들었다. 산체스와 더닝은 2018년 학술지 〈인성과 사회심리학 저널〉에 "자신을 과대평가하는 경향이 있는 사람들에게 초기의 성공적인 학습 성취는 위험한 요인이다."라고 쓰여 있다.

가장 무능한 사람들이 자신의 능력이 매우 뛰어나다고 믿는 경우가 많다. 즉 그러한 성향의 실험 참가자들에게는 자신이 무엇을 모르는지에 대한 감이 결여되어 있다. 이러한 현상은 심리학에서는 더닝 크루거 효과Dunning-Kruger Effect라고 불린다. 이는 1999년에 실행된 심리학자 데이비드 더닝과 저스틴 크루거Justin Kruger의 고전적인 연구로부터 붙여진 이름이다. 더닝 크루거 효과에 따르면, 능력이 없는 사람에게는 자신의 능력을 판단하는 능력도 결여되어 있다고 한다.

더닝과 크루거는 여러 차례의 실험을 통해 얻은 결과로 자신들의 주장을 뒷받침했다. 그들은 피험자들에게 여러 질환의 증상에 대해 사전에 미리 설명한 후 사람들의 사진을 보고 어떤 질환의 증상인지 진단을 내려보라고 지시했다. 처음에 참가자들은 이 과제를 해결하는 자신의 능력을 매우 소심하게 평가했고, 아무런 경험이 없는 상태에서 자신의 능력을 과대평가하지 않았다. 하지만 처음 몇 번 시도를 한 다음부터는 잘못된 진단을 내렸을 때에도 자기 자신에 대해 너무 큰 믿음을 갖게 되었다. 그들은 자신의 적중률이 실제보다 훨씬 더 높다고 생각했다. 이러한 패턴은 여러 다양한 과제에서도 나타났다. 그리고 피험자들은 자신의 능력을 과대평가하면서 풍성한, 하지만 쓸모없는 설명과 이론들로 자신의 능력을 뒷받침했다.

산체스와 더닝은 자기 과대평가가 초보자 단계에서 시작된다는 사실을 실험실 밖에서도 발견했다. 그들은 국가 금융 역량 조사 National Financial Capability Survey의 데이터를 추가로 활용했다. 이 연구는 약 2만 5천 명의 미국 시민을 대상으로 그들의 금융 관련 지식이 몇 년 동안 어떻게 발전되었는지를 조사했다. 그 결과, 위에서 언급한 증상 진단 실험에서 보인 것과 비슷한 패턴이 나타났다. 즉 국가 금융 역량 조사에 참여한 가장 젊은 참가자들은 유가증권과 연금 플랜 등에 대해 잘 몰랐고 자신들은 아직 이러한 사안들과 아무 관계가 없다고 생각했다. 반면 25세와 34세 사이의 젊은 성인들은 자신을 거의 전문 은행가처럼 생각했다. 그들은 어느 정도의 경험을 통해 지식을 축적했기 때문에 금융과 관련된 사안에서 자기 자신을 현저히 과대평가한 것이다.

이처럼 삶과 개인의 인생사는 수많은 오류와 실수로 가득 차 있다. 사람들은 자신이 삶에서 상당히 중요한 몇 가지 사안에 대해 매우 잘 알고 있다고 착각하고 있다. 그리고 자신의 장점과 약점에 대해서도 잘 알고 있다는 확신을 품고 살아간다. 혹은 나중에 자신을 충족시켜줄 뿐만 아니라 자신의 적성에도 딱 맞는 직업을 반드시 발견할 것이라고 믿는다.

하지만 이는 전부 어리석은 생각이다. 사람들은 자기 자신에 대해 지극히 잘 알지 못한다. 바로 여기서 모든 문제가 시작된다. 사람들은 자신의 지식과 능력을 과대평가할 뿐만 아니라, 자신의 삶이 어떤 사람들과 관련이 있는지 평생 동안 전혀 알지 못한다. 이렇게 자신만만한 사람들한테 자기 자신에 대한 구체적인 질문들을 제기한다면 아마도 그들은 자신감을 잃고 불안한 마음을 갖게 될 것이다. 그렇게 되면 그들의 자아상이 순식간에 무너지고 그들은 자기 자신을 제대로 파악하지 못했다는 사실을 깨닫게 된다.

미국의 '건국의 아버지' 중 한 명이자 발명가, 과학자인 벤저민 프랭클린Benjamin Franklin은 이와 관련하여 다음과 같이 함축적으로 요약했다. 이 세상에는 아주 단단한 것이 세 가지 있는데, 강철과 다이아몬드, 그리고 자신에 대한 인식이라는 것이다. 이는 심리학자 로버트 아킨Robert Arkin과 진 게레타츠Jean Guerrettaz의 실험 참가자들에서도 확인할 수 있었다. 먼저 참가자들에게 자기 자신에 대해 얼마나 정확히 알고 있는지를 테스트를 하게 했다. 그런 다음 연구진은 참가자들에게 자신의 성격을 특징짓는 10가지 특성을 말해보고 그 중요도를 평가해보라고 했다. 끝으로 실험의 마지막 단계에서 피험자들은 자신이 특히 중요하다고 생각하는 성격적 특성에 대해 자신의 삶에서 겪었던 구체적인 사례들을 들어 입증해보라고 했다. 그 결과 대부분의 사람들, 특히 자기 자신에 대해 잘 알고 있다고 확신했던 사람들이 테스트를 제대로 수행하지 못했다. 이 과정에서 그들은 자신감에 큰 타격을 받았다. 또한 많은 연구 논문에서도 대부분의 사람들이 자신의 능력을 엉뚱하게 판단한다는 사실을 명확하게 입증하고 있다. 사람들은 자신을 실제보다 더 훌륭하다고 생각하거나 반대로 실제보다 자신의 능력이 부족하다고 생각한다. 자신의 능력을 현실적으로 판단하는 것은 인간이 지닌 강점에 속하지 않는다.

사람들 중에는 분명히 자신을 과대평가하는 사람들도 있고 과소평가하는 사람들도 있다. 대부분 나쁜 의도를 가진 것은 아니더라도 말이다. 자신을 과대평가하는 사람들은 자신이 뛰어나다고 생각하지만 실제로 현실에서는 실패를 거듭한다. 반면 자신을 과소평가하는 사람들은 큰일을 성공적으로 수행하지만 그럼에도 자신을 실패자라고 생각한다. 그 이유는 무엇일까? 사람들이 자신을 과대평가하는 이유는 오로지 자신이 이룬 성과와 그 일에 대해 자신이 가지고 있는 지식만을 생각하기 때문이다. 자신이 알고 있는 지식에 빈틈이 있다는 사실을 자각하는 것은 훌륭한 정신적 능력에 속한다. 하지만 이는 대부분의 사람들이 일상에서 해낼 수 없는 거의 초인적인 요구다. 게다가 사람들은 자신이 의식하는 것에만 주의를 기울이며 이로부터 왜곡된 시각을 얻게 된다.

쓰레기를 버리고 식기세척기에서 그릇들을 꺼내고 빨래를 넌다. 그다음에 청소기를 돌리고 세무사에게 제출할 영수증을 정리한다. 집안일은 해도 해도 끝이 없다. 그렇다면 배우자는 집 안이 엉망진창이 되지 않도록 어느 정도의 가사 분담을 맡고 있는가? 그러면 다들 이렇게 비난받을 만한 대답을 한다. "모든 일을 내가 다 하잖아." 사무실에서도 마찬가지다. 동료들을 믿을 수가 없다. 내가 다른 동료들보다 더 악착같이 일하지 않으면 이 회사가 망할 것이라고 생각한다. 하지만 모두가 평균 이상으로 많은 일을 한다고 해서 모든 집이 항상 완벽할 정도로 깔끔하고, 모든 프로젝트가 기한 전에 완벽하게 처리될까?

자신을 과대평가하는 성향은 집단의 규모가 커질수록 증가한다. 함께 일하는 동료들이 많을수록 공동 업무 결과에 미치는 자신의 기여도를 더 높게 평가한다. 또한 한 집에 두 명 이상이 함께 살 경우, 다른 사람들이 손가락 하나 까딱하지 않는다는 생각이 더 빨리 생겨난다. 이처럼 규모가 큰 집단에서는 다른 사람들이 프로젝트에 어떤 기여를 하는지를 의식하기가 점점 더 어려워진다. 자기 자신을 팀의 구원자라고 생각하기 위해 크리스티아누 호날두만큼의 축구 실력과 자아가 필요하지는 않다. 복합적인 주제를 다룰 때에도 이와 마찬가지다. 많은 사람들은 복잡한 디테일이 많을수록 작은 단면에 더 강하게 집중하고, 이로부터 해당 주제에 대한 입장을 구성한다. 마치 직장에 새로 들어온 신참이 아직 모르는 것이 많은데도 이러한 부족한 지식에서 지나치게 낙관적인 자아상을 만들어내는 것처럼 말이다.

이러한 효과 뒤에는 인간의 정신적 게으름이 숨겨져 있다. 즉 자기가 이룬 성과가 다른 사람들이 이룬 성과보다 더 쉽게 떠오르는 것이다. 동료들 혹은 배우자는 무엇을 했지? 이러한 질문에 사람들은 더 골똘히 고민하며, 그들이 아예 아무것도 하지 않는다고 생각한다. 그렇기 때문에 자신을 과대평가하는 성향은 집단의 규모에 비례하여 증가한다. 즉 세 명보다 여섯 명이 한 프로젝트에서 일할 경우, 다른 사람들의 성과를 인식하기가 훨씬 더 어려울 수 있다.

인간의 오만함이란! 자기를 과대평가하는 경향은 다방면으로 퍼져 있다. 심리학자들은 이러한 인지 왜곡을 '과신'이라고 부르며, 독일어로는 '왜곡된 자기평가'라는 개념으로 표현되기도 한다. 학자들은 무수한 연구에서 이러한 현상을 관찰했다. 또한 자신의 목적을 달성할 것이라는 과장된 낙관주의도 확인할 수 있었다. 실제 결과는 그 반대였지만 말이다. 프로젝트가 최종 기한 직전에 겨우 마무리되었다? 상관없어, 다음에는 모든 게 달라질 거야. 운동을 끊어놓고 계속 가지 못했다? 괜찮아, 내일은 새로운 삶이 시작되니까. 이번에는 정말이야.

사람들은 이러한 평범하고 일상적인 상황에서만 자신의 의지력이나 규율을 과대평가할 뿐만 아니라, 자신이 잘 모르는 분야에서도 자신을 왜곡하여 평가한다. 대니얼 카너먼과 에이모스 트버스키Amos Tversky는 실험 참가자들이 자신을 평가하는 질문에 대답할 때 자신에 대해 지나치게 확신하며 착각을 하고 있다는 사실을 관찰했다. 다른 심리학자들도 인간의 자기 이해가 이처럼 부족하다는 사실을 보여주었다. 피험자들이 새로운 파트너와 지금까지 몇 번의 성관계를 가졌는지 혹은 함께 살고 있는 사람들의 취미가 무엇인지를 대답해야 할 때든, 또는 어떤 사람이 진실을 이야기하는지 아닌지를 결정해야 할 때든 상관없이 대다수의 사람들이 자신 있게 잘못된 대답을 했다. 하지만 자신의 능력에 대해서 큰 확신을 가진 사람들도 자신이 완전히 모르는 영역에서는 대체로 자신의 성과에 대해 상당히 신중한 입장을 보인다. 비전문가인 사람에게 예술품의 진위를 감정하거나 부동산 매입자의 지불 능력을 판단해보라고 요구한다면 분명히 조심스러운 반응을 얻게 될 것이다. 아무리 자존감이 높은 사람들이라도 예술이나 부동산 금융에 대한 전문 지식이 전혀 없다면 해당 분야에 대한 자신의 능력을 믿지 못할 것이다.

이주 정책, 사회입법, 양성평등 문제 등 논란의 여지가 많은 주제들은 극도로 복합적이다. 이러한 복합적인 사회적 주제에 대해 대다수의 사람들은 정보에 밝은 초보자처럼 행동한다. 말하자면 그들은 어느 정도의 지식을 가지고 있기는 하지만 정말로 확고한 근거를 가진 견해를 마련하기에는 불충분하다. 그렇다면 어떻게 해야 하는가? 우리 시대의 중요한 주제에 대해 가급적 완전한 입장을 마련하려면 어떻게 해야 할까? 그렇게 하는 것은 불가능하다. 그렇기 때문에 분업화된 우리 사회에는 결국 각 분야의 전문가들이 존재한다. 어느 누구도 의학 전문가와 배관 전문가, 와인 생산 전문가, 연금법 전문가, 기후 변화 전문가, 교통정책 전문가처럼 그 분야에 대해 완전한 지식을 가질 수 없다. 다만 자신에게 배관 전문 지식이 없다는 사실을 인정하는 사람은 많아도 연금 정책을 포괄적으로 평가하기 위해 필요한 지식이 결여되었다고 생각하는 사람은 소수에 불과하다. 매달 월급 명세서에 연금보험으로 공제되는 금액이 얼마인지가 명시되어 있으니 말이다. 그래서 사람들은 자신이 연금 정책에 대해 어느 정도 알고 있고, 이를 포괄적으로 통찰할 수 있다고 믿는다. 다른 많은 영역에서도 우리는 이처럼 절반만 아는 초보자처럼 행동한다. '저리 비키세요, 내가 잘 알고 있어요!'

하지만 해독제는 있다. 필립 페른백을 중심으로 한 연구진은 인간에게 복합적인 사안을 규명해보라고 요구할 경우, 자신이 가진 지식의 한계를 의식한다는 사실을 여러 실험을 통해 밝혀냈다. 이와 같은 전략은 논란이 많은 주제에 대한 정치적 입장도 완화시켰다. "피험자들로 하여금 먼저 규명을 하고 난 이후에 판단을 내리게 했더니 극단적인 판단을 내리는 확률이 줄어들었다."고 페른백은 말한다. 복합적인 맥락을 설명하려는 과정에서 자신이 알고 있는 사실이 불확실하다는 자각을 촉진시킨다는 것이다. 자신이 복합적인 주제를 잘 이해하고 있다는 환상이 깨지면 그 주제에 대한 자신의 입장도 흔들리게 된다. 하지만 현실에서는 안타깝게도 많은 사람들이 자신이 전체적인 맥락을 꿰뚫어 보고 있다고 믿으며, 그렇기 때문에 극단적인 견해를 표출한다는 것이다.

피험자들이 복합적인 주제에 대한 자신의 견해를 정당화시킬 경우 자신을 과대평가하는 그들의 행위는 줄어들지 않았다. "어떤 주장에 대해 그 근거를 제시했다고 해서 반드시 그 맥락을 이해했다고 볼 수는 없다."라고 페른백은 말한다. 오히려 어떤 견해를 옹호하는 사람은 종종 감정이나 가치관, 불분명한 이념을 내세운다는 것이다. 한 가지 예를 들자면, 백신 접종을 거부하는 많은 사람들은 그 근거로 그저 백신 제약 회사에 대한 일반적인 불쾌감을 거론할 뿐이다. 이러한 논거에는 복합적인 연구를 통해 조사된 백신의 직접적인 유용성에 대해서는 아무런 내용도 담겨 있지 않다. 연구 결과에서 드러나듯이, 하나의 견해에 대해 간단한 근거만을 제시하는 것은 그러한 견해를 더욱 강화시킬 뿐이다. 잘못된 근거는 여기저기에서 찾을 수 있다. 그리고 어느 정도의 경험이 쌓이면 자신이 제시하는 근거가 세상에서 가장 뛰어난 근거라고 생각한다. 하지만 이는 오만하고 과장된 생각에 불과하다.

믿어도 될까, 믿을 수 있을까?

우리는 왜 자신의 믿음에 대한
동기를 가질까?

·
·
·

다음의 사연은 호주 여성 벨 깁슨Belle Gibson의 투병 이야기다. 이 젊은 여성은 암을 극복하기 위해 전통적인 의약품을 피하고 자신의 운명을 본인의 손으로 거머쥐었다. 여러 질환을 앓고 있던 그녀는 자신의 블로그에 본인이 여러 차례 심장 수술을 받아야 했다고 썼다. 그때 그녀는 겨우 20대 초반이었다. 그녀는 심지어 자신이 수술을 받다가 죽음의 문턱을 넘고 잠깐 동안 죽은 채로 수술대 위에 누워 있었고, 의료진이 자신을 다시 살려냈다고 했다. 또한 뇌졸중으로 쓰러진 적도 있었다고 썼다. 하지만 그녀는 이러한 모든 타격에 맞서 당당하게 버텼고, 병을 이겨내기 위해 싸웠다고 했다.

그녀에게 가장 강력하고 위험한 적은 암이었다. 그녀의 머릿속에는 악성 뇌종양이 자라면서 그녀의 목숨을 위협하고 있었다. 벨 깁슨은 암이 자신의 몸 전체에 단계적으로 전이되고 있다고 말했다. 간과 신장, 혈액과 자궁, 비장까지 암이 전이되었다고 했다. 하지만 그녀는 포기하지 않고 암과 싸웠고, 세상의 이목을 끌며 다른 암 환자들에게 모범이 되고 희망을 주었다. 내가 한 것처럼 당신도 할 수 있다, 당신도 암을 극복하고 다시 살아날 수 있다고 말이다. 이렇게 벨 깁슨은 자신이 암을 극복한 노하우를 다른 환자들에게 제공했다. 이를테면 식이요법을 철저하게 바꾸고, 무엇보다도 설탕과 글루텐을 먹지 말아야 한다고 그녀는 경고했다. 그 외에도 벨 깁슨은 아유르베다Ayurveda라는 인도의 의학 처치와 산소 요법, 규칙적인 관장에 도움을 받았다고 했다. 제약 회사의 의약품이나 화학 요법, 수술 등은 도움보다는 오히려 독이 된다고 했다.

벨 깁슨은 많은 환자들과 암 환자의 가족에게 희망의 메시지를 전파하면서 많은 추종자들을 얻게 되었다. 그녀는 2013년에 '더 홀 팬트리The Whole Pantry'라는 이름의 앱App을 출시했다. 이 앱에서 그녀는 자신의 암 투병과 관련된 식이요법과 건강관리 팁을 제공했다. 보도된 내용에 따르면, 그녀의 앱은 첫 달에만 무려 20만 건 이상이 다운로드되었다. 얼마 지나지 않아 그녀는 요리책 계약서에 서명을 했고, 이 요리책은 2014년에 출간되었다.

애플사가 그녀의 '더 홀 팬트리' 앱을 새로 판매되는 모든 애플 워치에 사전 설치되어 있을 정도로 벨 깁슨은 대성공을 이루었다. 그녀의 앱은 당연히 새 아이패드에도 사전 설치되었다. 이러한 엄청난 행운으로 그녀는 막대한 수익을 얻었다. 수억 원 이상을 번 벨 깁슨은 박애 정신도 함께 보여주었다. 그녀는 약 20곳의 자선단체와 함께 일하며 도움이 필요한 전 세계 사람들에게 자신이 이룬 것을 나누어주었다고 말했다. 벨 깁슨은 2014년에 30만 호주 달러(약 2억 4천만 원)를 좋은 목적에 쓰이도록 기부했다고 주장했다.

하지만 바로 이때부터 벨 깁슨의 암 투병기와 기부 사연에 금이 가기 시작했다. 앞뒤가 맞지 않은 몇몇 언행이 확인된 후 기자들이 그녀가 주장한 내용들을 재조사하기 시작했다. 벨 깁슨은 아주 좋은 집에서 비싼 차와 사치품을 누리는 편안한 삶을 살고 있었다. 이 사실만으로 그녀를 비판할 수는 없었다. 하지만 기자들이 밝혀낸 바에 따르면, 기부에 대한 그녀의 주장은 사실이 아니었다. 벨 깁슨은 자선단체에 한 푼도 기부하지 않았던 것이다. 아름다운 사연에 추악한 금이 가면서 이 젊은 호주 여성의 작은 왕국도 불과 몇 달 만에 붕괴되었다.

그녀가 주장한 암 투병기에서 모순점들이 속속들이 드러나면서 점점 더 많은 사람들이 의문을 제기하기 시작했다. 결국 벨 깁슨은 2015년에 한 인터뷰에서 자신의 사연이 순전히 꾸며낸 이야기임을 인정했다. 그녀는 암에 걸린 적이 결코 없었다. 또한 몇 차례 심장 수술을 받았다면 당연히 남아 있어야 하는 수술 자국도 가슴에 보이지 않았다. 게다가 그녀는 스스로 주장했던 것처럼 자선 활동가도 아니었다. 그녀는 그저 사기꾼에 지나지 않았다. 실제 암 환자들의 희망에 기생하고 이를 돈벌이 수단으로 삼았던 사기꾼이었다. 벨 깁슨은 자신이 힘든 아동기를 겪었다고 변론했다. 멜버른의 호주 연방 법원은 2017년에 41만 호주 달러(약 3억 2천만 원)의 벌금형을 그녀에게 선고했다.

'더 홀 팬트리'의 꿈은 산산조각이 났다. 그리고 왜 그토록 많은 사람들이 벨 깁슨의 사연을 그렇게 오랫동안 믿었는가라는 의문을 남겼다. 그녀의 이야기에 담긴 모순점들이 왜 더 일찍 눈에 띄지 않았을까? 왜 애플과 같은 대기업조차 식이요법으로만 암을 치료했다는 그녀의 터무니없는 암 투병기를 비판적으로 검토해볼 생각을 하지 못했을까? 글루텐이나 설탕을 섭취하지 않고 뇌종양을 치료한다는 것은 생명을 위협할 수 있는 매우 위험한 억측이다. 하지만 수많은 돌팔이 의사와 협잡꾼들에 의해 이와 유사한 형태의 처방이 전 세계적으로 확산되어 판매되고 있다.

어째서 그렇게 많은 사람들이 이 젊은 여성의 말을 믿었던 것일까? 간단하게 말하자면, 사람들은 그녀를 무조건 믿으려고 했기 때문이다. 다시 말해 벨 깁슨이 희망만이 가득한 사연을 팔았기 때문이다. 그녀는 자신을 따르는 사람들에게 나도 할 수 있다는 감정, 즉 통제력과 자기 효능감Self-Efficacy(어떤 상황에서 적절한 행동을 할 수 있다는 기대와 신념-옮긴이)을 부여했다. '젊고 매력적인 이 여성이 식이요법의 도움으로 가장 위험한 병인 암을 극복했다면, 아무리 내 상황이 좋지 않더라도 나도 그렇게 할 수 있을 거야.' 많은 사람들이 이렇게 생각했다. 그 외에도 이러한 철면피한 사기에 대한 사람들의 믿음은 서구 사회에 널리 확산되어 있는 무수한 의구심으로부터 비롯되었다. 이를테면 사람들의 전형적인 근심 중 하나는 제약 회사가 암에 걸린 환자들을 치료하는 것에 전혀 관심이 없으며, 결국 사람들의 고통을 돈벌이 수단으로 삼는다는 것이다. 더구나 화학 요법은 부분적으로 나타나는 심각한 부작용 때문에 꺼리는 경우가 많다. 많은 사람들은 이와 같은 약물 치료를 비판하고 약물이 병 자체보다 더 나쁘다고 주장한다. 반면 라벨에 '천연natural' 혹은 '대체 alternative'라는 단어를 포함하고 있으면 자동적으로 좋은 것, 순한 것, 건강한 것, 뛰어난 것이라고 생각한다. 이러한 모든 요인이 벨 깁슨의 거짓말을 쉽게 믿도록 만들었다. 이러한 사실을 차치하더라도 암에 걸렸다고 말하는 이 여성에게 사기를 운운하는 것이 몹쓸 짓처럼 여겨지는 사회적 분위기도 문제였다. 이는 사기라는 강력한 증거가 있을 때에만 가능하다.

벨 깁슨은 그녀를 따르는 사람들이 그녀를 믿을 만한 강력한 동기를 가지고 있었기 때문에 성공할 수 있었다. 암도 고칠 수 있고, 게다가 건강과 아름다움, 성공까지 약속해준다고? 나도 한번 해보자! 사람들이 이 젊은 호주 여성과 같은 사기꾼들을 믿는 이유는 그들의 주장이 그럴 듯해서가 아니라, 그들의 약속이 우리가 바라는 바와 맞아떨어지고 그들이 우리의 꿈을 충족시켜주기 때문이다. 사람들이 다른 사기꾼들에게 속는 것도 바로 이러한 이유에서다. 사기꾼을 믿는 이유는 사기꾼이 사람들에게 희망을 만들어주고, 사실이라고 믿기지 않을 정도로 좋은 것을 약속하기 때문이다. 물론 사기꾼의 약속이 사실인 경우도 간혹 있기는 하다. 하지만 삶의 벼랑

끝에 내몰린 사람은 사기꾼이 무엇을 말하든 그 내용을 믿게 된다. 제3자는 고개를 절레절레 저으며 누가 봐도 터무니없는 허튼소리에 어떻게 넘어갈 수 있는지 의아할 뿐이다. 그런 사람은 사기꾼의 말에 속아 넘어갈 만큼의 바람과 희망이 필요한 상황에 처해 있지 않기 때문이다.

벨 깁슨을 비롯한 다른 허풍쟁이들의 말을 잘 믿는 순진한 사람들을 보며 비웃을 것이 아니라, 이것이 누구에게나 일어날 수 있는 일이라는 사실을 깨달아야 한다. 하지만 우리도 언젠가 그러한 허튼소리에 속아 넘어갈 수 있다는 사실을 모두가 강력하게 부인할 것이다. 이러한 태도는 우리가 다른 사람들보다 더 똑똑하며 결코 그러한 속임수에 속지 않을 것이라고 믿으려는 데에서 유래한다. 사람들은 어떤 사안에 대해 객관적으로 바라보지 않고 자신이 보고 싶은 것을 보고 그에 따라 생각한다. 또한 확실한 정황과 증거를 객관적으로 보지 않고 우리 자신의 배경에 따라 판단한다. 그리고 우리의 신념이나 태도, 우리의 특성이 여러 가지 정보나 반증을 통해 의문이 제기될 경우에도 우리는 결코 이러한 신념을 포기하거나 새로운 사실을 받아들이려고 하지 않는다. 오히려 우리의 신념을 공격하는 사실들을 의심하고 거부한다.

암 환자들이 벨 깁슨의 이야기를 믿는 강력한 동기를 가졌던 것처럼, 우리도 누구나 삶의 다른 영역에서 어떤 것을 믿거나 어떤 것에 대한 의심을 반박하는 동기를 가지고 있다. 도널드 트럼프는 미국 대통령이 되기 한참 전에 버락 오바마가 미국에서 태어나지 않았기 때문에 미국 대통령의 자격이 없다는 음모론을 퍼뜨렸다. 미국 대통령이 되기 위해선 대선 후보는 반드시 미국에서 출생해야 한다는 것이었다. 트럼프의 황당한 주장에 많은 사람들이 동조했고, 오바마는 이러한 허튼소리에 대응할 수밖에 없었다. 결국 오바마 대통령은 이러한 말도 안 되는 음모론 추종자들의 기를 꺾기 위해 자신의 출생증명서를 공개했다. 하지만 대부분의 '버서Birther(오바마의 출생 의혹을 제기한 운동의 추종자들)'들은 전혀 끄떡하지 않았다. 그들은 자신들의 입장을 그대로 유지했고, 오바마의 출생증명서가 조작되었다고 주장했다. 그리고 무조건 오바마가 비합법적인 대통령이라고 믿으려 했다. 그들이 이러한 믿음을 갖게 된 동기는 오바마가 민주당이라는 이유로, 최초의 흑인 대통령이라는 이유로, 또는 그 밖의 여러 다양한 이유로 버락 오바마를 거부하거나 심지어 증오했기 때문이다. 그들은 오바마의 출생지가 미국이 아니라는 이야기를 무조건 믿으려고 했고, 그렇기 때문에 오바마에 대한 모든 안 좋은 내용을 사실이라고 생각하고 그의 진짜 출생증명서조차 조작되었다고 믿었다.

심리학에서는 이러한 사고 및 인지 방식을 '동기 기반 추론Motivated Reasoning'이라는 개념으로 설명하는데, 이는 동기에 바탕을 둔 사고 혹은 이해관계로 이끌리는 사고라고 해석할 수 있겠다. 이러한 사고 뒤에는 결국 '내가 이것을 믿어야 하나?', '내가 이것을 믿어도 되나?'라는 진부한 질문이 숨겨져 있다. 동기 기반 추론은 우리가 자신의 견해와 바람이 일치하는 것을 받아들이고 이를 인지적으로 가공하려는 인간의 충동을 설명한다. 그렇기 때문에 어떤 견해의 근원이나 정치적 논쟁을 분석하기 위해서는 그러한 견해의 동기가 무엇인지를 묻고 그 견해를 대변하는 사람들의 시각을 이해하는 것이 큰 도움이 될 수 있다.

예를 들어 자유시장의 힘에 대해 굳은 확신을 가진 사람은 기후 변화는 거짓이며 좌파 환경 근본주의자들이 내세우는 음모론이라고 믿는다. 그러한 사람들은 이산화탄소를 방출하는 주범으로, 논쟁에서 핵심적이고 부정적인 역할을 하는 화석연료가 경제에서 매우 중요하다고 생각한다. 그러므로 기후 보호를 위해 화석연료를 대체하거나 사용을 줄이는 것은 경제를 위협하는 요인이라고 간주한다. 이러한 확신을 가진 사람들에게 기후 변화의 존재를 인정하는 것은 자신에게는 성스러운 시장 자유주의의 가치를 포기해야 한다는 것을 의미한다. 그렇게 하면 비참한 감정이 생겨난다. 데나 그로밋Dena Gromet을 중심으로 한 연구진은 이러한 현상이 어떤 구체적인 결과를 낳을 수 있는지를 보여주었다. 즉 보수적인 미국인들은 환경보호 광고 메시지를 담은 에너지 절약 램프의 구매를 포기하고 그러한 스티커가 붙어 있지 않은 램프를 구매했다. 시장 자유주의와 개인의 자유를 위협하는 그러한 환경주의자들과는 엮일 필요는 없으니 말이다.

〈인성과 사회심리학 저널〉에 실린 대니얼 설리번Daniel Sullivan의 연구와 같은 여러 연구에서 밝혀졌듯이, 인간은 희생양을 만듦으로써 깊은 심리적 욕구를 충족시키고 자신의 삶에 대한 통제력과 의미를 얻는다. 대부분의 사람들은 이 사실을 분명하게 의식하지 못하지만, 이것 또한 하나의 동기가 될 수 있다. 이를테면 외국인을 모든 악의 근원이라고 생각하는 사람들이 있다. 그들은 자신의 삶에 만족하지 못하는 것, 소외감을 느끼거나 자신이 중요한 존재가 아닌 것 같은 불쾌한 느낌이 드는 것에 대한 모든 책임을 외국인에게 돌린다. 또 어떤 사람들은 유럽연합이 불합리한 규정을 만들어 자신들의 일상적 삶을 힘들게 만든다고 생각한다. 또 어떤 여성들은 자신들을 인정해주지 않는다며 남성과 소위 가부장제에 악의를 품는다. 반면 남성 측에서는 페미니스트들이 남성을 그저 악당으로만 간주하기 때문에 모욕감을 느낀다고 격분한다. 이러한 신념들은 채워지지 않은 꿈에 대한 좌절감을 견딜 수 있게 만들어주며 자신의 어깨를 짓누르는 책임과 양심을 경감시켜준다. 간단히 말하면 이러한 신념들은 편안한 감정을 마련해주거나 나쁜 감정들로부터 우리를 지켜준다.

우리가 정보를 어떻게 판단하는지도 이러한 개인적인 동기에 따라 좌우된다. 예를 들어 사형을 찬성하는 사람은 사형제도가 잠재적인 중범죄자에게 경각심을 일깨워주는 효력이 있다는 사실을 입증해주는 수많은 연구와 수치에 신뢰를 갖는다. 동시에 그는 이와 반대되는 결과를 보여주는 연구 자료에서 허점을 찾아서 비판한다. 사회를 급진적으로 바꾸고 싶은 사람은 인간이 오로지 사회적 환경의 영향을 받을 뿐, 인간의 천성이나 유전자는 인간의 견해나 행동, 특성에 아무런 영향력을 발휘하지 못한다고 믿는 경향이 있다. 그 이유는 무엇일까? 그렇지 않다면 그러한 혁명가는 자신이 무모하게 싸우고 있다는 사실, 다시 말해 자신의 힘으로는 어떻게 할 수 없는 인간의 천성과 싸워야 한다는 사실을 인정해야 하기 때문이다. 이는 마치 흡연의 치명적인 영향에 반박하는 흡연자와 같다. 그들에겐 흡연 자체를 포기하는 것보다 흡연에 대한 자신의 입장을 따르는 것이 훨씬 쉽기 때문이다. 흡연이 암을 발병시킨다고? 말도 안 돼. 나는 그렇게 생각하지 않아.

저명한 사회심리학자 레온 페스팅거Leon Festinger는 '인지 부조화Cognitive Dissonance 이론'으로 이러한 내적 갈등을 설명한다. 인지 부조화 이론을 간단히 설명하면, 사람들이 행동과 견해가 어긋날 경우 이로부터 참기 어려운 내적 갈등이 생겨나고 어떻게 해서든지 이러한 내적 갈등을 해소하려고 한다는 것이다. 이러한 부조화를 감소시키기 위해 이를테면 흡연자는 흡연의 위험성을 다루고 있는 연구를 반박한다. 그렇지 않으면 자신이 치명적인 중독에 빠져 있다는 사실을 인정해야 하기 때문이다. 이로부터 생겨날 수 있는 비참한 감정을 모면하기 위해 그는 그러한 연구가 맞지 않다고 믿는다. 레온 페스팅거는 1950년대에 한 종파를 연구하면서 이 이론을 발전시켰다.

세상은 끊임없이 몰락하고 있다. 종말이 마치 눈앞에 다가선 것같이 가깝게 느껴진다. 종말이 끝나면 또 종말을 앞두고 있다. 이러한 느낌은 세상의 종말이라는 주제에 몇 분만 몰두하면 곧바로 생겨난다. 어느 시대에도 세상의 종말을 예언하는 예언자가 있고, 예언자를 따르는 사람들도 항상 존재한다. 이를 바라보는 사람들은 궁금해한다. 왜 저 추종자들은 세상이 멸망하지 않는데도 예언가의 말을 계속 믿는 것일까? 대답은 간단하다. 예언가의 말을 계속 믿지 않으면 자신들이 헛소리를 믿는 사람임을 시인해야 하기 때문이다. 그렇게 되면 자신들의 긍정적인 자아상이 위태로워진다. 이를 막기위해 그들은 자신의 기대가 나중에 언젠가 실현될 것이라는 이유를 어떻게든지 찾으려고 한다.

레온 페스팅거는 자신의 동료들과 함께 매리언 키치Marian Keech라는 여성을 따랐던 한 사이비 종교 단체를 관찰했다. 이 종교 단체의 교주인 그녀는 1954년 12월 20일에서 21일로 넘어가는 밤에 세상이 멸망한다고 신도들에게 예언했다. 하지만 몇몇 선택받은 자들, 즉 그녀의 신도들은 구원을 받을 수 있다고 했다. 자신의 모든 열의와 믿음, 자신의 전 재산을 매리언 키치의 교리에 바치는 신도는 종말의 밤 자정에 외계인으로부터 구원을 받을 것이라고 예언했다. UFO가 나타나 구원받을 이들을 데려가 더 나은 미래로 인도할 거라는 것이다.

수많은 신도들은 그녀가 예언한 세계 종말이 다가오기 전에 생업을 포기하고 자신의 집을 팔았으며 돈을 흥청망청 썼다. 열성적인 신도들은 1954년 12월 20일에 자신의 영적 교주인 매리언 키치의 집에 모여 함께 기도했다. 우습게도 매리언 키치의 남편은 그녀를 따르는 신도가 아니었다. 그는 신도들이 거실에 모여 외계인의 도래를 기도하는 동안 침실에서 단잠을 자고 있었다. 매리언 키치의 집에 모이지 않은 신도들은 각자 자신들의 집에서 두려움에 떨면서 다음 날 아침을 기다렸다.

레온 페스팅거와 그의 동료들도 그날 밤 다른 한 가지 예언을 했다. 세계 멸망이 일어나지 않을 것이라고. 물론 이것은 그렇게 대단한 예언은 아니었다. 또한 연구진은 가짜 예언가 매리언 키치가 그릇된 예언을 했다고 해서 그녀의 세력이 약해지지 않을 것이라고, 오히려 그 반대일 것이라고 예언했다. 그녀의 거실에서 무릎을 꿇고 기도하는 열성 신도들은 그녀에 대한 믿음을 오히려 더 강화시킬 것이라고 말이다. 세계 멸망과 외계인 구원설이 그저 망상임이 드러날 경우 이 모든 사태에 거리를 두고 바라보던 몇몇 소수 신도들만이 매리언 키치에게서 등을 돌릴 것이라고 했다.

1954년 12월 그날 밤에 과연 무슨 일이 일어났을까? 그날 밤 자정, 교주의 집 위에는 당연히 비행접시가 나타나지 않았다. 신도들 사이에서는 슬며시 의혹이 제기되었다. 하지만 희망도 아직 남아 있었다. UFO를 탄 외계인들도 지각을 할 수도 있으니 말이다. 레온 페스팅거에 따르면, 새벽 2시경이 되자 몇몇 신도들은 진지하게 걱정하기 시작했다. 하지만 키치의 남편이 위층 침실에서 잠을 자는 동안 매리언 키치의 거실에 모인 신도들은 믿음을 잃지 않았다. 새벽 4시 45분에 매리언 키치는 새로운 비전과 메시지를 받았다고 알렸다. 자신의 집에 모인 신도들의 기도로 이 세상이 구원을 받았다는 것이다. 흔들림 없는 신도들의 영적 힘이 종말을 막았다고 했다. 매리언 키치는 "신의 말씀은 위대합니다. 그리고 그의 말씀으로 말미암아 여러분은 구원을 받았습니다. 여러분은 죽음에서 벗어났습니다. 이러한 힘이 지구상에 나타난 적은 아직 없었습니다. 세상이 시작된 이래로 지금 이 공간에 비치는 것과 같은 그러한 빛, 그러한 힘이 이 지구상에 베풀어진 적은 없었습니다."라고 설교했다.

신도들의 분위기는 순간적으로 바뀌었다. 그들은 자신들이 세상을 구했다며 환호성을 외쳤다. 비록 외계인은 나타나지 않았지만, 매리언 키치는 자신의 추종자들에게 자신의 체면을 차릴 수 있는 근거를 제공했다. 그녀는 신도들에게 인지 부조화로 말미암아 생겨난 나쁜 감정에서 벗어날 탈출구를 제시했다.

신도들의 마음속에서는 어떤 진술들이 충돌했을까? 아마도 다음과 같은 두 가지 진술일 것이다. 즉 '나는 적어도 정상적인 지적 능력을 가진 이성적인 사람, 선한 사람이다.'라는 진술과 '나는 터무니없는 헛소리를 믿었고, 그것 때문에 직장도 그만두고 집도 팔았다. 그리고 지금 여기 이 거실에 앉아 내가 순전히 멍청이라는 사실을 깨달아야 한다.'는 진술이 충돌했을 것이다. 매리언 키치의 새로운 비전을 믿음으로써 후자의 진술은 허공으로 사라졌다.

이처럼 레온 페스팅거와 그의 동료들이 예언한 내용은 적중했다. 매리언 키치의 열렬한 추종자들은 이제 더욱더 열성적으로 그녀의 교리를 따랐다. 신도들은 큰 기쁨을 느끼며 세상으로 나와 다른 사람들에게 자신의 교주의 지혜를 설파하기 시작했다. 하지만 이 종교 집단에 완전히 헌신하지 않았던 신도는 실망을 느끼고 등을 돌렸다. 덜 열성적이었던 신도, 예를 들면 교주의 집 거실에서 외계인의 도래를 함께 기도하지 않고 자신의 집에서 기도했던 신도들의 경우에는 감정적인 소모가 경미했다. 그들은 자신의 집을 팔지도 않았고 직장도 그대로 유지하고 있었기 때문에 마음에 품고 있던 의혹에 집중할 수 있었다. "뭔가 이상하다는 것을 예감하고 있었어요. 그런 예언에 마음이 혹하기는 했어요. 하지만 다행스럽게도 그런 망상 때문에 모든 것을 포기하지는 않았어요." 이렇게 말하는 신도들 역시 자신의 긍정적인 자아상을 유지하는 것이 어려운 일이지만, 맹목적인 추종자들에 비하면 훨씬 수월할 것이다. 실패한 혹은 엉뚱한 정치적 인물이나 특이한 시대정신을 열렬히 추종했던 모든 사람들은 분명히 이와 비슷한 경험을 하게 된다. 그들은 자신의 자아상과 정체성을 보호하려는 강한 의욕을 지니고 있으며, 불쾌한 감정을 피하기 위해 어떻게든지 자신의 믿음을 유지시키려고 한다.

교주가 세계 멸망을 예언하든, 건강 블로거가 식이요법 팁을 판매하든, 포퓰리스트들이 희생양을 거론하든, 급진적인 개혁가들(부분적으로는 기독교도들)이 진화론을 의심하든 언제나 중요한 문제는 '왜 이 사람들은 그것을 믿으려고 하는가?'다. 우리 모두가 각자의 동기를 가지고 있듯이, 그들도 어떤 사안에 대한 자신의 의견을 정당화시키기 위한 그들만의 동기를 가지고 있다. 그들은 대부분 '나는 내가 선한 사람이라고 생각하고 앞으로도 계속 그러기를 원한다.'는 동기를 가지고 있다.

마지막으로 한 가지 더 이야기하자면, 우리는 뻔뻔한 사기꾼들도 자신의 긍정적인 자아상을 유지하려고 한다는 사실을 알아야 한다. 그들도 자신이 합법적으로 행동한다고 믿으며, 부당한 수단으로 무언가를 얻을 수 있는 권한이 자신에게 있다고 생각한다. 그들은 이를 정당화시키는 아주 강한 동기를 가지고 있다. 그렇다면 무엇이 대안이 될 수 있을까? 죽음의 병상에 누워 있는 암 환자들을 돈벌이의 수단으로 여겼다는 사실을 깨닫는 것? 아니다. 실제로 어느 누구도 이 사실을 믿으려고 하지 않을 것이다. 꺼림칙한 사기꾼들마저도 말이다.

복잡한 건 생각하기 싫어!

왜 정신적 노력은 사실감을 감소시키며,
단순한 메시지가 우선권을 가질까?

．
．
．

어떤 의약품의 이름은 대기만 해도 환자들에게 충분히 불안감을 야기할 수 있다. 예를 들면 '리보족스트리트프Ribozoxtlitp'라는 이름의 이 의약품에서 어떤 효과를 기대할 수 있을까? 기괴하게 보이는 이러한 단어만으로도 의약품 사용 설명서가 아주 길 것 같고 이상한 부작용도 아주 많을 거 같다는 추측을 낳는다. 이러한 추측은 결국 이런 질문까지도 던지게 만든다. 병 자체가 더 나쁠까 아니면 이 병을 고쳐준다는 이 약이 더 나쁠까? 분명한 사실은 의약품의 이름만으로도 이미 환자들에게 어떤 영향을 미친다는 것이다. 발음하기 어려운 이러한 의약품들은 자동적으로 독하고 위험하다고 판단된다. 반면 발음하기 쉬운 이름을 가진 의약품들은 반대의 효과를 보여준다. 왠지 순한 약이고 더 높은 용량을 복용해도 될 것처럼 여겨진다.

리보족스트리트프라는 의약품은 병을 치료하지도, 부작용을 야기하지도 않았다. 이 약은 심리학자들이 한 실험에서 피험자들에게 제시한 가상의 약이었기 때문이다. 실험 결과에 따르면 발음하기 어려운 약들은 일반적으로 그 약을 불신하게 만들었다. 반면 칼로트로피신Calotropisin 혹은 파스티노르빈Fastinorbin이라는 이름의 의약품에 대해서는 불신을 덜 품었다. 이 약들도 실제로 존재하는 약은 아니다. 그리고 심리학자들에 따르면, 실제로 피험자들은 이 약들을 더 높은 용량으로 복용했다고 한다. 쾰른 대학교의 시모네 돌레Simone Dohle는 2017년 〈실험심리학 저널: 응용Journal of Experimental Psychology: Applied〉에 발표한 연구에서 "강력한 부작용을 지닌 의약품들에는 매우 복잡한 이름이 붙여지는데, 이는 환자들이 과도한 용량을 복용할 위험을 줄여줄 수 있다."고 언급했다.

이러한 관찰 내용이 처음에는 약간 의심스럽게 생각될 수도 있겠지만, 전 세계에 걸쳐 의약품 사용 설명서를 보면 이러한 사실을 확인할 수 있다. 이는 소위 '처리 유창성Processing Fluency'의 영향력을 입증해주고 있다. 즉 어떤 정보를 받아들이는 것이 얼마나 쉬운지 혹은 어려운지가 이미 그 정보의 판단에 영향을 미친다는 것이다. 즉 우리는 더 쉽게 받아들여지는 정보일수록 더 사실처럼 느낀다. "우리의 감정은 우리가 정보를 어떻게 판단하는지에 영향을 미친다."고 돌레는 말한다. 복잡한 의약품 이름을 발음하는 것 혹은 까다로운 텍스트를 읽는 것은 부분적으로 엄청난 정신적 노력을 요구한다. 이 사실만으로도 불쾌한 감정이 생기며, 이러한 감정은 인간의 판단에 영향을 미치게 된다. 간명하게 표현하자면, 정신적인 소모를 요구하는 행위를 거부하는 것이다. 대부분의 사람들은 정신적인 피곤함을 싫어한다. 정신적으로 피곤한 상황에서는 노력과 에너지가 요구되고, 거기에는 끊임없이 실패의 위험이 도사리고 있다. 즉 뭔가를 잘 알지 못하면 심각한 병에 걸린 것 같으며, 우리는 어느 누구도 멍청이로 보이고 싶지는 않다. 다른 사람들 앞에서도, 자기 스스로에게도 말이다. 반면 뭔가를 잘 알고 있으면 기분이 고조된다. 어떤 일이 잘 진척되면 모든 것이 쉽게 느껴진다. 그래, 인생이 이래야지! 이렇게 기분이 좋은 상태에서는 모든 것이 선하게 여겨진다. 딱히 마땅한 근거를 제시할 수는 없지만 말이다. 그렇기 때문에 온 신경을 곤두세워 발음할 필요가 없는 명확한 이름을 가진 의약품은 더 높은 용량으로 복용되곤 한다. 그러므로 부모들은 자녀에게 약을 먹일 때 다음과 같은 내용을 염두에 두어야 한다. 제약 회사가 기억하기 쉬운 깜찍한 약 이름을 지으면 특히 잘 팔린다는 사실이 이미 오래전부터 유명했다는 사실을 말이다.

하지만 안타깝게도 이 세상은 끔찍할 정도로 복잡하다. 그렇기 때문에 이 세상에 대해 보도하고 다양한 사연들을 이야기하며 세상의 연결 고리들을 설명할 때에는 언제나 복잡함은 줄이고 단순화시킨다. 이것은 특히 학문과 그에 대한 보도에 관계가 있다. 복잡한 맥락을 비전문가들이 쉽고 명확하게 이해할 수 있도록 하는 것이 학문의 도전적 과제이기 때문이다. 하지만 이러한 과제를 성공적으로 이루더라도 딜레마가 생겨난다. 뮌스터 대학교의 리사 샤러

Lisa Scharrer를 중심으로 한 심리학 연구진은 쉽게 이해할 수 있도록 쓰인 기사를 읽은 사람들은 자신들의 지식을 현저히 과대평가한다고 설명한다.

연구진은 피험자들에게 다양한 의학 주제를 다루고 있는 여러 텍스트를 제시했다. 이를테면 소금 섭취가 건강에 미치는 영향, 채식과 심장 혈관 질환과의 관계 혹은 고추 섭취와 혈압과의 관계 등을 다루는 기사들이었다. 모든 주제에 대해 다양한 버전의 텍스트가 제시되었다. 한편으로는 〈슈테른Stern〉, 〈포쿠스Focus〉, 〈빌트〉지와 같이 독일 일반 독자들을 위해 쓰인 글도 있었고, 다른 한편으로는 의료인들을 대상으로 하는 학술 전문지에 쓰인 글도 있었다. 대부분의 피험자들은 두 버전의 텍스트 모두가 신뢰할 만한 글이라고 판단했다. 하지만 이러한 효과는 비전문가 독자층을 겨냥한 글을 해당 독자층이 읽은 후에 더욱 강하게 나타났다. 이와 동시에 자신이 관련 주제를 깊이 있게 잘 이해한다는 환상이나 전문가의 조언이 더 이상 필요하지 않다는 환상이 독자들에게 유발되었다.

심리학자 샤러 연구진은 대중적으로 쉽게 쓰인 글을 읽을 때는 인지적 노력이 별로 요구되지 않는데, 바로 여기서 알고 있다는 환상이 생겨난다고 말했다. 반면 학술 기사에 담긴 전문 기술 용어와 각종 세부 사항들은 독자에게 더 큰 정신적 수고를 요구한다고 말한다. 사람들은 대체로 해당 주제에 대한 자신의 지식과 이해력이 한계에 부딪힐 때 정신적으로 힘들다고 판단한다. 이와 동시에 고

추가 혈압에 미치는 영향을 규명하는 것이 지극히 복합적이고 복잡하다는 생각을 뚜렷하게 하게 된다.

무언가를 알고 있다는 환상은 학술적인 주제를 다룬 글에서만 제한되어 있는 것이 아니라 삶의 모든 영역에서 나타난다. 인지과학자 필립 페른백 연구진의 관찰에 따르면, 잘 간파하고 있다는 감정은 복합적인 주제에 대해 아는 바가 거의 없을 때에 생겨난다. 연구진은 한 실험에서 피험자들에게 미국의 연금 및 보건 시스템에 대한 그들의 견해를 물었다. 한편 배출권 거래 제도나 미국의 중동 외교정책, 조세법 등 좌절감을 느낄 정도로 매우 복잡한 주제에 대해 평가를 내려보라고 부탁했다. 매우 복잡한 주제임에도 불구하고 대다수의 실험 참가자들은 자신이 이에 대해 상당히 잘 알고 있다고 믿었다. 페른백과 그의 동료들이 실험 참가자들에게 각 정책 분야의 세부 사항에 대해 물었을 때, 예를 들어 미국의 조세 제도를 설명해보라고 했을 때 비로소 참가자들의 생각이 뒤집혔다. 이처럼 정신적인 수고만으로도 알고 있다는 환상이 깨질 수 있다. 이러한 환상이 깨지면서 비로소 참가자들은 자신이 얼마나 모르고 있었는지를 확실히 깨닫게 되었다. 그 외에도 그들은 해당 질문에 대해 유창하게 설명하지 못했을 때 기분이 상당히 불쾌했고 비참한 감정을 느꼈다.

심리학자들은 이와 동일한 현상을 다른 수많은 조건하에서도 관찰했다. 이를테면 사람들은 자신의 모국어로 설명된 정보나 미신을 더 잘 받아들이는 경향이 있다. 반면 같은 내용을 외국어로 읽을 때는 의심이 생겨난다. 또한 해당 외국어를 유창하게 구사하는 독자더라도 외국어로 쓰인 글을 읽을 때 논리적 오류를 더 쉽게 범한다. 읽기 어려운 글씨체로 쓰인 글에서도 이와 동일한 현상이 발생한다. 이를테면 글씨가 흐리게 쓰였거나 너무 작은 경우, 너무 많은 글씨체가 뒤섞였을 때 그러하다. 이미 읽는 과정에서 정신적인 에너지를 소모해야 할 경우, 우리는 자동적으로 회의적인 태도를 취하게 된다. 골똘히 생각해야 하는 내용에는 믿음이 가지 않기 때문이다. 정신적인 수고가 요구되는 내용을 접할 때는 이해하기 쉬운 내용을 접할 때보다 더 빨리 의구심이 생겨난다. 뇌 안에서 분석적이고 인지적인 시스템이 활성화되면 직관적인 종교적인 믿음에도 일시적으로라도 제동이 걸릴 수 있다.

반면 명확하고 쉽게 읽히는 글씨체로 쓰인 글을 보면 대체로 그 내용이 옳다고 받아들인다. 이상하게 들리겠지만 사실이다. 심리학자 노베르트 슈바르츠는 한 연구에서 피험자들에게 예를 들면 "오소르노는 칠레에 있는 한 도시다."와 같은 문장을 제시했다. 오소르노는 충분히 잘 알려진 지역이 아니며, 이 문장이 정말로 맞는 문장인지 확실히 알 수 없을 정도로 칠레 역시 낯선 이국적인 나라다. 실험 참가자들은 이 문장이 옳다고 생각하는지 혹은 틀리다고 생각하는지를 말해야 했다. 슈바르츠와 그의 동료들은 예상했던 대로 글자 색깔이 내용의 신빙성에 영향을 미친다는 사실을 확인했다. 참가자들은 남색으로 쓰인 문장이 하늘색으로 쓰인 문장보다 더 믿을 만하다고 확신했다. 연하게 쓰인 글자는 읽기가 쉽지 않았기 때문에 더 많은 인지적 노력을 요구했으며, 이로 말미암아 참가자들은 그 내용에 불신을 가졌다.

어떤 언어가 사용되는지도 영향을 미친다. 이를테면 대니얼 오펜하이머Daniel Oppenheimer는 인문학에 사용되는 복잡한 전문용어가 역효과를 낳는다는 사실을 보여주었다. 그는 같은 내용을 하나는 까다롭게, 다른 하나는 쉽게 표현한 글을 독자들에게 제시했다. 그 결과 독자들은 이해하기 어렵게 쓴 글의 저자를 덜 지성적이라고 간주했다. 또한 주식시장에서 사용되는 용어도 쉽게 읽힐수록 좋은 영향을 미친다. 예를 들어 시장의 추세는 유창하게 발음되는 이름에서 득을 본다.

이 모든 것은 하나의 명확한 메시지로 이어진다. 즉 쉽게 읽힐 수 있는 표현법으로 작성된 단순한 정보가 인간의 사고에서 우위를 차지한다는 것이다. 이를테면 우리는 독일의 고령화 문제를 해결해주기 위한 연금인 리스터Riester의 노후 보장 형식이 이해하기가 너무 까다롭다는 이유만으로, 그래서 이 주제와 관련하여 생각조차 하기 싫다는 이유만으로 그것을 거부하는 일이 발생하기도 한다. 또한 외국 출신 정치가들의 이름을 발음하기 힘들다는 이유만으로 그들을 거부하기도 한다. 또는 노동시장 개혁이나 유럽 통합 과정, 기후 정책, 알맞은 가격의 주택 등과 같은 중요한 주제들이 너무 복잡하다는 이유로 유권자들 사이에서 열악한 입지를 가질 수 있다. 우리는 이와 같은 주제에 대해 논의해야 한다는 요구를 끊임없이 듣는다. 하지만 대중은 오히려 난민이나 양성평등 주제에 대해 극도로 흥분된 톤으로 논쟁을 벌인다. 그 이유는 부분적으로 이러한 주제들이 단순화시키기에 더 수월하기 때문이다.

난민 문제나 양성평등 주제는 논의 당사자들을 대상으로 찬반 논의로 쉽게 단순화시킬 수 있다. 이러한 주제에서는 '우리 대 그들'이라는 공식이 언제나 들어맞는다. 이를테면 우리 국가와 문화의 권리를 인정하지 않으려는 무슬림들, 국가를 다시 암울한 과거로 되돌리려는 포퓰리스트들과 극우주의자들, 여성들을 조직적으로 억압하는 남성들, 남성들을 끊임없는 비난하는 여성들, 다른 유럽 국가로부터 돈을 뜯어가는 이탈리아와 그리스, 고통받는 위기 국가들을 속박하고 착취하는 독일과 북유럽. 정치적 적대자들을 양심도 없는 사악한 사람들이라고 표현하는 것이 자신의 주장을 진지하고 깊이 있게 고민하는 것보다 쉽다. 유감스럽지만 이것이 우리 인간의 속성이기도 하다.

단순한 메시지는 인지적 노력을 크게 요구하지 않기 때문에 사람들의 뇌리에 부드럽게 스며든다. 포퓰리스트들의 메시지는 쉽게 이해되는 텍스트와 같은 영향력을 발휘한다. 즉 그러한 글은 누구나 쉽게 이해할 수 있고, 이러한 이유만으로 그 내용이 매력적이고 효과적이라는 인상을 얻는다. 정치인들은 단순한 해결책이 존재하지 않으니 자신들도 단순한 해결책을 강구할 수 없다고 늘 애원한다. 그렇다, 안타깝게도 맞는 말이다. 하지만 복잡한 표현은 독자들에게 글이나 말의 내용이 자신들과 관계가 없다는 식의 감정을 불러일으킨다. 말하자면 복잡성이 거리감을 만든다.

그러므로 사람들은 복합적인 사안과 복잡한 주제를 가능한 만큼 단순화시키고, 쉽게 이해할 수 있고 나아가 우리의 정서에 부합하는 메시지로 농축시키려고 한다. 인간의 정신은 수많은 정보들을 임의로 저장하고 어떤 알고리즘에 따라 판단할 수 있는 컴퓨터가 아니다. 인간의 사고도 효율성에 의해 움직인다. 즉 우리는 너무 많은 사고를 회피하려고 한다. "미국을 다시 위대하게Make America Great Again"라는 도널드 트럼프의 구호나 "통제권을 되찾자Let's Take Back Control"라는 브렉시트 옹호자들의 구호 대신 복합적인 분석과 심오한 메시지를 접하는 사람은 내용과는 상관없이 인지적 차원에서 훨씬 매력적이지 않다는 이유로 곧바로 항복하고 말 것이다.

우리의 인지적 한계, 혹은 인지적 편안함은 너무 많은 정보가 쏟아지는 상황에서도 나타난다. 구체적인 설명을 위해 소비의 세계를 들여다보자. 너무나 많은 선택 가능성들은 평범한 고객을 당황하게 만든다. 이와 관련하여 컬럼비아 대학교의 쉬나 아이엔가Sheena Iyengar와 스탠퍼드 대학교의 마크 레퍼Mark Lepper는 하나의 연구를 발표했다. 그들은 슈퍼마켓 진열대에 한 번은 6종류의 잼을, 다른 한 번은 24종류의 잼을 진열해두었다. 24종류의 잼이 진열되었을 때는 참가자들의 3%만이 잼을 구매했다. 반면 6종류의 잼이 진열된 경우에는 참가자들의 30%가 잼을 구매했다. 많은 심리학자들이 이와 유사하게 펜이나 초콜릿, 커피, 선물 바구니 등으로 실험을 수행했고, 마찬가지로 선택 범위가 넓을수록 고객은 선택을 쉽게 하지 못했다. 이와 유사한 효과는 물건을 구매할 때뿐만 아니라 많은 영역에서도 나타난다. 이를테면 저자가 많은 주제로 하나의 에세이를 쓸 경우 글의 수준도 떨어진다. 또한 연구자들의 관찰에 따르면, 한 회사에서 다양한 퇴직자 연금제도를 제공할수록 직원들은 그러한 제도를 이용하지 않았다.

선택 가능성이 많을수록 어떤 선택이 더 매력적인지 파악할 수 없게 된다. 이와 함께 최선의 선택을 위해 철저하게 조사해야 할 정보의 양도 많아진다. 이는 인지적 부담감을 증대시키고 사람들을 뒤로 물러나게 만든다. 한편 소비자들은 쏟아지는 다양한 상품들에 부분적으로 적응해왔다. 이를테면 그들은 종종 같은 물건을 사거나 특정 상표를 선호하며, 수십 년 동안 같은 치약으로 이를 닦고 좋아하는 식당을 즐겨 찾는다. 이런 식으로 수많은 선택 가능성을 없애나가는 것이다.

이와 같은 방식으로 우리는 과잉 공급되는 정보에 반응한다. 즉 정보가 일정한 양을 넘어가면 우리는 부담감을 느끼게 되고, 정보 가공을 위해 정신적 노력을 크게 요구하지 않고 자신의 세계상과 부합하는 정보에만 더욱 집중한다. 예를 들어 고객이 한 상품에 대해 너무 많은 정보를 얻을 경우 그 상품에 대한 평가가 낮아진다. 또한 심리학자들은 정보가 너무 많으면 양극화를 심화시킬 수 있다는 사실을 확인했다. 피험자들이 낙태나 동성애, 존 F. 케네디 암살과 같은 부분적으로 지나치게 감정적인 주제들에 대해 많은 정보를 얻을수록 자신들의 본래 입장과 일치하는 진술들에 더욱 관심을 가졌다. 그렇게 하는 것이 정신적인 소모를 줄이고 자신이 옳다는 감정을 부여하기 때문이다.

덧붙여 말하자면, 다양한 통로를 통해 입수되는 정보의 홍수로 말미암아 통찰력을 쉽게 잃게 되며 모든 진술에 의혹을 품게 된다. 인간이 정보의 망망대해에 내맡겨졌다는 이유만으로도 불신이 싹틀 수 있다. 이와 같은 정보의 홍수로 인간은 과중한 부담감을 느끼며, 결국에는 자신의 견해와 들어맞는 단순한 메시지를 설파하는 사람의 말만 들으려 한다. 그러므로 정보를 접할 때는 '가끔은 지나친 것보다는 적은 것이 좋다.'는 메시지를 생각하는 것이 좋다. 또한 어떤 정보에 귀를 기울이게 될 때에는 단순하게 들리는 정보가 반드시 사실은 아니라는 점에 유념해야 한다.

자동적으로 떠오르는 생각

우리는 왜 쉽게 떠오르는 생각을
사실이라고 생각할까?

．
．
．

　아주 오래전부터 이 싸움은 피투성이 격투로 끝이 나고, 전투장은 초토화된 모습이다. 씻지 않은 그릇들이 쌓여 있고 때 묻은 빨래들이 주변에 놓여 있으며, 레고 조각들이 바닥에 흩어져 있다. 누군가 맨발로 밟기라도 하면 비명을 지를 것이다. 자세히 들여다보면 또 다른 싸움의 흔적들이 보인다. 책상 위에 놓인 처리되지 않은 서류, 정리되지 않은 다용도실, 깨뜨려진 약속, 싸우면서 서로의 영혼을 할퀸 상처들. 양측은 아픈 상처를 극복해야 하고 기진맥진한 상태로 고통을 받는다. 하지만 집 안에서의 혹은 소위 일상에서의 전투는 끝이 없다. 서로 원수가 된 쌍방은 상대를 향해 소극적이고 무능력하며 아무것도 하지 않는다고 서로를 헐뜯는다. 그럼에도 싸움 당사자들은 전우애를 느낀다. 사람들은 이것을 결혼이라고, 혹은 혼인 증서가 없을 경우에는 동반자 관계라고 부른다.

　물론 이러한 묘사는 어느 정도 과장되어 있다. 하지만 부부 사이에서 일상적 의무를 분담하기 위한 매일의 노력을 이처럼 극단적으로 묘사한 데에는 한 가지 중요한 핵심이 숨겨져 있다. 이러한 핵심은 현 세상에 대한 개인의 견해를 생성시키고 옹호하는 데에도 영향을 미칠 수 있다. 즉 범죄율에 대한 입장을 판단하거나 이방인에 대한 두려움을 분석하거나 도덕적 판단의 근거를 이해하기 위한 수단으로도 사용될 수 있다는 것이다.

가정에서 일어나는 일상적 갈등은 누가 집안일을 더 많이 하는가라는 질문에서 항상 불붙기 시작한다. 한 사람은 절대로 설거지를 하지 않고 쓰레기를 버리지 않으며, 치약 뚜껑을 절대로 닫지 않고 아기가 밤에 울어도 절대로 일어나지 않는다. 다른 한 사람은 양말을 항상 아무데나 벗어던지고는 주워 담는 것을 잊어버리며, 자동차 기름이 다 떨어졌는데도 주유하지 않고 세무 신고를 항상 상대에게 미룬다.

그렇다면 양쪽 다 헛소리를 하고 있는 것일까? 물론 우리는 모두 조금씩은 헛소리를 하면서 살아간다. 하지만 모두가 대부분 자신이 집안일을 도맡아 한다고 생각하는 것은 지극히 정상적인 인간의 쟁점이다. 그 뒤에 숨어 있는 원동력은 '가용성Availability'이라는 현상이다. 심리학자와 인지학자들은 인간이 정보를 쉽게 떠올리는 이러한 용이성을 '가용성'이라고 부른다. 가용성은 쉽게 떠오르는 생각일수록 그것이 옳다고 판단하는 현상이다. 하나의 사건에 대해 어떤 연상이나 이미지, 연결 고리가 자동적으로 떠오른다면 그것들은 무의식적인 사고 과정처럼 매우 중요한 것임에 틀림없다.

앞에서 언급한 집안일 다툼에서 볼 때 소위 이러한 가용성은 자신이 상대보다 집안일을 더 많이 한다는 생각을 하게 만든다. 왜 그럴까? 당사자에게는 당연히 자신이 직접 한 일만 떠오르기 때문이다. 빨래를 넌 사람은 당연히 그 사실을 알고 있다. 하지만 상대가 식기세척기에서 그릇을 꺼내 정리할 때 대개의 경우, 자신은 그 옆에 서 있지 않는다. 내가 그릇을 정리할 때 상대가 옆에서 도와줬다 하더라도 그 기억은 대부분 빨리 사라진다. 상대가 무슨 일을 했는지를 완전히 떠올리기는 어렵다. 내가 혼자서 힘들게 일하는 동안 상대는 도대체 무슨 일을 했는가? 아마도 도와주거나 다른 집안일을 했을 것이다. 하지만 이 사실은 기껏해야 나중에 물어봤을 때 대답을 통해 알게 되거나 싸울 때 비난 섞인 말로 발설될 뿐이다.

가용성 현상에 대한 유명한 연구 중 하나는 미국의 심리학자 마이클 로스Michael Ross와 피오레 시콜리Fiore Sicoly에 의해 실행되었다. 그들의 연구는 앞에서 언급한 집안일 다툼을 집중적으로 다루었기 때문에 큰 공감을 얻었다. 두 심리학자는 여러 부부들에게 "자신이 집을 청소하는 데 기여하는 비율이 몇 %였습니까?"라고 물었다. 그리고 다른 집안일에 대해서도 자신의 기여도를 %로 대답해 달라고 부탁했다. 마이클 로스와 피오레 시콜리는 이러한 질문을 통해 쓰레기 버리는 일은 어떻게 분담하는지, 누가 사회적 관계에 더 신경을 쓰며, 누가 부부 관계에서 중요하고 문제가 될 수 있는 일에 신경을 더 많이 쓰는지 알아보고자 했다. 남편과 아내가 상황을 올바르게 평가했다면 양측의 진술을 합쳤을 때 100%가 나와야 했다. 물론 이러한 계산은 맞아떨어지지 않았다. 양측의 진술을 합했더니 100%를 훨씬 넘는 수치가 나왔다.

이러한 식의 가용성 경험은 다른 많은 주제에 대한 우리의 입장에도 영향을 미친다. 예를 들면 '감기'는 단어만 들어도 낮은 기온에 대한 생각을 하게 만든다. 목이 따끔거리고 콧물이 나면 날씨나 계절 혹은 추운 곳에 너무 오랫동안 있었기 때문이라고 생각한다. 하지만 감기는 추위와는 거의 관계가 없다. 감기는 바이러스 때문이지 온도 때문이 아니다. 감기에 걸린 사람들은 가끔 추위를 느끼는데, 이는 감염의 원인이 아니라 결과다. 겨울에 감기에 많이 걸리는 이유는 단지 간접적으로 추위와 관계가 있는 여건들 때문이다. 이를테면 겨울에는 사람들이 대부분의 시간을 환기가 잘 되지 않는 밀폐된 공간에서 보내기 때문에 바이러스가 더 쉽게 확산될 수 있다. 많은 사람들은 감기의 원인이 추위가 아니라 바이러스라는 사실을 알고 있다. 하지만 왠지 추위가 더 사실적인 원인처럼 느껴진다. 감기를 생각하면 차가운 날씨, 모자, 목도리, 따뜻한 차, 가을, 겨울 등을 비롯하여 추위와 관련된 많은 것들이 떠오르기 때문이다. 이러한 생각은 아주 쉽게 떠오르기 때문에 감기를 둘러싼 거짓 정보를 결코 떨쳐낼 수가 없다.

이번에는 낯선 대륙 아프리카에 대한 이야기를 해보자. 풍요롭게 사는 중부 유럽 사람들은 아프리카에 대해 무엇을 떠올릴까? 그들의 마음속에는 어떤 이미지들이 자동적으로 떠오를까? 아마도 비참한 이미지들이 떠오를 것이다. 굶주림에 허덕이는 깡마른 아이들, 아이들의 눈꺼풀 위로 날아다니는 파리들, 생기가 전혀 없는 아이들의 시선. 남수단South Sudan 내전, 다르푸르Darfur 학살, 콩고 내전과 같은 잔학한 분쟁을 떠올리는 사람도 있을 것이다. 또한 에볼라 전염병이나 말라리아, 에이즈 혹은 아프리카와 관련해서 언론에 많이 보도되는 다른 위험한 질병들을 생각하기도 한다. 또는 아프리카 곳곳에 돌아다니는 코끼리와 사자, 기린, 하마를 떠올리기도 한다.

다른 말로 표현하자면, 우리는 아프리카에서의 삶을 대표할 수 없는 극단적인 사례들을 떠올린다. 사실 아프리카는 상상을 초월할 정도로 큰 대륙이기 때문에 아프리카의 '삶'에 대해 일반화시켜서 말하는 것은 주제넘은 일이다. 하지만 우리는 아프리카에 대해 음울한 자연을 쉽게 떠올리고, 이로 말미암아 아프리카의 상황에 대해 부정적인 이미지들을 갖고 있다. 스웨덴의 전염병 학자 한스 로슬링Hans Rosling은 자신의 저서 《팩트풀니스Factfulness》에서 이러한 이미지가 과거에 생겨난 것이라고 주장한다. 아프리카의 많은 나라에서 지난 수십 년 동안 삶의 질이 급격하게 개선되었지만, 멀리서 관찰하는 우리의 생각과 이미지는 그러한 개선된 상황을 따라가지 못했다는 것이다. 즉 많은 것들이 발전되고 있지만, 우리 대부분은 여전히 약 1980년대의 생각에서 벗어나지 못하고 있다. 아직까지도 그 당시에 우리의 뇌리에 어른거리던 이미지들이 쉽게 떠오르고 있다.

물론 이러한 개선과 진보에도 불구하고 아프리카뿐만 아니라 유럽과 아시아, 이 지구상의 다른 모든 지역에서 여전히 끔찍한 일들이 벌어지고 있다. 하지만 이러한 재앙과 불운은 대부분 극단적인 사례이거나 아주 가끔 일어나는 사고일 뿐이다. 그러나 이러한 재앙과 불운의 이미지들은 우리 머릿속에 깊이 박혀서 세상을 바라보는 시각을 왜곡시킨다. 왜냐하면 이러한 이미지들은 쉽게 떠오르고, 이로 말미암아 이 이미지들이 그 나라의 삶을 대표한다는 착각을 불러일으키기 때문이다.

이와 동일한 효과는 대중매체에서 내보내는 극적이고 부정적인 수많은 보도에서도 발견된다. 예를 들면 환경 재앙의 이미지들이 빨리 떠오를수록 우리는 이러한 재앙이 벌어질 위험이 더 높다고 판단한다. 또한 비행기 사고의 이미지가 쉽게 떠오를수록 우리가 타고 있는 비행기가 추락할 가능성이 더 높다고 생각한다. 아동 유괴나 아동 성폭행 사건에 대한 보도는 우리에게도 그러한 사고가 일어날 가능성이 높다고 생각하게 만든다. 또는 흔히 볼 수 없는 상어의 습격도 마찬가지다. 이러한 사고가 일어날 가능성은 극히 드물지만, 사고가 한 번 일어나면 전 세계에서 이와 관련된 보도들이 쏟아진다. 그렇게 되면 바다에 수영을 하러 들어가기 전에 물속에 사는 끔찍한 상어를 떠올리게 되고 불안한 마음을 안고 수영을 하게 된다. 그리고 바다를 바라보기만 해도 마치 영화 〈죠스〉의 타이틀곡이 온 신경에 울려 퍼지는 듯하다. 덧붙여 말하자면 실제로 상어의 공격으로 사망할 확률은 비행기 추락으로 사망할 확률보다 낮다. 하지만 사람들은 이 사실을 믿지 않으려고 한다. 많은 연구에서 응답자들이, 크게 보도될 만한 사고, 이를테면 상어의 공격이나 벼락, 극한 범죄를 당해 목숨을 잃을 가능성을 지나치게 과대평가한다는 사실이 입증되었다. 이에 대한 자극적이고 상세한 보도로 인해 사람들은 그러한 사고가 일어날 가능성을 너무 쉽게 떠올리게 되는 것이다.

또는 우리는 크리스마스 시장을 방문할 때 어떤 생각을 하게 되는가? 글뤼바인Glühwein(독일에서 크리스마스 시즌에 마시는 따뜻한 와인-옮긴이)이나 크리스마스트리 장식, 크리스마스 분위기의 장식품 등이 생각날 것이다. 하지만 2016년 12월, 베를린의 한 크리스마스 시장에서 테러가 발생한 이후로 사람들은 크리스마스 시장에 대해 불안한 감정을 쉽게 떠올리게 되었다. 그 당시 범인은 화물차를 몰아 크리스마스 시장의 노점들을 향해 질주했고, 이 사고로 11명의 방문객이 목숨을 잃었다. 2018년 12월에 슈트라스부르크Straßburg 크리스마스 시장에서 벌어진 또 다른 테러는 이러한 공포를 한층 더 강화시키기에 충분했다. 이 두 테러 사건은 이제 크리스마스 시장 하면 쉽게 떠오르는 이미지를 만들었다. 그러니까 사람들은 크리스마스 시장에 대해 글뤼바인 두 잔을 마셔도 상쇄되지 않을, 위험과 위협이 도사리는 장소라는 느낌을 쉽게 떠올리게 되었다.

테러범과 극단주의 정치 세력가들에게 가용성의 영향력은 강력한 무기다. 모든 테러는 끔찍한 이미지를 제공하고, 이러한 이미지는 집단적 의식 속에 깊숙이 고착된다. 언론들은 온 세상의 이목을 집중시키기 위해 시동을 건다. 다른 주제들을 밀어내고 특별 방송이 편성되며, 웹사이트에서도 '지금까지 보도된 내용'이라는 제목으로 실시간 뉴스를 띄우며, 페이스북과 트위터에도 테러에 대한 글이 넘쳐나고 각종 신문들은 보도를 하느라 여념이 없다. 이로 인해 사건에 대한 이미지와 정보들이 청중의 머릿속에 깊이 박히게 되고, 테러범의 목표가 달성된다. 사람들은 실제 테러 위기에 직면하여 불안과 위협에 대해 과장된 감정을 갖게 된다. 그렇게 되면 언제부터인가 중동 출신처럼 보이는 사람을 보기만 해도 곧바로 테러에 대한 생각과 이미지를 떠올리게 된다. 이로 인해 우파 포퓰리스트 정치인들은 비료가 잘 뿌려진 이러한 경작지에 씨를 뿌려서 손쉽게 수확을 거둘 수 있다. 쉽게 떠오르는 이미지나 생각들이 현실을 제대로 반영하고 있는지 그렇지 않은지는 전혀 상관이 없다. 그러한 이미지와 생각들이 가진 효력은 오로지 쉽게 잘 떠오른다는 데에 있다. 이는 거짓 정보가 왜 효과적인 정치적 무기가 될 수 있는지에 대한 이유이기도 하다. 이를테면 난민에 대한 터무니없는 소문이 자주 그리고 주기적으로 확산되기만 해도 이러한 소문들은 언젠가 반응을 얻게 된다. 심지어 지금까지 난민을 온화한 시선으로 바라보았던 사람들에게서도 말이다. 난민에 대한 부정적인 주장들이 머릿속에 자동적으로 제일 먼저 떠오르게 만들며 그러한 주장들은 언젠가부터 효력을 갖기 시작한다.

쉽게 떠오르는 진술일수록 그 진술은 더 사실처럼 느껴지며, 실제 사실보다 더 강력한 효과를 발휘한다. 반면 인지적 수고가 요구되는 진술은 뭔가 수상하고 맞지 않는 증거라고 판단한다. 여기에도 가용성의 원리가 작용한다. 이와 관련하여 수많은 연구들이 놀라운 결과를 보여주었다. 예를 들어 고객이 구매 의사 결정을 위한 동기를 많이 가질수록 자신의 선택에 대한 확신이 줄어든다. 반면 어떤 제품을 사야 하는 동기가 몇 개 되지 않을 때 실제로 그 제품을 구매한다. 그 이유는 무엇인가? 몇 안 되는 이유가 많은 이유보다 더 쉽게 떠오르기 때문이다. 다시 말해 많은 이유를 떠올리려면 조목조목 따져봐야 하기 때문에 머리가 복잡해진다. 한 연구에서 사람들에게 자신이 자전거를 얼마나 자주 타는지를 물었을 때, 자전거를 탄 사례를 많이 떠올리는 사람일수록 자신이 자전거를 자주 타지 않는다고 믿었다. 이 또한 같은 논리로 설명될 수 있다. 또한 이를 반대로 보면 어떤 사고에 대해 사람들이 여러 가지 이유를 댈수록 그 사고를 피할 수 없었다고 생각한다.

가용성 원리는 감정적 부담을 느끼게 하는 사건들에 대한 견해에도 영향을 미칠 수 있다. 노베르트 슈바르츠를 중심으로 하는 연구진은 심리학과 학생들인 피험자들에게 성공과 실패에 대해 생각해보라고 했다. 그 결과에서도 역시 가용성 휴리스틱Availability Heuristic이 나타난다. 피험자들에게 시험을 잘 본 이유를 세 가지 말해보라고 했을 때 그들은 시험에 대해 호의적인 입장을 보였다. 시험을 못 본 이유 세 가지를 대보라고 했을 때에는 시험에 대해 좋지 않은 입장을 보였다. 그런데 시험을 잘 본 이유나 못 본 이유를 열두 가지씩 말해보라고 하자 실험 참가자들은 열두 가지 이유를 찾는 것을 매우 어렵게 느꼈다. 오히려 나쁜 점수를 받은 이유를 세 가지만 꼽았던 학생들이 시험에 더 낙관적인 입장을 보였다. 반면 시험을 잘 본 이유를 열두 가지나 설명해야 했던 사람들은 고개를 갸웃거리며 자신의 능력을 제대로 믿지 못하는 반응을 보였다. 즉 학생들에게 영향을 미친 요인은 얼마나 쉽게 떠오르는가라는 정신적 용이성이지 그 내용이 아니다.

또한 노베르트 슈바르츠가 피험자들에게 자신이 독선적이었던 상황들을 열거해보라고 했을 때에도 사례의 개수가 중요한 역할을 했다. 몇 개 안 되는 독선적 상황을 적은 사람은 자기 자신이 매우 독선적이라고 판단했다. 반면 열두 가지 사례를 적은 사람은 자신이 독선적 성향이 약하다고 생각했다. 이 실험의 피험자들 역시 자신이 독선적이었던 사례들을 평균 이상으로 많이 떠올리는 것을 힘들어했다.

심지어 전문가들도 이로 인해 오류를 범할 수 있는데, 캐트린 카두스Kathryn Kadous를 중심으로 한 연구진은 2006년에 학술지 〈어카운트 리뷰The Account Review)에 이러한 내용을 발표했다. 그들은 금융 전문가들에게 왜 몇몇 특정 회사들이 미래에 파산할 가능성이 있는지에 대해 각각 두 가지 이유와 열두 가지 이유를 말해보라고 요청했다. 금융 전문가들은 기업이 파산하는 열두 가지 이유를 찾으면서 그 회사에 대해 희망적인 시선을 갖게 되었다. 이는 매우 슬픈 결과다. 금융 전문가들의 견해에 따라 투자 흐름뿐만 아니라 기업의 미래도 달려 있으니 말이다.

소위 '구글의 시대'에는 심지어 정보의 이론적 가용성이 인간의 사고에 큰 영향을 미치며, 이로 인해 인간은 자신의 지식을 과대평가하게 된다. 예를 들면 예일 대학교의 매튜 피셔Matthew Fisher와 프랭크 케일Frank Keil 연구진은 이미 인터넷 검색이 사람들의 오만함을 부추길 수 있다는 사실을 보여주었다. 연구진은 피험자들에게 일반적인 질문, 예를 들어 지퍼의 작동 원리와 같은 질문에 대해 대답해보라고 했다. 일부 피험자들에게는 질문에 대한 대답을 찾기 위해 인터넷 검색이 허용되었다. 그 결과 인터넷 검색이 허용된 피험자들은 자신의 지식을 매우 과대평가했다. 인터넷 검색을 통해 쉽게 대답을 찾음으로써 그들은 자신이 일반적으로 많은 것을 알고 있다는 착각에 빠지게 된 것이다.

한편 현재 갖고 있는 생각이나 입장이 쉽게 떠오름으로써 과거의 모순적인 입장을 밀쳐내는 데 도움을 주기도 한다. 시종일관 올바르게 행동하고 처음부터 올바른 생각을 가지고 있다면 얼마나 좋을까? 사람들은 이러한 달콤한 감정을 계속해서 느끼기 위해 자신의 견해에 대해 마치 중독자처럼 행동한다. 말하자면 그들은 자기 자신과 자기 인식을 조작함으로써 감정적으로 자신이 늘 올바르다고 느끼고, 이러한 느낌을 자신의 행동에서 확인하려고 한다. 예를 들어 드물게 일어나는 일이지만 어떤 사람이 어떤 주제에 대해 자신의 견해를 바꿀 경우, 그의 심리는 이러한 과정을 완전히 무시하려고 한다. 우리의 마음속에서 항상 자기 입장이 옳다고 주장하는 목소리는 이런저런 사안에 대해 예전에는 다르게 생각했다고 말하는 대신 이렇게 말한다. "내가 늘 그렇게 말했잖아!"

그랜드 밸리 주립대학교의 두 심리학자 마이클 울프Michael Wolfe 와 토드 윌리엄스Todd Williams는 2018년에 〈실험심리학 계간지The Quarterly Journal of Experimental Psychology〉에 발표한 논문에서 사람들이 실제로 자신이 과거에 가졌던 견해를 바꿀 때 실제로 그것을 의식하지 못한다는 사실을 보여주었다. 그들은 피험자들에게 훈육 수단으로써 신체적 체벌의 찬반 근거에 대한 여러 자료를 제시했다. 울프와 윌리엄스는 실험 참가자들의 입장을 사전에 조사했다. 제공된 자료들은 피험자의 입장에 영향을 미쳤다. 즉 전에는 신체적 체벌이 청소년의 훈육을 개선시킨다는 입장을 표명했던 사람이 반대 주장을 접한 후 이러한 입장에 변화가 생겼다. 반대의 경우도 마찬가지였다. 단, 아이들을 때려도 되는가라는 도덕적 차원에 대해서는 이 실험에서 논의되지 않았다. 울프와 윌리엄스는 실험 참가자들에게 자료를 읽기 전에 그들이 어떤 견해를 가지고 있었는지 물었다. 그 결과 참가자들에게서 하나의 동일한 패턴이 나타났다. 즉 대부분의 피험자들은 반대 주장을 접하고 나서 자신의 생각이 얼마나 바뀌었는지는 인지하지 못했고 자신들이 전에도 동일한 입장이었다고 주장했다.

이 실험의 참가자들을 비롯하여 자기 입장이 옳다고 주장하는 이 세상의 모든 사람들을 옹호하기 위해 말하자면, 생각이나 입장이 바뀌었을 때 당사자는 이를 전혀 의식하지 못한다. 물론 자료를 읽기 전에 가졌던 옛 견해를 그대로 따르는 사람도 드물게 있지만, 이는 의식적인 거짓말일 가능성이 크다. 심리학자 울프와 윌리엄스는 이러한 현상에 대해 우리가 어떤 것을 쉽게 떠올리는 용이성으로 설명한다. 애를 쓰지 않아도 쉽게 떠오르는 기억은 좋은 것, 옳은 것이라고 느껴지며, 예전에는 어떤 견해를 가졌는가라는 질문에 대해 현재 가지고 있는 생각이 자동적으로 머릿속에 떠오른다. 이는 마치 예전부터 항상 이렇게 생각하고 있었다는 증거처럼 작용한다.

사람들에게 이러한 사실은 이상하게 들리고 받아들이기가 어렵다. 왜냐하면 거의 누구나 자기 자신을 객관적으로 판단할 수 있다고 믿기 때문이다. 하지만 모든 연인들에게 '첫 데이트가 얼마나 만족스러웠으며, 5년 전에는 둘의 관계가 얼마나 행복했는가?'라는 질문을 던지면 어떤 결과가 나타날까? 심리학자 캐시 맥파랜드

Cathy Mcfarland와 마이클 로스는 1987년에 간행된 〈성격과 사회심리학 회보Personality and Social Psychology Bulletin〉에 게재한 한 연구에서 이와 같은 질문을 제시했다. 연인들의 대답은 과거에 둘의 관계가 어떠했는지가 아니라, 지금 이 순간에 얼마나 행복한지에 따라 과거의 관계에 대한 답변이 좌우되었다. 아마도 가장 최근에 경험한 사건과 감정들이 과거의 기억보다 그들에게 훨씬 더 빨리, 더 쉽게 떠올랐기 때문일 것이다. 현재의 경험 내용은 더 쉽게 떠오르기 때문에 과거의 감정과 분리될 수 있다. 이는 견해나 입장에도 마찬가지다.

그렇다면 마지막으로 다음과 같은 질문을 불가피하게 할 수밖에 없다. 아프리카 주민들은 유럽에 대해 어떤 생각을 떠올릴까? 이에 대해 나의 친한 친구가 아주 명쾌한 일화를 하나 이야기해준 적이 있다. 그는 동아프리카 지역을 여행할 때 말라위에서 한 농부를 알게 되었다. 그 농부는 짐바브웨의 로버트 무가베Robert Mugabe 정권으로부터 재산을 몰수당하고 조국을 떠나야 했었다. 매우 부유했던 그는 자신의 딸이 독일에 가서 공부하겠다고 했을 때 몹시 화를 냈다. "하필 독일이라니! 독일이 얼마나 위험한 곳인지 모두가 알고 있지 않니!" 농부는 이렇게 한탄했다. 독일에는 못된 질병을 옮기고 목숨을 위협하는 아주 작은 벌레인 진드기가 살고 있지 않은가! 분명히 그의 주변에는 진드기와 보렐리오제Borreliose, 초여름 뇌막염FSME에 대한 공포 이야기가 파다했을 것이다. 그러므로 우리 머릿속에 어떤 이미지가 바로 떠오르는지는 우리가 현재 듣는 정보, 지금 이 순간에 우리가 쉽게 떠올릴 수 있는 정보에 좌우되며, 우리는 그러한 정보를 사실이라고 간주한다.

내
말
이
그
말
이
야
!

우리는 왜 어디서든지
확인받으려고 할까?

·
　 ·
　 ·

　 어느 인터넷 영상에서 경고 조의 목소리로 이렇게 말한다. "전염병이 세상에 돌고 있습니다. 병원체는 오로지 남성들만을 공격하며 지금까지 1천 2백만 명의 환자가 이 병에 걸렸습니다. 보건 당국은 큰 부담을 느끼고 있으며, 상황이 재앙 수준으로 확대될 수도 있습니다." 그럼 여성들은? 여성들은 면역 체계를 건강하게 잘 지키고 있기는 하지만 그들이야말로 이 무서운 전염병의 진정한 희생양이다. 여성들은 아픈 남자들의 불평과 탄식, 엄살을 참고 견뎌야 하니까 말이다. 또 여성들은 배우자가 느끼는 극도의 두려움을 완화시켜주고 이해심과 관심을 갖고 그들 옆에 있어주어야 할 책임감을 느낀다. 이는 거의 초인적인 도전 과제라 할 수 있다. 이 전염병의 이름은 바로 '남자의 감기Man-Flu'이다. 많은 전문가들은 이와 같은 증후군을 '남성 독감'이라고도 부른다.

　 서양권에서 남자들이 아주 평범한 감기인데도 거의 죽을병에 걸린 것처럼 엄살을 피우기 때문에 붙여진 이름이다. 이러한 남자들은 오늘날 겁쟁이 취급을 당한다. 웃음거리가 될 만하지 않은가! 앞에서 언급한 전염병 관련 영상물은 한 감기약 제조사의 마케팅 캠페인이다. 마찬가지로 다른 제약 회사들도 감기에 걸렸을 때 아내가 없으면 TV 리모컨조차 손에 들 힘이 없는 속수무책의 남자들의 모습을 앞세워 광고를 한다. 대중문화에서도 남성 독감을 흔하게 소재로 삼는다. 이를테면 코미디언 앙케 엥겔케Anke Engelke는 아픈 남자를 바보 취급하며 희화화했고, 풍자 사이트 '데어 포스틸론 Der Postillon'은 감기에 걸린 남편의 고통의 정도를 똑같이 느껴보기 위해 출산의 고통을 경험해보려는 여성의 이야기를 담기도 했다. 또한 많은 대중매체에서는 남자들이 정말로 엄살을 부리는 것인지 아니면 정말로 아픈 것인지를 학문적으로 입증하는 내용들을 자주 다룬다.

감기에 걸린 남자를 바라보는 이러한 대중적인 시선에 남자들은 어떤 항변이라도 해야 할 것이다. 남성 독감에 대한 이러한 이야기는 감기 바이러스가 아니라 고정관념과 더 많은 관계가 있다. 목이 따끔거리기만 해도 남자들은 모두 엄살을 피울 것이라고 생각하는 것이다. 남자가 아프다고 하소연하면 엄살을 피우는 것이고, 아무 말도 하지 않으면 병원 가기를 무서워한다고 생각한다. 남자들은 곧 죽을지도 모르는 상황에 처해야 비로소 병원에 간다는 것이다. 이처럼 남성 독감에 걸린 남자들은 전부 겁쟁이로 여겨진다. 하지만 사실 병원에 가기 싫어하는 것은 남성이든 여성이든 마찬가지이다.

　이러한 인지 방식 혹은 사고방식을 전문용어로 '확증 편향 Confirmation Bias'이라고 부른다. 확증 편향은 특히 감정적인 주제를 다루거나 굳은 신념을 갖고 있는 경우에 명백하게 나타난다. 우리는 중요한 모든 정보들을 탐색하는 대신 지나치게 주관적인 질문을 던진다. 즉 내가 옳다는 것을 어디에서 확인할 수 있는가? 여러 실험 결과들은 우리가 어떤 주제에 대해 자기만의 견해를 갖는 즉시 그 견해를 강화시키고 옹호하려고 한다는 사실을 명확하게 보여준다. 그렇다고 해서 그 견해가 올바른지를 평가하지는 않으며, 확증 편향이 우리 뇌의 주인이 된다. 이때 진짜 사실은 인간에게 그렇게 특별히 중요한 요인이 아니다. 사실보다 더 중요한 것은 우리의 세계상을 지탱하고 과거에 내린 결정들을 의문시하지 않는 것이다. 자신의 실수를 스스로 인정하는 것은 아주 고통스러운 일이다. 그렇기 때문에 이러한 고통을 피하기 위해 우리는 표면적으로 우리를 옳다고 인정해주는 정보들에 반사적으로 주의를 기울이게 된다.

　자신의 옳음을 확인받는 것은 우리가 좋아하는 음식을 먹을 때처럼 아주 달콤하다. 하지만 이러한 사고 형태로는 진실 혹은 사실에 접근하지 못한다. 관련 문헌들을 참고해보면 다음과 같은 사실을 확인할 수 있다. 아픈 여성과 남성 사이에는 많은 차이점들이 존재하기는 하지만, 남성 독감이라는 이야기가 생겨나는 데 중요한 역할을 하는 것은 젠더 이론으로 채색된 시대에도 아픈 남자는 하소연을 하면 안 된다는 이념이다. 남자는 마치 2014년 월드컵 결승전에 참전한 축구 선수 바스티안 슈바인슈타이거Bastian Schweinsteiger처럼 처신해야 한다는 것이다. 얼굴이 찢어져 피가 흐르는데도 슈바인슈타이거는 아무렇지도 않게 경기장 한쪽에서 상처를 꿰매고 다시 경기장으로 달려왔고 아르헨티나 선수들에게 계속해서 공격을 받았다. 남자가 약한 모습을 보여서 되나? 쯧쯧쯧!

튀빙겐 대학과 뮌헨 프레제니우스 대학 교수이자 건강심리학자인 베아테 헤르베르트Beate Herbert는 "역할 고정관념이 강력한 역할을 한다."고 말한다. 오늘날에는 현대 남성이 부드럽고 온화하며 세심하다는 이야기를 많이 한다. 하지만 비상 상황에 닥치면 모든 남자들은 당혹스러워한다. 적어도 비웃음을 면하려면 아파도 약한 모습을 보이면 안 되니 말이다.

그런데 최근에 들어서 남자들이 아픔을 더 하소연하기 시작했다. "과거에는 여성이 통증에 더 민감한 성별로 간주되었다."고 트리어 대학교의 건강심리학자 하이케 슈파데르나Heike Spaderna는 말한다. 말하자면 과거에는 여자들이 신경이 과민하고 유약하기 때문에 가벼운 감염에 잘 걸린다고 간주되었다. 하지만 상황이 뒤바뀌어 여성의 신경과민 자리를 남성 독감이 대신하게 되었다. 글래스고 대학교의 샐리 매킨타이어Sally Macintyre는 1993년에 학술지 〈사회과학과 의학Social Science & Medicine〉에 남성 독감을 과학적으로 탐구한 연구를 발표했다. 샐리 매킨타이어는 1980년대에 감기에 감염된 환자들을 대상으로 실시한 실험 자료를 분석했다.

연구 기록에 따르면 여성에 비해 남성이 자신의 증상을 과장해서 표현했다. 이러한 결과가 남성이 특히 통증에 민감하다는 것을 의미할까? 아니면 남성은 아프다고 하소연하면 안 된다는 고정관념 때문에 의료진이 더 남성들이 과장한다고 생각하는 것일까? 매킨타이어는 첫 번째 해석이 더 옳다고 생각했고 대중은 환호했다. 드디어 누군가가 남성은 강해야 한다는 영웅 신화에 반하는 연약한 남성들에 대해 입을 열었으니 말이다! 그때부터 남성 독감 신화가 퍼지기 시작했고, 세상은 이러한 믿음을 확인시켜주는 모든 증거들을 탐욕스럽게 찾기 시작했다.

이를테면 학술지 〈뇌, 행동 그리고 면역Brain, Behavior and Immunity〉에 실린 한 논문은 수컷 쥐가 암컷 쥐에 비해 박테리아 감염의 악영향을 더 심각하게 받는다는 사실을 제시했다. 또한 유전자 변형 쥐를 대상으로 한 실험에서도 암컷 쥐가 면역 체계에 중요한 효소를 더 많이 생산한다는 연구 결과가 나타났다. 세포 배양 실험에서도 건강한 면역 체계를 암시해주는 매개 변수가 암컷의 세포에서 더 자주 발견되었다. 이는 매우 중요한 토대 연구일 수 있다. 하지만 언론에서는 이러한 기초 연구의 결과를 남성이 극도로 과민하다는 증거라고 해석했다. 이를테면 2014년에 영국의 신문들은 실험 쥐 연구들 중 하나를 거론하며 "남성 독감은 루머가 아니다."라며 환호했다. 이제 남성은 오늘날의 성 논쟁에서 열등한 존재라고 여기기도 하지만, 몇몇 세포나 실험 쥐 연구로 남성에 대한 이러한 견해를 일반화시키기에는 아직 갈 길이 멀다. 그러한 연구들은 질병을 대하는 수컷 특유의 방식에 대해 언급하고 있지 않는데도 남성이 열등하다는 견해를 확인시켜주는 수단이 될 수 있다. 더욱이 이러한 과정은 우리가 특정 견해를 갖고 있을 경우에 아주 자동적으로 이루어진다.

"자신의 기대와 주변의 기대는 지극히 중요하다."고 하이케 슈파데르나는 말한다. 즉 남성이 엄살이 심하다는 견해가 집단적 사고로 받아들여지고 대중에게 지속적으로 수용될 경우 모든 사회 구성원들은, 이를테면 남성이 딸꾹질을 조금 이상하게만 해도 이를 남성이 엄살이 심하다는 증거라고 판단한다. 반대로 병에 걸린 여성들이 매우 씩씩하다고 간주되면 두통을 느껴도 남성보다 통증을 더 잘 견딜 수 있다고 해석될 수 있다. 하지만 이러한 이야기는 확실하게 반증될 수 있다. 베아테 헤르베르트는 "여성이 남성보다 통증을 잘 참지 못한다."고 말한다. 여성이 남성보다 통증을 일찍 만성화시키며 여성의 유기체는 통증 자극을 다른 방식으로 가공한다는 것이다. 예를 들어 학술지 〈통증Pain〉에 게재된 한 연구에 따르면, 월경통에 시달리는 여성은 시간이 지날수록 통증 역치, 즉 고통으로 느끼기 시작하는 한계점이 점점 낮아진다. 그렇기 때문에 감기 증세도 더 잘 견딜 수 없다는 것이다. 여성이 출산통과 월경통 때문에 고통을 더 쉽게 견딘다는 주장은 잘못된 생각에 바탕을 두고 있다. "하나의 통증이 다른 새로운 통증을 무감각하게 만들지 않는다. 오히려 새로운 통증에 더 민감하게 반응하도록 만든다."고 베아테 헤르베르트는 말한다. 하지만 여기서도 조심해야 할 점은, 이러한 간접 증거를 바탕으로 기본적으로 모든 여성이 남성보다 엄살이 더 심하다는 결론을 도출해서는 결코 안 된다는 것이다. 물론 마음에 상처를 입은 남성들이 이러한 결론을 끌어낼 확률이 높다. 그들은 "내가 항상 그렇게 말했잖아."라고 큰소리치면서 남성이 통증에 과민하다는 불명예를 벗기고 자신이 옳았다는 달콤한 감정을 맛보려고 한다.

우리는 일상 속에서 늘 자신의 생각을 확인하려는 인간의 성향을 엿볼 수 있는 무수한 사례들을 접한다. 예를 들어 축구팬들 사이에서 벌어지는 논쟁을 한번 생각해보자. 보루시아 도르트문트 Borussia Dortmund와 FC 샬케 04Fc schalke04는 특히 경쟁이 심한 라이벌 팀이다. 이 두 클럽의 경기들은 가장 열띤 분위기 속에서 진행된다. 만약 그러한 경기의 말미에 심판이 둘 중 한 팀에게 페널티킥 기회를 준다고 가정해보자. 그런데 다양한 각도에서 촬영한 화면과 고속 촬영 화면을 TV에서 여러 번 반복해서 보았지만 무엇 때문에 페널티킥이 주어졌는지 전혀 불분명하다.

그렇다면 축구 팬들 사이의 논쟁은 어떻게 전개될 것인가? 페널티킥이 주어진 팀의 팬들은 왜 심판의 결정이 절대적으로 옳고 불가피했는지에 대한 근거를 찾을 것이다. 반면 상대팀의 팬들은 심판이 얼마나 멍청한지에 대한 근거, 자신의 팀이 페널티킥을 허용할 정도로 결코 반칙을 범하지 않았으며 이러한 악의적 판정 때문에 승리를 빼앗길 것이라는 주장을 내세울 것이다. 이러한 논쟁은 결코 해결될 수 없지만, 축구와 관련된 이러한 논쟁에서 어느 정도의 재미를 느껴볼 수 있다. 이를테면 1966년에 영국의 웸블리 Wembley 경기장에서 벌어진 월드컵 결승전에서 터진 그 유명한 '웸블리 골'에 대해 영국은 이 결승 골이 정당한 슛이라는 증거를 계속해서 모았고, 독일에서는 공이 골라인을 명백히 넘지 않았다는 증거를 지속적으로 제시했었다.

또는 정계 고위직 후보들의 TV 토론회를 생각해볼 수 있다. 1960년에 미국의 코미디언 레니 브루스는 민주당 후보인 존 F. 케네디의 지지자들과 함께 리처드 닉슨과 존 F. 케네디의 토론회를 보았다. 지지자들 사이에서는 리처드 닉슨이 분명히 참패할 것이라는 의견이 대다수였다. 브루스는 자리를 옮겨 리처드 닉슨을 지지하는 사람들을 찾아갔다. 그들은 존 F. 케네디가 완전히 패배할 것이라고 생각했다. 이와 같은 장면은 도널드 트럼프와 힐러리 클린턴이 TV에서 끝없는 대통령 선거 유세를 펼치면서 논쟁을 벌이던 2016년에도 동일하게 관찰되었다.

두 후보의 지지자들은 오로지 자신이 지지하는 후보의 뛰어난 점에만 주의를 기울였다. 이를테면 그들은 토론에서 상대 후보에게

명중타를 날리는 모습이나 실수를 범하지 않는 모습을 비롯하여 모든 긍정적인 순간들에만 집중했다. 반면 말을 더듬거나 중단하는 모습, 판에 박힌 말을 하거나 가능성이 없는 주장을 하는 모습 등은 완전히 무시했다. 레니 브루스는 닉슨과 케네디의 후보 토론회를 본 후에 이렇게 생각했다. 만약 두 후보 중 한 사람이 카메라를 바라보며 자신은 비열한 거짓말쟁이고 정직하지 않은 사람이기에 더 형편없는 대통령이 될 것이라고 말했다 해도 상황은 크게 달라지지 않았을 것이라고 말이다. 그렇게 했다고 해도 지지자들은 '저렇게 용감한 발언을 하다니! 자신의 약점을 저토록 솔직하고 정직하게 대하다니 정말로 위대하다!'고 환호하며 더 굳건한 지지 의사를 보였을 것이다.

이것이 말도 안 되는 소리처럼 들리고 우리와는 전혀 상관없다고 생각되는가? 실제로 우리는 곳곳에서 자신의 생각이 옳다고 증명해주는 정보들을 찾는다. 이러한 사실은 1980년대에 실시된 한 획기적인 연구를 통해 확인된다. 연구진은 격리된 두 집단에 동일한 비디오를 보여주었다. 그 비디오에는 시험을 보고 있는 한 어린아이의 모습이 담겨 있었다. 실험 참가자들은 비디오 장면을 관찰하고 그 어린아이가 시험을 얼마나 잘 볼지 아니면 못 볼지를 가늠해야 했다. 연구진은 사전에 한 집단에게는 이 어린아이가 부유한 집안 출신이라고, 다른 한 집단에게는 이 어린아이가 가난한 집안 출신이라고 말해주었다. 두 집단은 오로지 비디오만 보고 동일한 어린아이를 판단했다. 그런데 상반되는 견해를 보였다. 어린아이가 부유한 집안 출신이라는 사실을 사전에 들은 피험자들은 어린아이가 시험을 평균 이상으로 잘 볼 것이라고 판단했다. 반면 어린아이가 가난한 집안 출신이라고 사전에 들은 피험자들은 어린아이가 평균 이하의 시험 결과를 얻게 될 것이라고 판단했다. 추측컨대 두 집단은 실험 전에 이미 어떤 견해를 형성했을 것이며, 비디오를 보면서 이러한 견해를 증명할 수 있는 증거를 찾으려고 했을 것이다. 애매모호한 이론일수록 이를 정당화시키는 정보들을 더 쉽게 찾을 수 있다.

사람들은 자신이 보고 싶은 것만 본다. 유명한 작가 마크 트웨인은 언젠가 이렇게 말한 적이 있다. "망치를 든 사람의 눈에는 모든 것이 못으로 보인다." 이 문장은 핵심을 정확하게 찌르고 있다. 예를 들어 몇몇 극우 정당에서 하듯이, 외국인이나 난민, 무슬림을 향해 온갖 불쾌한 말로 욕을 하는 사람은 곳곳에 외국인 범죄자가 많다고 잘못 생각하고 있다. 뉴스를 통해 범죄 행위에 대한 일부 소식이 전해지면 이것만으로도 범인이 무슬림일 거라고 예측한다.

물론 이러한 확증 편향의 사고는 우파와 반대되는 좌파 정치 스펙트럼에서도 발견된다. 좌파 일부에서는 여러 방식으로 해석될 수 있는 신호를 나치의 증거로 간주하려고 한다. 이러한 현상은 2016년 크리스마스 무렵에 독일의 슈퍼마켓 체인 에데카Edeka의 광고에서 잘 드러난다. '시간을 선물하다'라는 제목의 이 짧은 광고 영상은 서구의 풍요로운 사람들이 크리스마스 기간 동안 해야 할 많은 일들을 비판적인 시각에서 그리고 있다. 이를테면 이 광고에는 자동차 번호판이 두 개가 등장한다. 한 자동차 번호판에는 '반드시 해야 할 일 420(MU-SS 420)', 다른 자동차 번호판에는 '하면 좋은 일 3849(SO-LL 3849)'라고 적혀 있다. 함부르크주 정치 교육 센터의 극단주의 전문가 자비네 밤베르거-슈템만Sabine Bamberger-Stemmann은 이 번호판에 나치 상징이 숨겨져 있다고 판단했다. 이러한 판단은 각종 독일 언론에서 작은 소동을 불러일으켰다. 그녀의 해석에 따르면, 'SS'는 나치의 살인자 부대를 암시하는 것이며, 광고 맥락에서 암시하는 것처럼 결코 '반드시 해야 할 일Muss'이라고 읽히지 않는다는 것이다. 게다가 '420'이라는 숫자는 히틀러의 생일인 4월 20일을 나타내는 것이라고 주장했다.

누군가는 4-20이라는 숫자가 대마초를 암시하는 것이라고 말할 수도 있다. 왜냐하면 4-20이라는 숫자는 미국에서 대마초를 합법화하기 위해 확산되었던 암호였기 때문이다. 여러 설 중에 하나에 따르면 사람들이 오후 4시 20분에 만나서 함께 대마를 피웠다는 것이다. 이러한 해석이 오히려 이 광고의 서술적 맥락에 더 맞을 수 있다. 왜냐하면 이 슈퍼마켓 광고는 크리스마스 때 해야 할 모든 일들을 내려놓은 채 좀 느긋해지자는 내용이기 때문이다. 어쨌든 이 일로 에데카 슈퍼마켓은 해당 광고 영상으로 나치 해석에 대한 물의를 일으킨 점에 대해 사과를 해야 했다. 이처럼 도널드 트럼프가 대통령 선거에서 승리한 직후나 '독일을 위한 대안AfD' 정당이 빠르게 발전한 직후에 혹은 다른 어떤 심각한 타격을 입은 직후에 집단적인 견해는 항상 감정적인 양극화의 길로 빠졌다.

마크 트웨인의 망치 격언에 빗대어 볼 때, 극우주의자들을 폭로하는 것을 주된 과제로 삼는 사람은 심리학적 측면에서 볼 때 모든 미미한 간접 증거도 그에 상응하는 맥락으로 판단하게 된다. 우리가 모두 이러한 패턴에 따라 생각하고 행동하는 한, 에데카 광고를 다소 지나치게 해석한 이 극단주의 전문가를 비난할 수는 없다. 예를 들어 2017년 함부르크에서 개최된 G20 정상 회의를 둘러싸고 온갖 폭력 시위가 벌어진 후에 좌파 성향의 사람들은 TV에 비친 장면들을 경찰 폭력에 대한 증거로 간주했던 반면, 우파 성향의 사람들은 같은 장면을 보고도 극좌파의 행패에 대한 증거로 받아들였다. 검사는 범죄나 고소의 정황을 뒷받침하는 증거들을 수집하려고 하는 반면, 변호사는 그와 반대되는 전략을 펼친다. 변호사는 의뢰인의 무죄를 입증하는 논거들을 수집한다. 이는 매우 단순한 사실이지만, 여기에서 확증 편향의 기본 원리가 설명되고 있다. 즉 사람들은 오로지 자신의 선입견을 입증해줄 수 있는 진술만을 찾으려고 하며 그러한 진술에만 주의를 기울인다. 물론 일상에서 사람들은 검사나 변호사처럼 행동하지 않으며 의식적으로 그러한 진술을 찾으려고 하지는 않는다. 하지만 실제로 우리는 확증을 받으려고 하며, 그것에 우리의 시각을 맞추려고 끊임없이 노력한다. 그것도 완전히 무의식적으로 말이다. 우리는 사물을 바라보는 우리의 시각이 완전히 객관적이라고 여기는 반면, 다른 사람들의 시선은 항상 왜곡되었다고 생각한다. 그리고 다른 사람들이 우리가 객관적인 관점을 가졌다는 것을 결코 인정하려고 하지 않거나 이 사실을 받아들이기에는 그들이 너무 어리석다고 생각한다.

플로리다 대학교의 윌리엄 하트William Hart를 중심으로 한 심리학 연구진은 확증 편향에 관한 무수한 연구들을 평가하면서 자신의 신념을 확증해주는 정보를 찾는 사람들이 얼마나 많은지 조사했다. 그 결과, 확증적인 정보를 찾는 사람들의 수가 반대 정보에 귀를 기울이는 사람에 비해 두 배나 많았다. 터프츠 대학교의 레이먼드 니커슨Raymond S. Nickerson은 학술지 〈일반 심리학 리뷰Review of General Psychology〉에 게재한 한 논문에서 다음과 같이 요약하고 있다. "인간의 사고에서 가장 문제가 되는 관점은 무엇보다도 확증 편향이다. 많은 사람들이 확증 편향에 대하여 논하고 있듯이, 확증 편향은 매우 강력하고 파급 효과가 크기 때문에 사람들은 개인과 집단, 국가 차원에서 발생하는 온갖 마찰과 논쟁, 오해들이 상당 부분 이러한 확증 편향 때문이라는 사실을 간과하고 있다."

확증 편향이 양극화 현상을 심화시킨다는 점은 확실하다. 여러 실험에서 미국의 피험자들에게 사형 제도의 찬반을 두고 저자들이 토론을 할 수 있도록 기반이 되는 자료를 제시했다. 사형 제도를 찬성하는 사람들과 반대하는 사람들 모두 이 자료에 대해 동일한 반응을 보였다. 즉 그들은 자료를 읽으면서 자신의 선입견을 확증하려고 했으며, 이 실험에 참가한 대부분의 사람들이 자신의 입장을 더욱 격렬하게 표명하고 상대측의 입장을 받아들이려고 하지 않았다. 하지만 우리는 이와 같은 굵직한 논의에서 항상 상반된 정보를 동시에 접하게 된다. 학문이라는 것이 항상 의혹의 여지가 없는 아주 확실한 결과만을 내놓을 수는 없기 때문이다.

아주 많은 논쟁들이 이러한 패턴을 따른다. 디지털 시대에 사는 우리는 질식할 정도로 많은 정보들을 접하기 때문에 이치에 맞지 않는 어떤 견해라도 피상적으로 확증받기가 그 어느 때보다 쉬워졌다. 이처럼 다양하고 많은 정보에 힘입어 자신의 기존 입장을 예전보다 더 견고하게 굳힐 수 있고, 비슷한 생각을 가진 많은 사람들을 쉽게 찾을 수 있다. 인간의 사고와 인지는 항상 이렇게 작동해왔다. 다시 말해 이러한 다량의 매체와 정보들이 확증 편향을 증대시키고 각 진영들을 점점 더 강하게 분리시킨다. 모두가 삶이라는 책에서 자신의 견해를 확증해주는 구절만을 읽고 받아들이려고 하니 말이다.

반면 컬럼비아 대학교의 디에나 쿤Deanna Kuhn은 우리가 자신의 입장과 어긋나는, 그럼에도 우리가 가까이 접근하려는 몇몇 정보들에 얼마나 유연하게 대처하는지를 보여주었다. 그녀는 아동과 청소년들에게 그들의 견해와 일치하거나 어긋나는 진술들을 보여주었다. 예상했던 것처럼 어린 피험자들은 자신의 생각을 지지하는 정보들에 집중하고 반대되는 의견은 무시했다. 하지만 그들이 독자적인 방식으로 사실을 대하는 모습이 추가로 관찰되었다. 즉 그들은 동일한 정보를 경우에 따라 반대 주장에 대한 증거로 간주했다. 게다가 연구진이 그들의 이러한 행동을 뚜렷하게 지적했을 때 비로소 그 사실을 알아차렸다.

얼마 후 연구진은 이 젊은 피험자들을 다시 한 번 실험실로 불러서 예전에 제시했던 정보들과 그에 대한 자신의 입장을 떠올려보라고 요청했다. 이번에도 정보를 대하는 그들의 유연한 태도가 또다시 드러났다. 말하자면 그들의 기억에 새겨진 모든 정보들이 자신의 견해를 뒷받침하는 증거가 되었다. 심지어 몇몇 피험자들의 경우, 반대 입장조차 자신의 원래 견해를 뒷받침하는 증거로 삼았다. 한편 과거에 가졌던 견해를 자신의 기억 속에 남아 있는 정보들에 맞추는 피험자들도 있었다. 이렇듯이 우리는 모두 이렇게 저렇게 반죽할 수 있는 세계상을 가지고 있으며, 이를 지속적으로 확인받으려고 한다. 어떤 정보가 우리에게 쏟아지든 상관없이 말이다.

사람은 저마다 어떤 진술이나 생각, 사건을 관찰하고 해석하는 기준점을 가지고 있다. 예를 들어 우울증에 시달리는 환자는 주변 세계를 인지할 때 자기 자신이 쓸모없고 세상 모든 것이 검고 음울하며 활기와 희망이 없다는 기본 가정에서 출발한다. 즉 그의 인지는 사물을 바라보는 이러한 암울한 시각을 곳곳에서 확인하고 이러한 시각이 부정적인 피드백으로 돌아오는 순환에 맞춰져 있다.

나쁜 감정들을 곳곳에서 확인하기 때문에 그러한 감정들은 지속적으로 강화된다. 최악의 경우에는 과도한 칭찬마저 모든 것이 아주 형편없다는 또 다른 증거로 해석한다. 칭찬 속에 다른 뜻이 내포되어 있다고 생각하기 때문이다. 이처럼 누구나 모든 상황을 자기 기본 가정에 맞춰서 해석할 수 있다.

미국의 한 페미니스트 여성은 이와 관련하여 훌륭한 일화를 트위터에서 구체적으로 설명한 적이 있다. 그녀가 여성 억압을 다룬 한 세미나를 마치고 나왔을 때, 대학교 앞 도로에서 자전거를 탄 한 커플이 그녀 옆을 지나갔다. 남자는 안장에 앉아서 페달을 밟고 있었고, 그의 여자 친구는 뒤쪽 짐받이 위에 앉아서 남자 친구를 꽉 붙잡고 있었다. 페미니스트 여성은 '전형적인 모습이군. 여성이 또 수동적인 역할을 맡고 있구나.'라고 생각했다. 하지만 그 즉시 그녀는 자신의 생각을 비웃을 수밖에 없었다. 만약 두 남녀의 역할이 바뀌었다면 자신이 어떻게 해석했을지 확실히 알았기 때문이었다. '그러면 나는 이 또한 전형적인 모습이라고 생각했겠지. 여성이 앞에 안장에 앉아 모든 일을 해야 한다고 말이야.' 기본적인 여성 차별에 대한 그녀의 굳건한 신념, 세미나를 통해 확인했던 자신의 신념이 그녀로 하여금 첫 번째 생각을 하도록 만들었다. 물론 곧바로 이 사실을 스스로 의식하기는 했지만 말이다.

우리는 우리가 보고 싶은 것만 본다. 한 카메라 제조사는 이러한 개인적인 기대가 사람들의 얼굴을 바라보는 우리의 시각에 얼마나 강력한 영향을 미치는지를 훌륭하게 보여주었다. 이 회사는 전문 사진가 10명을 초청하여 마이클이라는 남성의 사진을 찍도록 했다. 그들에게 주어진 과제는 모델의 진가를 사진에 담는 것이었다. 한편 사진가들은 모델에 대해 서로 다른 정보를 제공받았다. 즉 각각의 사진가들은 사전에 마이클이 어떤 사람인지에 대해 서로 다른 이야기를 들은 것이다. 자수성가한 백만장자, 어부, 석방된 죄수, 심령술사, 알코올 중독자, 구조 대원 등으로 말이다. 그 결과 10개의 서로 다른 인물 사진이 나왔다. 말하자면 각각의 사진가들은 자신이 알고 있는 마이클의 모습에 맞는 디테일에 집중한 것이다.

사람들은 자신이 보고 싶은 것만 보는 것이 아니다. 자신이 듣고 싶은 내용에도 특별히 애착을 가지고 있다. 예를 들어 사람들이 듣고 싶어 하는 내용을 말하는 사람은 훌륭한 전문가라고 여겨진다. 그 사람이 실제로 얼마나 많이 알고 있는지는 상관없다. 중요한 것은 그가 사람들이 듣기 원하는 내용을 말한다는 점이다. 브로츠와프 대학교의 심리학자 토마츠 잘레스키뷔츠Tomasz Zaleskiewicz와 아가타 가시오로브스카Agata Gasiorowska는 학술지 〈응용 심리학Applied Psychology〉에서 이러한 사실을 보여주고 있다. 그들은 실험 참가자들로 하여금 투자 상품을 계약하는 것이 좋을지 아니면 생명보험에 가입하는 것이 좋을지에 대해 전문 상담을 받고 결정하도록 했다. 실험 참가자들은 자신의 의견과 일치하는 조언을 해준 상담사를 뛰어난 전문가라고 판단했다.

이러한 현상은 금융 전문가와의 대화에만 국한되어 있지 않다. 병원을 찾아가는 환자들도 이와 매우 유사하게 행동한다. 환자는 의사가 올바른 진단을 내리고 최선의 치료를 하는 것인지 아니면 아무 생각 없이 허튼소리만 내뱉는 것인지를 어떻게 인식할까? 예를 들어 환자가 인터넷을 검색하여 스스로 내린 진단과 의사의 진단이 일치할 경우, 그 의사는 뛰어난 의사라고 간주한다.

자신의 옳음을 확인받는 것은 아주 달콤한 감정을 선사한다. 괴팅겐 대학교의 슈테판 슐츠-하르트Stefan Schulz-Hardt를 중심으로 한 심리학 연구진 역시 여러 연구를 통해 사람들이 자신과 동일한 견해를 가진 대화 상대를 매우 유능하다고 생각한다는 사실을 관찰했다. 일반적으로 어떤 정보가 듣는 사람의 견해와 일치하는 경우 그 정보는 특히 믿을 만하고 신빙성이 있으며 중요하다고 간주된다. 그 정보가 정확한지 아닌지는 전혀 상관없다.

반면 자신의 견해에 도발하는 정보를 접할 때에는 내면적으로 비판가의 태도를 취하게 된다. 이러한 도발적인 진술을 거부하기 위해 온갖 근거를 찾아야 한다는 목적으로 모든 정보를 하나하나 검사한다. 이를테면 투자 상담사는 주식을 매우 위험한 투자 형태라고 간주하는 투자자에게는 굳이 그러한 유가증권의 가능성에 대해 이야기할 필요가 없다. 그래봤자 잔소리꾼 취급을 받을 테니 말이다. 그렇다면 어떤 뚜렷한 견해가 없는 사람이 투자 상담사를 찾아가면 어떤 일이 벌어질까? 대다수의 사람들은 연금 펀드를 비롯한 다른 금융 상품에 대해 뚜렷한 견해를 가지고 있지 않다. 잘레스 키뷕츠에 따르면, 이 경우에 대부분의 사람들은 대중적으로 잘 알려진 내용을 신뢰한다. 즉 투자 상담사는 그러한 고객들에게 단지 표준 솔루션만을 제안해야 능력 있는 상담사로 비춰질 수 있다.

우
리
대
그
들

집단 소속감이
어떻게 생각을 지배하는가?

·
·
·

아침마다 흔히 볼 수 있는 도로 위의 모습이 있다. 자전거 운전자가 교차로에 서서 도로를 건너기 위해 기다린다. 보행자 신호가 녹색으로 바뀌자 차들이 멈춰서고 자전거는 길을 건너려고 한다. 그런데 맨 오른쪽 차선에 방향 지시등을 켜고 우회전을 하려는 차가 있다. 두 사람은 서로 엇갈린 방향으로 가려고 한다. 물론 자전거 운전자와 자동차 운전자는 서로의 존재를 확인했고 심지어 시선도 주고받았다. 그럼에도 둘은 신경전을 벌인다. 자동차 운전자는 자전거가 빨리 지나가길 기다리면서 천천히 교차로로 다가와 우회전 준비를 한다. 하지만 자전거 운전자는 다가오는 차를 보며 당황하며 멈춰 서게 된다. 저 자동차 운전자가 나를 못 봤나? 왜 계속 다가오지? 멈추란 말이야!

이제 두 운전자는 서로 욕을 해대기 시작한다. "빨리 건너라고, 이 멍청아!", "당신 제정신이야? 당신이 멈춰야 내가 길을 건너잖아!" 자전거 운전자와 자동차 운전자는 서로를 오해하며 다툼을 벌인다. 두 사람 모두 오로지 자신의 관점만 인지할 뿐, 상대의 입장을 헤아리지 못한다. 게다가 그들은 상대가 의도적으로 이러한 비열하고 못된 행동을 한다고 해석한다. 바로 이런 생각이 우리의 삶을 힘들게 만든다.

끝없이 세분화된 현대의 삶 곳곳에서 인간은 도로 위에서처럼 자신의 역할에 집중한다. 이때 항상 자신은 법과 도덕을 따르는 사람이고 다른 사람들은 언제나 옳지 못한 신념을 가지고 행동한다. 자신이 자동차를 운전하든, 자전거를 타고 가든 혹은 걸어가든 상관없이 공동체 안에서 다른 사람들과 냉혹한 적대 관계에 있다. 특히 서로가 직면하는 순간에는 '우리 대 그들'이라는 감정이 강하게 치밀어 오른다. 이러한 순간에는 자신이 당연히 진실과 선의 편으로써 악에 맞서 싸우는 전력의 일원이라고 생각한다.

더욱이 사람들은 앞서 언급한 도로 이용자들처럼 자신의 정체성과 소속감, 적개심을 상황에 따라 매우 유연하게 바꾼다. 자동차 운전자가 주차를 하고 나서 보행자 입장이 되면 그 즉시 그의 분노는 새로운 대상을 향한다. 그리고 도로 교통 상황을 해석하는 방식과 어떤 신호가 자신에게 중요한지에 대한 생각이 뒤바뀐다. 자신이 보행자 입장이 되면 자동차 운전자를 향해 도로를 위험하게 만들고 사람들의 목숨을 위협하며 미세먼지를 내뿜어 지구의 기후를 파괴시키는, 양심도 배려심도 없는 사람이라고 욕한다. 사람들은 항상 자신의 견해를 만물의 척도라고 생각하며 다른 사람들은 바보 취급을 한다. 자전거 운전자 역시 자동차에 올라타자마자 기묘하게 자신의 역할을 바꾼다.

씩씩거리며 화를 내는 도로 이용자들을 자신이 어떤 입장이 되든 다른 사람들에 대한 적대감에서 생겨나는 '우리'라는 감정을 강하게 느낀다. 다른 도로 이용자가 잘못을 저지르면 이는 언제나 모든 자동차 운전자, 모든 자전거 운전자, 모든 보행자들은 항상 이런 식으로 행동한다는 증거로 간주한다. 말하자면 도로에서 일어나는 일상적인 다툼에서 한 명의 도로 이용자는 결코 개인이 아니라, 그 집단의 대표로서 행동한다. 나와 상대, 나아가 우리 대 그들. 잘못은 항상 그들에게 있다.

이제 교통 이야기는 접어두고 본론으로 들어가보자. 인간은 도로와 교통수단을 넘어, 삶의 대부분에서도 이와 똑같은 방식으로 행동한다. 우리 인간은 사회적 존재이기에 다양한 많은 집단이나 집단 정체성을 자동적으로 분류하는 성향이 있다. 특히 적대적인 집단인 경우에는 더욱더 그러하다. 다른 나라나 다른 종교, 다른 성별이나 다른 축구 클럽의 팬들과 같은 외부적인 적대자는 한 집단으로 하여금 우리라는 감정을 더 강하게 느끼게 만드는 가장 효과적인 수단이다. 미국의 철학자 에릭 호퍼Eric Hoffer는 1951년에 출간한 자신의 저서 《맹신자들. 대중운동의 본질에 관한 단상들The True Believer. Thoughts On The Nature Of Mass Movements》에서 이러한 사실을 매우 함축적으로 표현하고 있다. "대중운동은 신에 대한 믿

음이 없어도 시작되고 전파될 수 있지만, 악마에 대한 믿음이 없이
는 결코 불가능하다!"이 세상의 포퓰리스트들은 아군인가 적인가
라는 도식으로 큰 이득을 본다. 그들은 지지자들을 선동하기 위해
오로지 우리 대 그들이라는 감정에 의존한다. 바로 이러한 상상 속
의 악마만으로도 충분히 대중운동이 구축될 수 있다.

악마는 사람들을 하나로 만들고 서로 가까워지게 만든다. 작게
는 도로에서, 크게는 정치판에서도 말이다. 이러한 모습은 미국에
서 쉽게 관찰된다. 즉 지구상에서 가장 막강한 국가의 대통령 자리
에 도널드 트럼프가 당선됨으로써 그전에는 분열되었던 많은 진영
들이 서로 단결하여 트럼프 정부에 저항했다. 레지스탕스Resistance,
즉 저항은 2017년 초반 몇 달 동안 마법의 언어가 되었다. 하지만
공공의 적이 패배하거나 그들이 주는 위협감이 줄어들면 적의 연
합은 해체된다. 이 모습 또한 미국에서 관찰할 수 있다. 이를테면
2018년 말에 캘리포니아주에서 실시될 예정이었던 소위 여성 행
진Woman's March이 취소되었는데, 너무 많은 백인이 참가할 것이 우
려된다는 이유에서였다. 이러한 결정이 합리적이었는지 아닌지는
여기서 논의할 필요가 없다. 다만 이 사실에서 우리가 눈여겨봐야
할 것은 도널드 트럼프에 대한 적개심이 집권 후 2년도 채 지나지
않아 눈에 띄게 약해졌고, 트럼프의 반대자들의 마찰과 저항도 점
점 사라졌다는 점이다.

'우리'라는 감정이 강하게 작용하는 집단의 구성원들은 가치와

도덕 이념을 공유하여, 서로 비슷한 방식으로 정보를 해석한다. 그들은 같은 덕목을 근거로 내세움으로써 이념적으로 반대되는 상대측의 입장을 조금이라도 이해하는 능력을 상실한다. 상대측의 주장을 깊이 생각하지 못하고 절망과 분노를 터뜨린다. 아, 저 사람들이 저렇게 고집을 피우지 말고 적어도 가끔은 눈을 뜨고 사실을 들여다볼 수 있으면 좋을 텐데. 그러면 저들도 진실을 인식하고 자신의 실수를 깨달을 수 있을 텐데…. 하지만 상대측은 결코 그렇게 하지 않고 자신의 입장을 더욱 격렬하게 고수하기 때문에 결국 우리는 비극적인 결론을 끌어내게 된다. 즉 다른 사람들은 무지할 뿐만 아니라 우리를 고의적으로 괴롭히고 나쁜 짓을 일삼는 비열하고 사악한 사람들이라고 생각한다. 예를 들어 2014년에 미국에서 실행된 한 연구에서 민주당 지지자와 공화당 지지자 모두 자신의 진영이 당에 대한 신념을 가지고 행동한다는 견해를 가지고 있음을 확인했다. 또한 양측 모두 상대 진영에 대해 파괴적 증오심을 갖고 있다고 확신했다. 우리는 우리가 생각하는 것보다 우리의 적수와 훨씬 더 닮아 있다.

한 집단이 가지고 있는 가치들은 자신의 집단 너머의 세상을 바라보는 시각을 흐리게 만든다. 마치 자전거 운전자와 자동차 운전자가 서로 이해하지 못하고 상대의 부정적 행동을 고의적이라고 생각하는 것처럼 말이다. "도덕 이념은 사람들을 뭉치게도 만들고 눈멀게도 만든다."고 《바른 마음》에서 조너선 하이트는 말했다. 자신의 신에 대한 믿음은 다른 종교 집단의 믿음을 조금도 공감하지 못하게 만든다. 이를테면 한 정치 진영에서 제시하는 난민 정책을 지지하는 사람은 반대 진영의 관점을 공감하지 못한다. 또는 확고한 페미니즘 신념을 가지고 있는 사람은 남성적 관점의 사고에 치를 떤다. 그 반대도 마찬가지다.

이념적으로 확고한 집단 사이에서 발생하는 이러한 이해 부족 현상은 자신의 청소년기를 떠올려보면 정서적으로 이해할 수 있다. 무리를 결속시켜주고 사춘기의 정체성을 보여주는 음악 장르와 특정 밴드, 그에 걸맞은 옷차림, 팝, 록, 메탈, 힙합, 테크노 등. 그때에는 다른 사람들의 음악과 옷차림을 인정할 수 없다. 어떻게 저런 흉측한 음악을 듣고 저렇게 바보같이 옷을 입을 수 있지? 그런데 나중에 성인이 되어 그러한 환상에서 벗어나면 이러한 질문은 자기 자신을 향하게 된다. 저때 내가 했던 생각들이 정말 창피한 것이었을까?

우리는 모든 사람들의 마음속에 자리 잡고 있는 종족 다툼을 자세히 들여다볼 필요가 있다. 인간은 자기 스스로를 어떤 집단으로 분류하여 다른 사람들과 구분 지으려는 특성을 가지고 있다. 사회심리학자 헨리 타이펠Henri Tajfel은 이미 1960년대에 인간의 마음속 깊이 자리하고 있는 이러한 종족 본능에 대해 매우 인상 깊게 설명했다. 타이펠의 고통스러운 개인적 경험은 그의 연구적 동기가 되었다. 타이펠은 1919년 폴란드에서 태어나고 성장했다. 그는 유대인들의 대학 입학 조건이 매우 까다로웠던 폴란드에서 입학을 거절당한 후, 화학을 공부하기 위해 프랑스로 떠났다. 하지만 프랑스에서 제2차 세계대전이 그의 꿈과 계획을 좌절시켰다. 타이펠은 프랑스 군대에 자진 입대하여 독일 국방군에 맞서 싸우다가 독일 포로수용소에 수용되었다. 그는 자신을 프랑스 국민이라고 사칭함으로써 여러 곳의 수용소를 거치면서 전쟁에서 살아남을 수 있었다. 전쟁이 끝난 후 타이펠은 폴란드로 돌아왔다. 그의 가족들과 대부분의 친구들은 유대인 대학살로 독일인들에게 죽임을 당했다.

헨리 타이펠은 이러한 끔찍한 개인적 경험을 계기로 심리학자로서 민족주의, 고정관념, 선입견과 같은 주제를 평생 동안 연구했다. 그는 인간이 서로 차별을 하게 만드는 요인이 무엇인지 알아내려고 했다. 가장 잘 알려진 그의 연구 중 하나는 소위 최소 집단 실험이다. 타이펠은 이 실험에서 이미 유전적인 요인만으로도 인간이 자신을 집단에 편입시키고 자신의 집단에 속한 구성원들을 선호하며 다른 집단 구성원들을 의심스럽게 바라본다는 사실을 보여주었다. 예를 들면 한 실험에서는 단순한 동전 던지기로 집단을 구분했다. 또 다른 실험에서는 피험자들에게 종이 위에 그려진 점의 개수를 맞춰 보라고 요청했고, 그 결과에 따라 표면적으로 점의 개수를 실제보다 더 많이 센 집단과 더 적게 센 집단으로 나누었다. 하지만 이때 연구진은 점의 개수와는 상관없이 무작위로 두 집단을 구분했다.

이 실험에서 가장 중요한 부분은 그 다음 단계였다. 이제 피험자들은 돈이나 다른 재원을 다른 실험 참가자들에게 나눠주어야 했다. 피험자들이 알고 있는 유일한 것은 다른 참가자들이 어느 집단 소속인가였다. 피험자들은 전반적으로 자신이 속한 집단 구성원들에게 더 많은 돈을 분배했고, 다른 집단 구성원들에게는 더 적게 분배했다. 타이펠을 비롯한 다른 심리학자들은 이와 유사한 실험을 다양하게 변형된 형태로 반복했는데, 그 결과는 항상 동일하게 나타났다. 이처럼 집단의 본질을 규정하는 특성이 단순하든 미미하든 사람들은 아무리 공정하게 하려고 애를 써도 자신이 속한 무리를 우선적으로 대하며 다른 집단은 소홀히 한다.

텍사스주의 배일러 의과대학의 데이비드 이글먼David Eagleman을 비롯한 신경과학자들은 영상 기법의 도움으로 이와 유사한 실험을 하는 동안 뇌 활동을 촬영했다. 이를 위해 그들은 무작위로 추첨하여 두 집단을 만들고 피험자들이 바늘로 손을 간지럽히는 영상이나 아프게 찌르는 영상과 같은 특정 영상을 보는 동안 그들의 뇌 속에서 어떤 일이 벌어지는지를 뇌 스캐너를 통해 관찰했다. 영상 속에서 고통을 당하는 손이 자신의 집단 구성원의 손이라는 사실을 알았을 때 통증을 담당하는 뇌 영역이 더 강력하게 활성화되었다. 반면 다른 집단 구성원의 손이었을 때는 덜 활성화되었다. 다시 한 번 말하자면, 이 두 집단은 어떠한 의미도 부여되지 않고 실험을 위해 임의적으로 구분되었다. 하지만 그런데도 피험자들은 동정심이나 감정이입의 반응을 보였다. 정말로 놀라운 결과이지 않은가.

인간은 태고부터 집단을 형성하고 서로 경쟁하는 군집 동물이다. 자동차 운전자와 자전거 운전자가 신경전을 벌이는 모습은 인간 진화의 현대적 특성이다. 인간은 같은 뜻을 가진 사람을 지나치게 긍정적인 시각으로 바라보고 낯선 사람을 불신의 눈으로 바라보는 경향이 있다. 이러한 경향은 특히 정치적으로 점점 양극화되어가는 현시대에 더 두드러지게 나타나는데, 그 이유는 만연한 고정관념이 '우리 대 그들'이라는 너무나도 인간적인 사고를 강화시키고, 나아가 상대를 악마로 묘사하게 만들기 때문이다. 나와 뜻을 함께하지 않는 사람은 전부 적이다!

반면 자신이 속한 정치적 집단의 구성원들을 바라볼 때는 완전히 다르다. 나와 같은 행동을 하는 사람은 후광을 얻는다. "어떤 사람이 우리와 같은 정치적 입장을 가지고 있다면 무수한 다른 주제에 대한 그의 견해도 받아들일 가능성이 높다는 사실을 우리는 소셜 미디어 채널에서도 목격할 수 있다."고 신경과학자 탈리 샤롯Tali Sharot은 말한다.

거꾸로 누군가가 우리와 완전히 반대되는 생각을 품고 있을 때에는 낙담과 놀라움을 금치 못한다. 왜냐하면 대부분의 사람들은 적어도 주변 사람들이 어느 정도 자신처럼 사물을 인지하고 판단한다는 암묵적인 생각을 가지고 살아가기 때문이다. 그런데 어떤 사람이 자신의 심기를 건드리는 완전히 다른 생각을 표명한다면, 그 사람이 제시한 반대 주장에 대해 어느 정도 냉철하게 생각하는 것이 아니라 대부분 상당히 인간적인 반응을 보인다. 즉 사람들은 속으로 왜 저 사람이 저렇게 몰지각한지 의아해한다.

심리학자 조셉 마크스Joseph Marks와 탈리 샤롯은 정치적으로 다르게 생각하는 사람들에 대한 심리적 거부반응이 얼마나 광범위한 영향을 미치는지에 대해 학술 저널 〈인지Cognition〉에서 구체적으로 설명하고 있다. 우리는 정치적으로 반대 의견을 가진 사람들이 정치적인 부분 외에서도 전혀 능력이 없다고 생각한다. 그들은 결국 낯선 집단의 구성원일 뿐이다. 예를 들어 동성 간 결혼 법제화 문제에 대해 자신과 다른 의견을 가진 사람은 의사든 변호사든 수공업자든 금융 설계사든 무능력하다고 생각한다. 기본적으로 사람들은 자신의 견해와 일치하고 이를 뒷받침해주는 정보를 옳다고 생각한다. 그렇기 때문에 대부분의 사람들은 자신의 정치적 입장에 근거를 마련해주는 정보를 소비하며, 다른 정보들은 가짜 뉴스라고 비방한다. 반대로 자기편 사람들의 입에서 나오는 진술들은 특히 옳다고 느낀다. 마크스와 샤롯 연구 팀은 당사자들이 반대편에 대한 전문적인 정보를 사전에 상세하게 얻었을 때에도 이러한 착각이 작용한다는 사실을 보여주었다. 반대편의 정보를 냉철하게 고려하지 못하고, 내가 옳고 상대는 틀리다는 전제하에서 우리라는 감정이나 집단 소속감이 판단을 흐리게 만드는 것이다.

마크스와 샤롯은 피험자들에게 기하학적 형상을 범주화하도록 했다. 어느 정도 복합적인 형태를 정확하게 구분하는 것이 그들의 과제였다. 각 실험 참가자는 4명의 공동 플레이어Co-Player와 함께 과제를 수행했는데, 이 공동 플레이어는 특정 알고리즘이 숨겨진 컴퓨터였다. 기하학 형태를 구분하는 과제를 수행하는 동안 추가적으로 난민 문제와 같은 정치적 주제에 관한 질문들도 제시되었다. 실험 참가자들은 기하학 과제의 최종 답변을 내놓기 전에 공동 플레이어에게 도움을 청하고 그중 한 공동 플레이어의 답변을 볼 수 있었다. 이미 앞에서 올바른 답변을 많이 제시한 공동 플레이어의 전문 지식을 따르는 것이 실험 참가자들에게 유리한 전략이 될 수 있었다. 연구진은 일부 공동 플레이어는 기하학적 형태를 구분하는 과제를 아주 잘 수행하도록, 일부는 아주 형편없이 수행하도록 사전에 조작해두었다.

그 결과, 대부분의 피험자들은 자신과 같은 견해를 가진 공동 플레이어의 답변을 채택했다. 즉 그들은 과제 수행 능력과 상관없이 자신과 동일한 정치적 견해를 갖고 있는 공동 플레이어의 도움을 더 강하게 신뢰했다. "실험 참가자들은 뜻이 같은 공동 플레이어의 전문 지식을 실제로 과대평가했다."라고 샤롯은 말한다. 그들은 자신의 비합리적인 결정을 의식하지 못했다. 우리도 마찬가지로 같은 뜻을 가진 사람에게는 거의 모든 능력이 있다고 생각하며, 반대 견해를 가진 사람에게는 대체로 능력이 없다고 생각한다. 더욱이 우리는 같은 뜻을 가진 사람에게서 나타나는 모순이나 위선적 행동, 과실 등을 너그럽게 봐준다. 만약 이러한 것들이 상대측에게 보일

때에는 꼬투리를 잡은 것처럼 발끈하며 분노를 표출할 것이다. '봐라, 또 저러다니. 저런 편협한 사람들!'

이러한 현상은 특히 다양한 진영의 지지자들이 서로를 향해 경멸과 호통을 퍼붓는 소셜 미디어에서 두드러지게 나타난다. 물론 지금까지는 다툼을 벌이는 사람들이 잠시 휴전을 하고 상처를 보듬을 수 있는 중립 지대가 있었다. 숨을 깊게 쉬면서 고양이 사진도 보고, 타임라인에 뜨는 캘린더 속 명언들도 몇몇 읽어볼 때이다. 이를테면 "부드러운 대답은 화를 잠재우고 감정을 상하게 하는 말은 분노를 자극한다." 같은 어구가 될 것이다. 그래, 맞아. 그러면서 공감하며 고개를 끄덕인다. 하지만 내용적으로는 그러한 명언에 반박을 할 수 없다. 그렇지 않은가?

격앙되고 양극화된 현시대에는 심지어, 내용적으로는 충분히 공감을 하면서도 그러한 명언에 대해 사람들의 의견이 갈라지기도 한다. 이념적으로 무해한 명언이라도 그릇된 입에서 발설되면 거부감을 유발할 수 있다. 이와 관련된 내용을 영국 바스 대학교의 폴 하넬Paul Hanel을 중심으로 한 심리학 연구진이 학술지 〈실험 사회 심리학 저널Journal of Experimental Social Psychology〉에 발표했다. 사람들은 반사적으로 상대측이 결코 옳지 않다고 생각한다. 특히 난민이나 성차별 논쟁, 브렉시트, 포퓰리즘과 같은 극도로 감정적인 주제와 관련해서는 더욱 그렇다. "심지어 아주 평범한 말도 양극화될 수 있다."고 하넬은 말한다. 예를 들면 "열정이 없으면 에너지도 없고, 에너지가 없으면 아무것도 이룰 수 없다." 이 발언은 악의 없는 무해한 말일까? 이는 트럼프 입에서 나온 말이다.

사람들은 악의 없는 발언을 자신의 집단 구성원이 한 말인지 아니면 낯선 집단의 구성원이 한 말인지에 따라 다르게 판단할까? 이 질문에 답하기 위해 하넬 연구진은 무신론자와 독실한 기독교 신자들에게 성경 구절이나 그리스 철학자의 명언을 제시했다. 이와 같은 원칙에 따라 미국의 민주당 지지자와 공화당 지지자들에게 힐러리 클린턴과 버락 오바마, 세라 페일린, 도널드 트럼프와 같은 정치인들의 유화적인 발언을 판단하도록 했다. 연구진은 2천 명 이상의 실험 참가자들 중 일부에게는 이 발언들의 정확한 출처를, 일부에게는 잘못된 출처를 말해주었고, 일부에게는 출처에 대해 전혀 말해주지 않았다.

무신론자들은 성경에서 나온 경구들에 거의 공감하지 않았다. 또한 그리스 철학자가 한 말에도 마찬가지였다. 이와 같은 모습은 유명한 민주당 정치인과 공화당 정치인의 발언에 대해 판단한 미국 국민들에게서도 나타났다. 그들은 자신이 지지하는 당 출신의 정치인들이 한 발언에 특히 공감을 표현했다. "발언 내용이 아니라, 누구의 발언인지가 무엇보다도 중요하다."고 하넬은 말한다.

어떤 사안에 대해 열성적으로 옹호하는 사람 혹은 반대하는 사람은 경쟁 상대가 의견을 표명할 때 특히 민감하게 반응한다. 한편 독실한 기독교 신자들은 그리스 철학자들의 명언에 거부감을 거의 표출하지 않았다. 오히려 무신론자들이 성경 구절에 대해 보였던 거부감이 더 컸다.

제시된 격언을 피험자들이 얼마나 오랫동안 심사숙고할 수 있었는지는 전혀 중요하지 않았다. 그들이 언급한 격언을 머릿속에 새기는 데 얼마나 많은 시간을 소모했는지는 상관없이 거부감이나 동감을 결정지은 것은 발언의 출처였다. 교육 수준도 아무런 역할을 하지 않았다.

"정치인들의 발언에서 가장 눈에 띄는 문구는 대부분 진정성이 담긴 주장이 아니라 판에 박힌 말, 도덕적으로 격앙된 주장으로 이루어져 있다."고 하넬 연구진은 말한다. 어떤 내용의 연설을 하는지보다 누가 연설을 하는지가 대중에게 더 강력한 영향을 미친다는 것이다. 이러한 현상은 선거 포스터의 슬로건에서도 나타난다. 어느 당의 슬로건인지 출처를 적지 않으면 그것은 그저 무미건조한 상투어일 뿐이다. 이를테면 "새롭게 생각하자.", "우리나라를 위한 다음 단계" 등과 같은 슬로건에 당의 로고가 없으면 이 슬로건들은 아무런 힘을 가질 수 없다. 반면 이 슬로건에 당의 로고가 표시되면 보는 이로 하여금 좋은 혹은 나쁜 감정을 유발한다.

하넬 연구진은 많은 주제에 대한 보수주의자와 진보주의자, 혹은 기독교 신자와 무신론자의 언행이 크게 구분되지는 않는다고 말한다. 하지만 양측 모두 상대측이 자신과는 완전히 다르다고 간주하는 경향이 있다. 우리는 대부분 작은 차이만 보이더라도 이를 거대한 차이라고 확대 해석한다. 반면 겹치는 공통 부분을 인식하는 데는 인색하며, 원치 않는 사람의 입에서 나오는 진술은 거부한다. 간단히 말하자면, 자신과 사상이 다른 잘못된 사람이 옳은 말을 하면 그 말의 내용도 자동적으로 무가치하다는 공식이다.

"이러한 식의 양극화로 말미암아 정치적 합의의 가능성은 점점 줄어든다. 근본적인 내용 면에서는 겹치는 부분이 있는 경우에도 말이다."라고 하넬은 말한다. 하넬의 생각에 따르면, 공개 토론에서는 자신의 정치적 입장을 처음부터 드러내지 않는 것이 유리할 수도 있다고 한다. 그러면 대화 상대가 잠시나마 선입견 없이 경청할 가능성이 높아질 수 있기 때문이다.

우리 대 그들. 이러한 소속감은 사고를 흐리게 만든다. 우리는 자기편 사람들에게는 자동적으로 호의를 가지는 반면, 낯선 집단의 구성원들에게는 반사적으로 비판적인 시각을 던진다. 많은 학자들은 지난 과거 동안 수많은 연구를 통해 이러한 우리 대 그들 사고가 과정과 내용에 대한 판단력을 얼마나 약화시키는지를 관찰했다. 1960년대에 이스라엘 심리학자 조지 타마린George Tamarin은 이야기의 출처에 따라 도덕적 판단을 어떻게 왜곡시킬 수 있는지를 실험을 통해 구체적으로 보여주었다. 그는 약 1천 명의 유대교 학생들에게 구약 성서의 여호수아서에 나오는 한 이야기를 제시했다. 이 이야기에는 이스라엘의 지도자 여호수아가 한 도시를 정복한 후에 여성과 아이, 남성, 동물을 막론하고 모든 거주자를 죽이라고 지시하는 장면이 묘사되어 있다. 학생들의 60%는 이 학살을 정당하다고 간주했다. 그런데 조지 타마린이 같은 내용의 이야기이지만 출처만 다르게 바꾸어 이야기를 제시해보았다. 학생들에게 3천 년 전 중국의 린 장군이 벌인 학살이라고 말하자 학생들의 판단은 확연히 달라졌다. 즉 학생들의 약 7%만이 학살 행위를 정당하다고 간주했다.

한편 좌파 성향의 사람들과 우파 성향의 사람들 모두 자신의 신념에 어긋나는 학문적 인식을 똑같이 강력하게 거부한다. 어떤 사람들은 진화나 기후 변화와 같은 주제들에 대해 편협한 시각을 가지고 있고, 또 다른 사람들은 유전공학이나 백신, 인간의 유전적 소인 등의 연구를 보며 분노한다. 학술지 〈심리과학 조망Perspectives on Psychological Science〉에 게재된, 1만 8천 명 이상의 피험자들의 데이터를 분석한 메타 분석에서 정치적 스펙트럼상의 어떤 진영도 단독적으로 독선적인 사고를 하고 있지 않았다. 어바인 캘리포니아 대학교의 피터 디토Peter Ditto를 중심으로 하는 심리학 연구진에 따르면, 보수 성향의 사람들과 진보 성향의 사람들 모두 똑같이 자신의 입장이 문제시될 경우, 사실에 유연하게 대처하는 모습을 보였다. 게다가 양측 모두 상대측이 편파적이며 색안경을 끼고 세상을 바라본다고 확신했다. 어리석은 것은 언제나 당연히 상대측이다.

하넬 연구진의 결론은 비관적이다. 연구진은 이렇게 묻는다. 점점 양극화되어가는 사회 속에서 갈등 관계에 있는 당들이 이념적으로 공정한 상대측의 발언을 결코 감내하지 못한다면 어떻게 성숙한 논쟁을 끌어낼 수 있을까?

"교만한 자들 사이에서는 언제나 다툼만 일어날 뿐이다. 반면 지혜가 있는 사람은 충고를 받아들인다." 이 격언은 어디에서 나온 말일까? 출처를 밝히지 않는 것이 좋을 듯하다.

비
판
과　방
어

왜 공격을 받으면 기존의 생각이
더 굳어지게 되는가?

·
·
·

·

뚱뚱한 채식주의자를 부르는 말은? "유기물 쓰레기통." 채식주의자가 식사 시간에 가족을 부를 때 하는 말은? "얘들아, 음식이 시들겠다." 인터넷에는 이러한 채식주의자를 둘러싼 우스갯소리가 자꾸 생겨나고 있다. 그리고 채식주의를 둘러싼 논쟁에서 고기를 먹지 않는 사람들은 "나는 채식주의자들을 좋아하지 않아요. 내 스테이크가 될 돼지나 소가 먹어야 하는 채소를 채식주의자들이 다 먹어버리거든요."와 같은 발언 앞에서 늘 자신의 정당함을 밝혀야 한다. 왜 많은 사람들은 채식주의자들을 외딴 곳에 살고 있는 부족을 대하듯 할까?

펜실베이니아 대학교의 줄리아 민슨Julia Minson과 스탠퍼드 대학교의 브누아 모닌Benoît Monin은 다음과 같이 설명한다. 즉 고기를 먹는 사람들은 종종 채식주의자들이 자신을 비도덕적으로 판단한다고 생각하며, 자신이 나쁜 인간으로 강등된 것처럼 느끼게 한다는 것이다. 채식주의자들이 고기를 안 먹는 행위가 당사자의 개인적인 문제로 다루어지는 것이 아니라 고기를 즐겨 먹는 사람들의 생활 방식이 자동적으로 문제시된다. 그래서 야채와 두부를 주로 먹는 채식주의자들은 식사 자리에서 자신이 채식주의자라는 사실을 말하지 않는 경우가 많다. 이미 자신의 존재만으로 고기를 먹는 다른 사람들이 그들의 정당함을 밝혀야 하는 충동을 불러일으켜 잡음이 생기기 때문이다.

사람들은 자신의 긍정적인 자아상이 공격당하지 않도록 공격자를 웃음거리로 만들고 자신의 입장을 더 강하게 옹호하는 방어 태세를 취한다. 완고한 고집은 인간의 성향에 속한다. 심리학자들은 이를 '리액턴스Reactance'라고 부른다. 다른 사람이 옳을 때에는 이러한 완고함이 특히 더 강력해진다. 쳇, 아무 말도 안 들을 거야. 저리 가!

이러한 완고함 뒤에는 누구나 어렸을 때 경험했던 내용이 숨겨져 있다. 이를테면 우리는 혼나거나 꾸짖음을 들을 때, 자신의 말을 안 들어주거나 오해를 받을 때 바닥에 드러누워 발버둥을 치면서 소리쳤다. "저거 갖고 싶단 말이야!" 우리의 깊은 신념이 공격당하거나 비판받으면 어린아이가 이처럼 거센 고집을 부리듯이 자신의 신념을 완강하게 옹호한다. 특히 이러한 심리적 기제는 도덕적 색채가 짙은 논쟁에서 가장 강하게 작용한다. 왜냐하면 도덕적인 논쟁에서는 어떤 입장이든 공격을 당하면 자신이 지금까지 그릇된 삶을 살아왔다는 회의감이 들기 때문이다. 사람들은 이러한 인식을 되도록 회피하기 위해 그것이 착각이나 환상일지라도 자신의 입장을 옹호한다. 볼테르의 말을 빌리자면, "착각은 가장 큰 즐거움이다." 그렇기 때문에 다른 사람의 환상과 신념을 빼앗아가려는 사람은 거부와 비판, 분노의 대상이 된다. 그뿐만 아니라 공격당한 자신의 견해를 더욱 견고하게 만들고 더욱 완강하게 지지하려고 한다. 오늘날과 같은 소셜 미디어 시대에는 나쁜 정보들에 대해 끊임없이 분노를 토해낸다. 이러한 도덕적인 분개만으로도 충분히 과격화와 양극화의 원동력이 될 수 있다. 앞에서 언급한 채식주의자에 대한 논란처럼 말이다.

채식주의자들의 낯선 입지는 이미 오래전에 상실되었다. 오늘날 독일에서는 약 6백만 명의 사람들이 고기를 먹지 않으며 다양한 유형의 채식을 따르고 있다. 영양학자 클라우스 라이츠만Claus Leitzmann과 마르쿠스 켈러Markus Keller는 그들의 저서 《채식Vegetarische Ernährung》에서 대부분의 채식주의자들은 윤리적인 이유에서 채식을 결정했다고 쓰고 있다. 그들은 동물의 살육을 거부하거나 가축 사육으로 생겨나는 온실가스로 인한 환경적 부담을 피하려고 한다. 심리학자 율리아 민슨과 브누아 모닌에 따르면, 이러한 입장 때문에 채식주의자들은 다수의 일반인들에 비해 더 높은 도덕적 요구를 주장하는 소수의 입지에 서게 된다. 그렇기 때문에 채식주의자들은 고기를 먹는 사람들에게 거부반응을 유발하지 않기 위해 자신의 결정을 여기저기 떠벌리고 다니지 않는다.

이러한 사실은 민슨과 모닌의 두 실험에서 확인할 수 있었다. 첫 번째 실험에서 그들은 고기를 먹는 사람들로만 구성된 피험자들에게 채식주의자에 대해 떠오르는 모든 단어들을 메모하라고 요청했다. 피험자의 절반가량이 '오만한', '신경질적인', '독선적인'과 같은 부정적인 뜻의 형용사를 거론했다. 이어서 연구진은 피험자들에게 채식주의자들이 고기를 먹는 사람들을 도덕적으로 어떻게 판단할지를 가늠해보라고 부탁했다. 앞에서 부정적인 단어를 거론했던 피험자들은 자신이 고기를 먹는다는 이유로 채식주의자들에게서 도덕적으로 낮은 평가를 받을 것이라고 판단했다. 두 번째 실험에서 민슨과 모닌은 순서를 반대로 바꾸었다. 이번에는 채식주의자들이 고기를 먹는 사람들에 대해 가질 수 있는 생각을 먼저 알아보고, 그 다음에 고기를 먹는 사람들이 스스로 어떤 생각을 하는지를 알아보았다. 그 결과 피험자들은 고기를 먹는 사람보다 채식주의자들에 대해 더 부정적인 판단을 내렸다.

퀸즐랜드 대학교의 심리학자 브록 바스티안Brock Bastian을 중심으로 하는 연구진도 고기를 먹는 사람들이 왜 자신이 암묵적으로 공격당한다고 느끼는지에 대해 조사했다. 연구진은 사람들이 이른바 '고기의 역설Meat Paradox'을 어떻게 다루는지에 특히 관심을 가졌다. 사람들은 왜 고기를 즐겨 먹으면서도 동시에 동물에게 애정을 느끼는가? 기본적으로 사람들은 동물과 스테이크를 별개로 생각한다. 바스티안은 많은 사람들이 지능이 매우 떨어진다고 생각하는 동물을 먹는 것을 정당하다고 생각한다는 사실을 보여주었다. 예를 들어 돼지는 아주 영리한 동물로 잘 알려져 있다. 하지만 바스티안에 따르면 고기를 먹는 사람들은 슈니첼Schnitzel(고기를 얇게 펴서 튀김옷에 입혀 튀긴 오스트리아 요리-옮긴이)을 먹으면서도 이 사실을 외면해야 계속해서 자신을 선한 사람이라고 느낄 수 있다는 것이다. 그런데 자기 옆에서 채식주의자가 고기를 거부하고 샐러리를 먹고 있는 모습을 보면 애써 외면했던 사실을 드러나게한 상대에 대해 분노와 거부감이 유발된다.

우리가 잠재적인 비난에 얼마나 예민하게 반응하는지는 우상에 대한 끝없는 동경심에서, 그러면서도 한편으로는 그들을 대하는 가혹한 방식에서도 나타난다. 우리는 공인에게 많은 기대를 품는다. 이를테면 축구 선수들은 우상으로서의 기능을 끊임없이 자각해야 한다. 그렇게 하지 않으면 특히 이에 영향을 받는 어린 청소년들이 방향을 잃고 타락하게 된다는 질책을 받는다. 정치인들도 마찬가지로 모범적으로 행동해야 하며, 회사에서 상사가 직원들에게 초과근무를 시킬 때에는 이른 오후에 골프 연습장으로 사라져서는 결코 안 된다. 또한 뚱뚱하고 담배를 피우는 의사는 곧바로 위선자로 간주된다. 이처럼 모범적 인물에 대한 척도는 아주 높으면서도 동시에 매우 모순적이다.

모범적 인물은 일반인들이 자신의 행동을 가늠하는 기준의 역할을 한다. 하지만 나보다 훨씬 뛰어난 사람과 자신을 비교하는 것은 삶의 어느 영역에서든 즐거운 일이 아니다. 누군가가 자신의 한계를 아주 뚜렷하게 드러내야 할 경우에 그는 안간힘을 다해 자기 자신을 높이 평가하려고 한다. 스탠퍼드 대학교의 로렌 하우Lauren Howe는 자신에게 도덕 능력이 부족하다는 느낌이 강한 거부반응을 불러일으킨다고 주장한다. 음악을 잘 모르는 사람이 전문 음악인 옆에서 재미 삼아 음악을 할 때에는 본인의 자아상이 거의 훼손되지 않는다. 반면 대부분의 사람들이 갖추고 있다고 여겨지는 도덕 능력이 떨어지는 나쁜 사람이 되는 상황에 처하면 강한 열등감이 생겨난다. 그리고 어떻게 해서든지 이러한 열등감을 떨쳐버리려고 한다.

오늘날의 많은 논쟁들은 도덕이라는 칼을 들고 싸운다. 마치 고기를 먹는 사람들에게 그들의 식습관이 얼마나 부도덕한지에 대해 장황하게 늘어놓는 채식주의자가 항상 식탁에 함께 앉아 있는 것처럼 말이다. 이러한 논쟁이나 다툼에서 본질적인 문제들은 잘 거론되지 않는다. 오히려 비난이나 매도하는 말들이 오가거나 이렇게 하는 것 혹은 하지 않는 것이 '옳다'는 요구 사항들이 주를 이룬다. 하지만 도덕적 정언에는 언제나 비난이 암묵적으로 숨겨져 있기 때문에 거부감을 유발한다. 게다가 자신이 도덕적으로 뛰어나다는 입장을 가진 사람들은 다른 사람들에게 도덕적 분개와 거부감 등 과격한 반응을 유발한다.

이러한 현상은 예를 들어 오늘날의 젠더 논쟁에서 나타난다. 젠

더 논쟁은 과장해서 표현하자면, 남성의 관점에서는 끊이지 않는 비난처럼 들린다. 여성 칼럼니스트와 트위터의 여성 활동가, 온라인 페미니스트들은 남성을 향해 비판을 한다. 이때 이러한 비판이 정당한지 아닌지는 아무런 역할을 하지 않는다. 여기서 중요한 것은 심리적 작용이다. 즉 남자들도 자신이 선한 사람이기를 바라며 긍정적인 자아상을 만들려고 한다는 것이다. 예를 들면 백인 남성은 그 자체로 특권을 누리기 때문에 입을 다물어야 하며 결코 차별받을 일이 없다는 말을 수시로 듣는 남자는 어떻게 반응할까? 남자들은 어떤 식으로든 출세하기 때문에 여자들보다 성공하기가 훨씬 쉽다는 비난을 받는 남자는 어떻게 반응할까? 남자라는 이유로 잠재적인 성범죄자라는 소리를 듣는 남자는 또 어떻게 반응할까? 이러한 비판에 화를 내며 반항하고 거부감을 갖게 될 것이다. 끊임없는 공격과 암묵적인 도덕적 비난으로 말미암아 남자들은 새로운 동지를 찾아 페미니스트들을 향해 함께 질타할 것이다. 한쪽에서 내가 나쁜 사람이라고 끊임없이 말하면 나를 두 팔 벌려 받아줄 우호적인 다른 쪽을 찾게 된다. 그렇게 되면 상처를 받은 남자는 과거에 자신이 소속감을 느꼈던 진영과 관계를 끊고 되려 경멸감을 갖게 된다.

도덕적 비난은 종종 자기편을 겨냥하기도 하는 위험한 무기가 되기도 한다. 다시 말해 도덕적 비난이라는 무기를 사용하면 오히려 잠재적인 지지자들도 쫓아버릴 수 있다. 도덕적 잘못에 대한 비난으로 충분히 사람의 마음을 바꿀 수 있었다면 아마도 이 세상의 문제들은 지금보다 훨씬 더 줄어들었을 것이다. 조금은 껄끄러운 생각일 수도 있겠지만, 이는 극우주의자에 대한 논쟁에서도 중요한 의미를 갖는다. 다시 말해 극우주의 이념과 이를 따르는 지지자들을 충분히 배척했다면 독일에서 이른바 '우파와의 투쟁'이 수십 년 전부터 좋은 성과를 이루었을 것이다. 하지만 그렇지 못했다. 오히려 오늘날 위험한 극우주의 이념이 모든 저항을 물리치고 걱정스러울 정도로 널리 확산되고 있다. 이는 극우주의 이념을 도덕적으로 배척하는 것에 대한 격렬한 거부반응과 흥분 때문에 생긴 일종의 반항 때문일 수도 있다.

도널드 트럼프 당선에 대한 대중적인 해석에 따르면, 특히 좌파 정치의 도덕적 열성이 유권자들을 떨어져나가게 만든다고 한다. 이러한 주장은 상당히 매력이 있다. 아주 단순하게 말하자면, 미국의 열악한 시골에 사는 백인 유권자들에게 그들이 백인이라는 이유만으로 철저한 인종차별주의자라고 말하고 남자들은 모두 성차별주의자라고 말하는 사람은 아군이 되지 못한다. 자신의 죄를 시인하고 참회하는 선거 유세는 사람들의 열광을 불타오르게 하지 못한다. 그보다 오히려 대통령 후보의 모양새를 하고 있는 사악한 광대가 더 승산이 있는 것이다. 사람들을 도덕적으로 폄하하는 사람은 잠재적으로라도 호감을 얻지 못한다.

아마도 우파는 이 사실을 잘 알고 있으며 이를 의도적으로 활용하고 있는 듯하다. 이를테면 열성 우파 중 한 사람이 분노를 유발하는 도발적인 발언을 쏟아내서 격렬한 반발을 불러일으키면 된다. 물론 이러한 반발도 종종 과장되어 나타난다. 좌파 측으로부터 도덕적 반격을 당할 경우, 지금까지 우파 세력을 뚜렷하게 지지하지는 않았지만 정서적으로 어느 정도 우파 입장에 마음이 쏠려 있던 사람들에게 거부감을 유발한다. 그러면 그들은 갑자기 자신의 성향을 강하게 드러내며 우파와 연대하게 된다. 우파는 좌파에 대한 거부감을 이용하고, 좌파는 우파에 대한 적개심을 이용한다.

이렇게 사람들은 서로 상대측을 비인간적이라고 헐뜯으면서 지지자들을 동조하게 하여 새로운 지원 세력을 모은다. 그렇게 되면 점점 더 서로 극단적인 위치에 놓이게 된다. 이러한 게임의 대가는 당연히 도널드 트럼프다. 그가 모종의 전략을 따른 것인지 아니면 그냥 아무 생각 없이 자신의 본능을 따른 것인지는 모르겠지만 말이다. 어쨌든 트위터 트롤 대장인 트럼프가 대통령에 당선된 데에는 끊임없는 그의 거짓말과 모욕적 발언, 망언이 불리하게 작용한 것이 아니라, 오히려 그는 이러한 발언으로 하여금 경쟁자 힐러리 클린턴 측의 반응을 유발할 수 있었다. 그녀는 이러한 트럼프의 행각에 반발하고 자신을 옹호하기 위해 허풍쟁이 트럼프와 그의 지지자들을 도덕적으로 폄하했고, 이는 트럼프를 대통령에 당선되게 만들었다. '그는 우리 편이고, 저들이 우리를 비웃고 있어.'라는 심리를 이용한 것이다. 달리 말하자면, 까칠한 비건Vegan 채식주의자가 식탁에서 우리에게 채식을 해보라고 열정적으로 권하고 있는데 그 옆에서 우리가 일부러 보란듯이 스테이크를 더욱 열심히 먹는 것과 같다. 물론 채식주의자가 내세우는 근거가 더 좋아 보이기는 하지만, 그의 잔소리가 우리를 나쁜 사람으로 만드는 거 같다는 생각이 든다!

감정적인 도발만으로도 종종 격렬한 반발을 불러일으킬 수 있다. 그러한 공격은 분노와 화를 유발하며 더 과도하게 되갚아주겠다는 마음을 고조시킨다. 이렇게 양측의 불쾌한 감정이 점점 더 격해지면서 결국 끝나지 않는 싸움으로 이어진다. 양측 모두 자신의 입장을 고수하고 나아가 이를 더 첨예화시키지만, 그 결과 서로를 점점 더 이해하지 못하고 적대감만 커지며 지속적인 흥분 상태에 빠지게 된다. 결국 양측 모두 상대측을 계속 경멸하고 나무라기만 할 뿐, 자신의 목적과 미래상을 형성하지 못한다.

무절제한 비판과 분노는 사람들을 갈라놓는다. 누구나 반사적으로 자신의 신념을 안전하게 보호하려고 하며 다른 사람들을 향해 손가락질을 하며 말한다. "저들이 도발하고 있어. 그러한 도발에 가만히 있을 수는 없지." 이는 꼬마 둘이 서로 이렇게 소리 지르는 모습을 생각하면 쉽게 이해될 수 있다. "야, 이 바보야!" "아니야, 네가 바보야!" "네가 더 바보야!"

비판을 받아들이는 것은 실수를 인정한다는 것을 의미한다. 대부분의 사람들은 자신이 올바른 사회 조직에 속해 있고 올바른 가치를 믿으며 올바른 세계상을 가지고 있다는 믿음을 포기하려 하지 않는다. 특히 자신이 실수를 저질렀다는 사실, 어쩌면 오랜 시간 동안 분명한 오류를 믿어왔다는 사실을 인정하려고 하지 않는다. 비판은 불리한 상황에 처해 두려움을 느낄 때에도 우리의 삶을 고집스럽게 옹호하도록 만든다. 예를 들어 다음과 같은 상황에서는 언제나 기이한 역학이 작용한다. 남편의 가족들이 곧 방문할 예정이다. 스트레스 지수가 점점 올라간다. 시가 식구들과의 만남을 편안하게 생각하는 사람은 거의 없으니 말이다. 시어머니는 교묘하게 민감한 주제에 대해 말을 꺼내는 뛰어난 능력을 가지고 있고, 시아버지는 목소리도 큰 데다가 모든 사람의 말을 끊으며 기본적으로 자신이 모든 것을 다 알고 있다고 생각한다. 남편의 형제자매는 만날 때마다 서로 시기한다. 모든 당사자들은 이러한 상황을 잘 알고 있으며 이에 대해 불평을 늘어놓는다. 그런데 남편이 시부모님을 비판하기 시작하면 아내에게서 교묘한 방어 프로그램이 유발된다. 갑자기 아내는 불과 몇 분 전까지만 해도 눈알을 굴리며 불평하던 시가 가족들의 행동을 정당화시킨다.

트럼프 이야기로 돌아가 예를 들어보자. 가족 중에 오랫동안 공화당을 지지하는 사람이 있다. 그는 자기 자신을 보수주의자라고 생각하지만 뉴욕 출신의 부동산 대부호인 트럼프가 얼간이라는 사실도 잘 알고 있다. 하지만 민주당과 그 지지자들이 자신이 지지하는 당의 후보를 공격하자 그는 멍청이라고 생각하던 후보를 갑자기 지지하고 그를 뽑는다. 상대측의 공격이 자신의 진영을 방어하려는 반사작용을 유발한 것이다.

듀크 대학교의 애런 케이Aaron Kay와 워털루 대학교의 저스틴 프리슨Justin Friesen은 대부분의 사람들이 외부의 비판에 대해 이와 비슷한 반응을 보인다고 설명한다. 이 두 심리학자는 이러한 현상을 보다 큰 규모의 시스템 안에서 조사했다. 그들은 이러한 형태의 위협이 사람들로 하여금 자신들조차 원칙적으로 비판하는 사회 시스템을 지지하거나 사회적 모순을 정당화시키도록 만든다는 사실을 보여주었다. 예를 들면 허리케인 카트리나가 뉴올리언스를 강타했을 때 이러한 효과를 관찰할 수 있었다. 당국의 늑장 대처로 인한 전 세계 대중의 비판에 많은 미국인들은 국가 행정부를 두둔하고 뉴올리언스 주민들에게 상황에 대한 책임을 묻는 반응을 보였다.

한편 상대에게 서로 큰 상처를 주는 논쟁이 가장 두드러지게 나타나는 곳은 결혼 생활이다. 부부 사이에도 가혹한 비판과 거친 말투로는 상대를 설득시키지 못한다. 이 사실은 심리학자들의 수많은 연구를 통해 입증되었다. 이를테면 부부가 서로 도발하거나 업신여기듯 말하며 거친 비판을 쏟아내면 이혼의 위험이 현저히 증가한다. 미국의 인간관계 전문가 존 가트맨John Gottman은 이러한 결과를 '묵시록의 네 기사Four Horseman of the Apocalypse'라는 언어적 비유로 설명했다. 말하자면 남녀 사이의 소통을 방해하고 끝나지 않은 싸움으로 이어지게 만드는 네 가지 죄악이 있는데, 이는 바로 비판, 방어, 경멸, 회피라는 것이다.

존 가트맨은 '5:1 법칙'이라는 간단한 해결책을 제시한다. 즉 부부 사이에 칭찬과 비판의 비율이 5:1일 때 가장 안정적이라는 것이다. 모진 말을 한 번씩 할 때마다 따뜻한 말을 다섯 번 해야 한다. 여기에서 정확한 횟수가 중요하지는 않다. 하지만 이 규칙은 한 번의 가혹한 비판이 기분 좋은 말들이 만들어낼 수 있는 많은 것들을 파괴시킨다는 점을 상징한다. 동시에 이 규칙에는 긍정적인 피드백이 막대한 영향력을 발휘할 수 있다는 사실도 담겨 있다. 심리학자들은 이러한 사실을 자살자의 유서를 판단하게 하는 실험을 통해 보여주었다. 피험자들에게 진짜 유서와 가짜 유서를 구분하는 과제가 주어졌다. 많은 심리학 실험에서 종종 그러하듯이 예상과는 완전히 다른 결과가 나타났다. 피험자들은 모든 유서를 구분한 후, 자신의 적중률에 대한 피드백을 받았다. 하지만 피험자들이 받은 피드백은 실험을 위해 미리 작성된 것이었다. 다시 말해 피험자들이 수행한 과제는 실험의 신빙성을 제공하기 위한 수단일 뿐이었다. 일부 피험자들에게는 결과에 대한 분석으로 그들이 사회적 감각이 뛰어나며 평균보다 더 높은 적중률을 보였다고 말해주었고, 일부 피험자들에게는 이와 반대의 내용을 들려주었다. 그리고 연구진은 나중에 피험자들에게 피드백이 꾸며낸 가짜였다는 사실, 그러니까 피드백이 그들의 실제 적중률과 전혀 관계가 없다는 사실을 밝혔다.

몇 주가 지난 후 연구진은 실험 참가자들에게 이와 유사한 과제에서 자신이 얼마나 많이 맞힐 수 있을지를 물었다. 그 결과 확실한 거짓 칭찬이었음에도 칭찬이 장기적인 영향을 미친다는 사실이 드러났다. 즉 긍정적인 피드백을 받았던 사람은 자신이 평균적으로 더 뛰어난 능력을 가지고 있다고 생각했다. 이러한 상황이 심리학 실험을 위해 연출되었다는 사실을 모든 피험자들이 알고 있었음에도 말이다. 이어지는 실험을 통해서 심지어 실험 관찰자들에게도 생각이 전염되었다는 것을 확인할 수 있었다. 그러니까 그들은 실험에 직접 참여하지 않았고, 피드백이 조작되었다는 사실을 알았음에도 칭찬받은 피험자들에게 특별한 능력이 있다고 믿었다.

다른 사람들이 내 말을 듣게 만들려면 그들을 칭찬하고 그들에게 좋은 인상을 주어야 한다. 그들이 그러한 말들을 듣고 싶어 하기 때문이다. 아무리 완고한 부모라도 비판과 비난, 꾸짖음으로 자녀의 행동을 좋게 고치지 못한다. 반면 칭찬은 마력과 같은 효과를 발휘한다. 칭찬을 하면 아이들은 말을 잘 듣게 되고, 동료들은 의욕적으로 일하기 시작한다. 이것이 칭찬의 효과다. 우리가 아무리 잘못되고 나쁘다는 비난을 받아도 자신의 의견을 포기하지 못하는 것도 이와 같은 원칙 때문이다. 그렇기 때문에 심리학자들은 사람들에게 긍정적인 피드백을 주라고 권한다. 그들에게 선한 사람이라는 생각을 심어주는 사람은 상대와 이념적 마찰을 빚더라도 격렬한 거부반응을 거의 유발하지 않는다.

마찬가지로 오로지 이성적인 반박만으로는 사람들의 신념을 깨지 못한다. 미국의 도덕 심리학자 조너선 하이트의 말을 빌리자면, 다른 사람들을 설득하려면 코끼리, 즉 그들의 감정에 호소해야 한다고 한다. 즉 상대의 느낌과 감정을 겨냥해야 한다. 공통점을 강조하고 일반적인 호의를 표하면 십중팔구 성공한다. 이러한 호의를 바탕으로 온화한 논쟁이 가능해진다. 결론적으로 말하자면 탄탄한 근거나 도덕적 비난으로는 다른 사람들을 설득하기 어렵다. 사람들이 반대 주장에 마음을 열게 만들기 위해서는 친근감이나 좋은 감정이 필요하다. 만약 상대를 좋아하고 그 역시 기본적으로 인간의 선을 본다고 믿는다면 비판을 받아들이는 것이 훨씬 간단하다. 반면 다른 사람에게 호통을 치는 사람에게는 등을 돌린다. 우리는 누구나 이 사실을 알고 있지만 논쟁 상황에서는 그렇게 행동하기 쉽지 않다.

조지 메이슨 대학교의 기후 변화 소통 센터의 애슐리 앤더슨 Ashley Anderson 연구진은 이러한 사실을 나노 기술의 가능성과 위험에 대한 온라인 논쟁 사례에서 조사하고, 그 결과를 학술지 〈컴퓨터 매개 커뮤니케이션 저널Journal of Computer-Mediated Communication〉에 발표했다. 나노 기술은 논란의 여지가 많은 주제다. 미세한 나노 입자가 생태계와 인간의 건강에 어떤 영향을 미칠 수 있는지는 여전히 미지수다. 하지만 소위 녹색 유전공학과는 달리 나노 기술은 그다지 뜨거운 논의는 아니다. 그래서 연구진은 이 영역을 택했다. 실험에 참가한 2천 338명 대부분은 나노 기술에 대한 뚜렷한 입장을 가지고 있지는 않았다. 피험자들은 은나노 입자의 가능성과 위험에 대해 어느 한쪽으로 치우치지 않게 다룬 한 캐나다 블로그 포스트를 읽었다. 이를테면 은나노 입자가 항균 효과가 있지만, 수질 오염을 야기할 수도 있다는 내용이었다. 애슐리 앤더슨과 그녀의 동료들은 게시글 아래의 댓글 공간에서 몇몇 댓글의 톤을 조작해두었다. 피험자들은 논의에 능동적으로 참여하지 않았으며 그저 조용한 관찰자로서 댓글을 읽었다. 하지만 연구진이 댓글의 톤을 거칠게 조작하자 다음과 같은 효과를 관찰할 수 있었다. 나노 기술의 위험성이 그렇게 크지 않다는 견해를 사전에 이미 가지고 있던 사람은 댓글 분위기가 난폭해해지자 나노 기술의 위험성을 심지어 더 낮게 평가했다. 반대로 나노 기술의 위험성이 높다는 견해를 사전에 가지고 있던 사람은 이러한 견해를 더욱 강화시켰다.

만약 당신이 채식주의 친구에게 작은 스테이크 한 조각의 가치를 설득시키고자 한다면 채식주의자에 대한 농담을 아끼길 바란다. 상대를 폄하하는 비판은 상대의 반항을 유발할 뿐이다. 그리고 칭찬을 실제적으로 활용할 때에도 몇 가지 요령이 필요하다. 칭찬을 사용할 수 있는 범위는 제한되어 있다. 예를 들어 고집불통인 남자들과 논쟁을 할 때에는 일단 그들이 일상에서 애쓰며 살고 있거나 직장에서 불쾌한 모욕을 잘 참고 있다고 인정하는 찬사를 먼저할 수 있다. 그다음에 때를 봐서 '하지만'으로 말을 시작하는 것이다. 한편 배우자에게 어떤 듣기 좋은 말을 하고 어떻게 칭찬을 해야 할지는 당신이 배우자를 긍정적으로 바라보며 어떤 포인트를 잡아야 할지 직접 찾아내야 할 것이다. 이 기회에 관심을 두고 배우자를 지켜보도록 하자.

다
수
의
견
의

설
득
력

우리는 어떻게 널리 확산된 견해에
동조하게 되는가?

．
．
．
．

　저 위에 있는 사람들은 실생활에서 무슨 일이 일어나는지 전혀 몰라! 그들은 거품 속에 살고 있으니! 정치인과 경영인들이란. 정치계 및 경제계의 소위 결정권자들에 대한 욕은 보통 이렇게 시작한다. 그리고 여기서 우리 주변의 소위 보통 사람들을 두둔하기 위해 말하자면, 이러한 비난은 전혀 잘못되지 않았다. 오히려 그 반대다. 하지만 제한을 둘 필요는 있다. 왜냐하면 저 위에 있는 사람들만 거품 속에서 살고 생각하는 것이 아니라, 우리 같은 평범한 사람들도 똑같기 때문이다. 우리 역시 작고 포근한 자신의 생각 속에서 편안하게 살아간다.

　미국 아이오와주의 하원의원 짐 리치Jim Leach는 미국의 수도 워싱턴에서 이러한 거품 같은 생각이 얼마나 굳어져 있는지에 대해 이야기한 적이 있다. 과거에는 상·하원 의원들이 통례적으로 배우자와 자녀와 함께 자기 출신 주에서 워싱턴으로 이주했다. 워싱턴으로 이주한 의원들은 거품 속에서 살기도 했지만, 경쟁 관계의 정당 의원들과 정기적으로 만나면서 의견을 나누기도 했다. 의원의 가족들은 여러 사교 클럽에서 서로 만나 타향의 외로움을 달랬다. 그들은 자녀가 같은 학교에 다닌다는 이유로 혹은 같은 스포츠 팀에서 활동한다는 이유로 친목을 도모했다. 의원들의 배우자들 사이에 우정이 싹트고, 공화당원과 민주당원의 아이들이 함께 시간을 보냈다. 의원들 역시 이러한 식으로 상대 당의 당원들과 서로 접촉을 했다. 그들 사이에서도 우정이 싹트면서 이념적 도랑 위로 다리가 놓였고, 적어도 사적인 차원에서는 서로 비방하거나 자신의 입장을 강하게 두둔하지 않으면서 논란의 여지가 있는 주제에 대해 논의하는 것이 가능했다.

짐 리치 공화당 의원은 심리학자 조너선 하이트가 주최한 2007년의 어느 회의에서, 뉴트 깅리치Newt Gingrich가 워싱턴의 이러한 사적인 분위기와 나아가 정치적인 분위기를 뒤엎었다고 말했다. 공화당 소속인 뉴트 깅리치는 1995년에 미국에서 정치적으로 막강한 권한을 쥐고 있는 하원 의장으로 선출되었다. 그는 공화당 의원들에게 가족들을 고향에 두고 혼자 워싱턴으로 일하러 올 것을 독려했다. 그 결과, 1990년대에 큰 영향력을 지녔던 깅리치는 워싱턴의 정치적 분위기를 장기적으로 변화시켰다. 짐 리치의 묘사에 따르면 민주당과 공화당 사이의 도랑이 깊어졌다. 그 이후로 대부분의 미국 의원들은 월요일 아침 일찍 출신 주를 떠나 워싱턴으로 와서 같은 당 의원들과 함께 상대 당의 비난을 저지하는 일을 하다가

목요일 저녁에 다시 고향으로 돌아갔다. 의원 가족들이 학교와 사교 클럽, 각종 모임에서 만날 기회가 사라지면서 양 정당 의원들 사이의 개인적인 친목의 횟수도 줄어들었다.

뉴트 깅리치의 이러한 작은 조치로 말미암아 미국의 양대 정당의 이념적 골이 더 깊어졌다. 이 이야기를 확대 해석해서는 안 되겠지만, 이 작은 일화에는 많은 것들이 담겨 있다. 다른 사람들의 생각은 우리의 사고와 감정에 중요한 영향을 미친다. 우리는 종종 스스로도 인식하지 못하는 사이에 현재 유행하고 있는 선호도나 입장을 그대로 받아들인다. 특히 나만 사태를 다르게 보는 것은 아닐까, 내 생각이 틀린 것은 아닐까 하며 갈팡질팡할 때에는 다수의 입장을 따르게 된다. 우리의 이념과 사고, 견해는 마치 병을 옮듯이 다른 사람들로부터 전염되고, 이렇게 전염된 생각을 다른 사람들에게 계속해서 옮긴다. 또한 우리가 이러한 동질적인 생각 거품 속에 갇히게 되는 즉시, 모든 반대 의견은 내쫓고 서로 자기가 옳다며 자신의 입장을 강하게 어필하게 된다. 이러한 점에서 뉴트 깅리치의 조치는 장기적으로 비극적인 부작용을 낳고 미국 양대 정당의 과격화를 촉진시켰다고 볼 수 있다.

심지어 다른 사람들이 누가 봐도 조잡하고 터무니없는 견해를 외칠 때에 그러한 견해가 얼마나 막강한 영향을 미치는지는 오래전의 매우 유명한 한 심리학 실험을 통해 확인되었다. 1950년대에 솔로몬 애쉬Solomon Asch는 자신의 연구실에서 젊은 남자 대학생 일곱 명을 대상으로 실험을 실시했다. 그는 피험자들에게 그들의 시각적 인지를 테스트할 것이라고 설명했다. 물론 이러한 설명은 실제 연구 목적을 드러내지 않기 위한 구실에 불과했다. 일곱 명의 대학생들은 테이블에 둘러앉았다. 애쉬는 그들에게 길이가 서로 다른 세 개의 선이 그려진 카드를 제시했다. 또 다른 카드에는 한 개의 표준 선만 그려져 있었다. 피험자들에게 주어진 과제는 한쪽 카드에 그려진 표준 선과 길이가 같은 것을 다른 카드에서 고르는 것이었다. 아주 단순한 과제였다. 첫 라운드에서는 피험자들 모두 정답을 말했다. 물론 당연한 결과였다. 두 번째 라운드에서도 마찬가지였다. 대부분이 정답을 맞혔고, 한두 명만이 착각해서 답을 잘못 말했을 뿐이었다.

실제로 이 실험의 피험자는 6번 자리에 앉은 학생 단 한 명이었고, 나머지 여섯 명은 솔로몬 애쉬가 실험을 위해 동원한 협력자들이었다. 그들은 미리 짜인 각본대로 첫 번째 라운드와 두 번째 라운드에서 정답을 말했다. 그렇다면 6번 자리의 피험자 앞에 있던 다섯 명의 학생들이 똑같은 오답을 말하면 어떤 일이 벌어질까? 게다가 정답을 쉽게 맞힐 수 있는 과제라면 말이다. 애쉬는 바로 이 문제를 밝혀보고자 했다. 누가 집단의 압력에 굴복할까? 딜레마에 빠진 피험자들은 어떤 선택을 할까? '내 눈을 믿어야 할까 아니면 집단의 다른 사람들이 말한 내용을 믿어야 할까?'

세 번째 라운드에서 1번 자리의 협력자가 오답을 말했다. 2번 자리의 협력자도 똑같은 오답을 말했다. 그러자 6번 자리의 피험자는 당황한 기색과 불편한 심기를 내비치기 시작했다. '이게 무슨 일이지?' 3번 자리와 4번 자리의 협력자도 똑같은 오답을 말했다. '저 사람들은 도대체 눈이 달리기는 한 거야?' 5번 자리의 협력자도 똑같은 오답을 말했다. 그들의 목소리에는 한 치의 망설임도 없었다. 진짜 피험자의 4분의 3은 다른 협력자들이 말한 오답에 동조했다. 진짜 피험자들 중 일부는 다른 협력자들이 오답을 말했음을 알고도 정답을 말하기도 했다. 하지만 전체적으로 놀라울 정도로 많은 진짜 피험자들이 잘못된 다수의 의견에 동조했다. "합리적이고 지적이며 선의를 지닌 젊은 사람들이 흰색을 검정색이라고 말하려 한다. 이것은 정말 우려되는 문제다."라고 솔로몬 애쉬는 말했다.

실험 집단의 피험자들은 오로지 혼자서 다른 사람들과 다른 의견을 말해야 한다는 감정이 그들의 마음을 흔들었다. 그들이 정말로 오답을 믿었는지 아닌지는 모르겠지만, 그들은 다수의 오답에 굴복했다. 우리가 일상에서 다수의 의견을 따르는 것처럼 말이다. 한 무리의 사람들이 어느 집 앞에 모여 있을 경우, 우리는 무슨 재미있는 일이 벌어졌는지 보기 위해 잠깐 걸음을 멈추게 된다. 솔로몬 애쉬의 실험 결과에도 불구하고 사람들은 자신이 집단의 뜻에 굴복하지 않을 것이며 결코 오답에 동조하지 않을 것이라고 믿고 싶어 한다. 그 이유는 자기 자신을 비판적이고 깨어 있는 생각을 하는 사람, 원칙을 지키는 사람이라고 생각하기 때문이다. 하지만 사람들은 솔로몬 애쉬의 실험실에 있던 대부분의 피험자들처럼 행동할 가능성이 매우 높다.

다른 상황을 상상해보자. 직장에서 논란의 여지가 큰 주제에 대해 열띤 토론이 벌어진다. 이를테면 기회균등이나 여성의 승진, 미래의 여성 간부 비율과 같은 주제다. 토론은 2시간 동안 계속되고 차례차례 일어나 앞에서 말한 사람의 견해에 동조한다. 그렇다면 앞사람과 다른 견해를 가지고 있는 사람은 어떻게 행동할까? 그는 자리에서 일어나 자신의 의견을 드러낼까? 아니면 불편한 마음으로 자리에 앉아서 자신의 입장을 점점 의심하고, 정말로 자기 혼자만 그렇게 생각하는 것인지 고민하면서 말없이 그냥 가만히 있을까? 분명히 그는 아무 말도 하지 않을 가능성이 높다. 혼자서 집단의 견해와 동떨어진 의견을 공공연히 드러내는 일은 사회적으로 높은 대가를 요구한다. 불만이 많은 사람은 영리하지 못한 사람이 되기 십상이며, 논란이 많은 주제의 경우에는 비인간적인 사람으로까지 여겨진다. 솔로몬 애쉬가 자신의 실험에서 관찰한 것처럼 동조 압력은 막대한 영향을 미친다. 다른 심리학자들의 연계 연구에 따르면 집단의 규모가 커질수록 동조 압력도 커진다. 다시 말해, 더 많은 사람들이 대변하는 입장일수록 그만큼 동조 압력은 더욱 강해진다. 예를 들어 워싱턴 의원들이 같은 당 의원들의 견해만 듣는다면 처음에는 의심스러웠더라도 결국 그 견해를 따르게 될 것이다.

물론 우리는 누구나 다른 사람들에 비해 자신이 주위의 영향에 쉽게 넘어가지 않는다고 생각한다. 하지만 우리가 얼마나 다른 사람들과 똑같은 선호도, 똑같은 취미, 똑같은 생각을 갖고 있는지를 항상 깨닫게 된다. 사람들은 자신이 특별하다고 생각하지만, 결국 자신도 늘 유행을 좇고 있음을 자각한다. 이를테면 자녀에게 자신이 예쁘다고 생각하는 이름을 지어주지만, 나중에 놀이터에 가보면 다른 많은 부모들도 이 이름을 예쁘다고 생각하며, 이 이름이 그 해의 가장 인기 있는 아동 이름 10개 안에 들어 있다는 사실을 알게 된다. 우리는 주변의 정황으로부터 많은 영향을 받는다. 예를 들면 친구가 다이어트를 하면 우리도 따라한다. 주위에서 장거리 여행이 한창 유행이면 우리도 여행을 떠난다. 또 백신 접종 문제에 대해 다른 부모들의 의견을 신뢰한다. 새해 전야에 찾아온 손님들이 불꽃놀이를 싫어하고 폭죽을 사지 않으면 우리도 체면을 유지하며 그런 척한다.

우리는 끊임없이 다른 사람들의 영향을 받는다. 예를 들면 데이터 분석 전문가 숀 테일러Sean Taylor는 2013년에 학술지 〈사이언스〉에서 리뷰나 댓글이 온라인 논쟁에 어떤 영향을 미치는지를 보여주었다. 즉, 첫 코멘트들이 긍정적일 경우 뒤에 이어지는 코멘트들도 호의적인 확률이 높다. 반면 초반에 굉장히 부정적인, 소위 진상들이 코멘트를 달 경우에는 불평만 늘어놓는 사람들이 계속 자판을 두드린다. 자녀가 있는 사람이라면 이러한 식의 사회적 전염을 더 잘 알고 있을 것이다. 부모가 마음이 급하면 아침마다 아이에게 옷을 입히고 양치를 해주고 등교 준비를 할 때마다 아이의 고집스런 반항을 마주치게 된다. 반면 부모가 느긋하면 이러한 마음이 아이에게도 곧바로 전달된다. 다른 사람들의 생각이나 선호도, 감정에서 벗어나는 것은 이처럼 어려운 일이다.

다른 사람들은 순전히 내용적으로만 우리의 생각에 영향을 미치는 것이 아니다. 인지과학자 스티븐 슬로먼과 필립 페른백은 한 실험을 통해 이 사실을 보여주었다. 이 실험은 반짝이는 돌에 대한 내용으로, 그들의 저서 《지식의 착각The Knowledge Illusion》에서 설명되고 있다. 두 학자는 일부 피험자들에게는 과학자들이 바위 덩어리가 빛을 발산하는 원리를 알아냈다고 말하고, 일부 피험자들에게는 돌이 반짝이는 현상을 과학으로는 풀 수 없다고 말했다. 이러한 두 시나리오는 피험자들의 견해에 영향을 미쳤다. 즉 과학자들이 이 수수께끼를 규명했다는 내용을 들은 피험자들은 자신들도 돌이 반짝이는 이유를 대략적으로 알고 있다고 말했다.

심지어 다른 사람들의 잘못된 전문 지식이 아무것도 모르는 사람들에게 영향을 미칠 수 있다. 그들은 '우리에게 전문가가 있으니 나도 알고 있는 사람에 속한다.'고 생각한다. "인간의 이해 대부분은 지식이 외부에 존재한다는 사실을 안다는 데에 있다."고 스티븐 슬로먼과 필립 페른백은 쓰고 있다. 다른 사람들의 생각과 지식은 사회적 환경에 강한 영향력을 발휘한다. 한번 솔직해져보라. 우리가 제대로 알지도, 제대로 생각하지도 못하면서 확신에 찬 목소리로 주장할 때가 얼마나 많은지를 말이다. 그런 순간은 창피할 정도로 많을 것이다.

누군가가 자신의 내적 확신과는 달리, 그저 다른 사람들도 그렇게 한다는 이유에서 누가 봐도 어리석은 소리를 진실이라고 말할 경우, 그는 다만 외부의 압력에 굴복할 뿐 속으로는 자신이 더 잘 알고 있다고 생각한다. 그는 자신이 듣고 말한 것을 실제로 전혀 믿지 않을까? 몇몇 경우에 혹은 그런 말도 안 되는 소리를 처음 접했을 때에는 그럴 수 있다. 하지만 많은 연구를 통해 밝혀진 바에 따르면, 사람들은 다수의 생각이 설득력이 더 크다고 생각한다. 이를테면 인간의 뇌는 당사자 자신의 생각과 유사한 혹은 동일한 결정을 다른 사람이 먼저 내렸을 때 특히 정보를 더 잘 받아들인다는 사실이 뇌 영상 촬영을 통해 드러났다. 이는 안도의 한숨이 신경과 시냅스에 퍼지는 것과 흡사하다. 휴우, 이제 다 괜찮아. 다른 사람들이 나하고 똑같이 생각하니까 모든 게 정상임에 틀림없어.

반면 다른 사람들이 피험자의 생각과 다른 결정을 내렸을 때에는 뇌에서 정보 가공을 잘 하지 못한다. 인간은 자신의 주변 사람들과 똑같은 입장을 보이고 똑같은 결정을 내릴 때 좋은 감정이 생긴다. 반대로 말하면 이미 솔로몬 애쉬가 보여준 것처럼, 자기 혼자 다른 견해를 가지고 있다는 것은 상당한 스트레스를 의미할 수 있다. 아마도 모든 사람들이 이러한 상황에서 발생하는 비참한 감정 상태를 알고 있을 것이다.

이스라엘의 바이츠만 연구소Weizmann Institute of Science의 신경과학자 미카 에델슨Micah Edelson 연구진과 유니버시티 칼리지 런던 대학교의 탈리 샤롯은 2011년에 과학 전문지 〈사이언스〉에서 다른 사람들이 터무니없는 말을 확신 있게 표명할 경우 사람들은 언젠가 이러한 허튼소리를 정말로 믿게 된다는 또 다른 증거를 보여주었다. 이 학자들은 피험자들에게 영화 한 편을 보여준 후, 영화에 등장한 다양한 세부 사항에 대해 질문했다. 마치 목격자에게 실시하는 전형적인 설문 조사와 유사했다. 솔로몬 애쉬가 60년 전에 시행했던 것처럼, 연구진은 다른 4명의 가짜 피험자들에게 먼저 완전히 잘못된 오답을 말하도록 조작함으로써 진짜 피험자들을 당황하게 만들었다. 예를 들어 영화에 한 아이가 여자 경찰관에게 체포당하는 장면이 등장했다. 이는 영화를 보는 사람이면 누구나 기억할 수 있는 특이한 장면이었다. 하지만 가짜 피험자 4명은 여자 경찰관이 한 남성을 체포했다고 대답했다. 솔로몬 애쉬의 실험에서처럼 이번에도 많은 피험자들이 잘못된 다수의 의견을 따랐다. 즉 실험 참가자들의 약 70%가 오답에 동조했다.

사람들은 다른 사람들이 믿는 것을 믿으며, 다른 사람들이 하는 것을 한다. 이러한 현상을 '사회적 증거Social Proof'라고 부른다. 다수의 의견을 따르는 것이 종종 옳은 전략일 때가 있다. 가령 다른 군인들이 하는 대로 바닥에 엎드려 몸을 숙이는 군인은 목숨을 구할 수 있다. 수렵과 채집 생활을 했던 우리 선조들도 집단의 행동을 따라하는 것이 옳다고 생각했을 것이다. 하지만 가끔은 이러한 사회적 증거가 현실을 바라보는 시각을 왜곡시키기도 한다.

대중적인 견해 혹은 보급화된 어떤 절차나 치료법과 같은 사회적 증거는 그것이 진실이라고 착각하게 만든다. 이는 때때로 비극적인 결과를 초래할 수 있으며, 더욱이 집단적 착각이 인식되기까지 수세기가 걸릴 수도 있다. 예를 들어 침으로 피를 뽑아내는 사혈치료법은 무수한 사람들의 목숨을 앗아갔다. 하지만 사혈의 오랜 전통은 이러한 터무니없는 의료적 구상이 효과가 있다는 증거로 간주되었다. 우리가 전부터 계속 해오던 것이니 좋은 치료법이라고 여기는 것이다. 사혈은 고대 그리스 의학자들 대부분이 따르던 의술이었으며, 소위 4체액설의 토대가 되었다. 이 이론에 따르면 질병이 생기는 이유는 네 가지 체액이 불균형 상태에 빠지기 때문이라는 것이다. 네 가지 체액이란 혈액, 황담즙, 흑담즙, 점액을 말하며 각 체액마다 고유한 특성이 부여된다. 이를테면 혈액은 낙천적이고 명랑한 사람을, 황담즙은 화를 잘 내는 사람을, 흑담즙은 우울한 사람을, 점액은 감정이 메마른 사람을 만든다는 것이다. 고대 그리스 의사들은 사람의 혈관에서 혈액의 흐름이 막히면 나머지 체액도 차단되기 때문에 질병이 생겨난다고 믿었다. 그래서 그들이 제안하는 치료법은 막힌 혈액을 흐르게 하기 위해 혈관을 뚫어야 한다는 것이었다. 어떤 병이냐에 따라 피를 뽑아내는 부위만 다를 뿐이었다.

사혈의 이론적 토대는 그릇된 가정에서 출발했고, 실제 적용 결과 환자들을 쇠약하게 만들었다. 병에 걸린 사람은 어차피 쇠약한 상태에 있다. 그런데 많은 양의 혈액을 잃게 되는 것은 분명히 회복에 도움을 주지 않는다. 하지만 고대 그리스의 의학 전통인 사혈은 유럽에서 오랜 기간 동안 마치 성스러운 의술로 간주되었다. 여러 세대에 걸쳐 의사들은 환자에게 사혈 요법을 적용했다. 의사들은 솔로몬 애쉬의 실험에 참가한 대부분의 피험자들과 똑같이 행동했다. 즉 자신보다 앞선 수많은 의사들이 환자들에게 사혈 요법을 적용했는데, 잘못된 요법일 리가 있을까? 만약 그랬다면 이미 오래전에 사혈은 중단되었을 것이라 생각한 것이다.

　사혈은 2천 년 이상 표준 의료 절차에 속했지만, 실제로 19세기 말까지 사혈을 피한 환자들이 오히려 생존 가능성이 평균적으로 더 높았다. 유명한 피해 사례가 발생하자 비로소 사혈 요법을 둘러싼 긴 논쟁이 시작되었다. 1799년 12월 13일에 조지 워싱턴 대통령은 심한 감기 증상을 느끼며 잠에서 깼다. 당시 66세였던 미국의 초대 대통령인 그는 중증 바이러스에 감염된 상태였다. 의사들은 그에게 사혈 요법을 시술하여 처음에는 약 0.3L의 혈액을 뽑아냈다. 하지만 다음 날 아무런 차도가 나타나지 않았다. 의사들은 또다시 혈관을 절개하여 두 차례에 걸쳐 각각 0.5L의 혈액을 뽑아냈다. 우리 몸에는 약 5L의 혈액이 순환하는데, 조지 워싱턴은 거의 1.5L의 혈액을 사혈을 통해 잃었다. 이른 저녁이 되자 그의 상태는 점점 악화되었다. 또다시 의사들은 그의 혈관을 절개했다. 그의 혈액은 이미 걸쭉해진 상태였고 거의 흘러내리지 않았는데, 이는 수분이 부족하다는 신호였다. 그날 저녁 조지 워싱턴은 숨을 거두었다. 의사들은 그에게서 거의 혈액의 절반을 뽑아낸 것이었다.

사혈을 이미 오래전부터 비판적인 시각으로 바라본 소수의 의사들도 있었다. 조지 워싱턴 대통령이 사망한 후에 사혈을 찬성하는 자들과 반대하는 자들이 공개적으로 논쟁을 벌이기 시작했다. 하지만 사혈을 옹호하는 사람들이 다수였다. 그들 중에는 당시 미국을 비롯한 전 세계에서 존경받는 유명한 의사들도 있었다. 우연하게도 조지 워싱턴의 사망 직후에 막을 내린 시끌벅적한 소송에서 미국 판사들은 사혈이 유익하고 합법적인 시술이라는 판결을 내렸다. 그로부터 10년 후, 한 군의관이 비교 연구를 통해 사혈의 역효과를 제시했다. 즉 사혈 치료를 받은 환자들의 사망률이 사혈 치료를 받지 않은 환자들에 비해 10배나 높다는 것이었다. 다른 연구들도 이와 동일한 결과를 보여주었다. 하지만 19세기 후반이 되어서야 비로소 사회적 증거의 설득력이 약해지면서 사혈이 의료 역사의 뒤안길로 사라질 수 있었다. 하지만 사혈 대신 효과를 입증할 수 없는 또 다른 치료법들이 등장했고, 환자들에게 인기가 있다는 이유로 오래도록 적용되었다.

우리가 어떤 것을 믿는 이유는 많은 사람들이 그것을 믿기 때문이다. 수많은 집단들이 이러한 전략을 적극적으로 활용한다. 사실은 소수 지위에서 벗어나기 위해서이기도 하다. 이는 미국의 소위 기후 변화 회의론자들에게서 확인할 수 있다. 오랫동안 기후 변화 회의론 운동을 주도하던 홍보 전략가 마크 먼로Marc Munro는 지구 온난화가 인간이 초래한 현상이라는 데에 의구심을 품고 있는 기후 전문가 400여 명의 명단을 언론에 공개했다. 하지만 이 명단에 이름을 올린 많은 사람들은 기후 변화와 아무런 관계도 없는 사람들이었다. 단지 기후 변화 문제에 대해 학계에서 의견의 일치가 이루어졌다는 인상을 보여주기 위해서였다. 힘을 과시한 것이다. '봐라, 우리는 이렇게 많다. 그러므로 우리의 의견은 중요하며 들을 만한 가치가 충분하다.'

소셜 네트워크에서의 여론 영향력도 이와 동일한 원리에 따라 작용한다. 대부분의 인터넷 사용자들은 '좋아요Like', '공유Share', '리트윗Retweet'이 많은 뉴스를 더 중요하고 가치 있다고 간주한다. 많은 사람들이 관심을 갖는 정보는 자동적으로 중요하다는 인상을 준다. '이렇게 많은 사람들이 읽고 보고 듣고 전달하는 정보라면 분명히 뭔가 있어, 그렇지 않겠어?' 소셜 네트워크의 봇Bot 또한 선호되는 견해에 사회적 힘을 실어주는 기능을 한다. 즉 자동화된 가상의 프로필들은 봇의 의뢰자나 운영자들에게 적합한 견해를 널리 확산시킨다. 이러한 방법은 매우 효율적이고 성공적이기 때문에 트럼프와 브렉시트의 시대, 정치적 양극화가 보편화된 시대에 매우 날카로운 무기가 되었다.

사람들은 눈에 보이는 다수의 의견에 동조한다. 미국 미네소타주의 조세 당국에서 시민의 납세 의식을 고취시킬 수 있는 방안에 대해 조사한 적이 있다. 이를 위해 조세 당국은 네 그룹으로 나뉜 납세자들에게 서로 다른 네 문서를 각각 하나씩 보냈다. 첫 번째 그룹에는 그들의 세금이 교육과 치안, 화재 예방책과 같은 의미 있는 목적을 위해 사용된다는 내용을 전했다. 두 번째 그룹에는 세금 횡령 시 어떤 처벌을 받게 되는지를 알렸고, 세 번째 그룹은 세무 신고에 어려움이 있을 경우 당국에 도움을 요청할 수 있다는 내용을 전했다. 마지막 그룹의 문서에는 미네소타주 시민들의 90%가 이미 규정에 따라 세금을 완전히 납부했다는 내용이 담겨 있었다. 납세자들의 납세 의식에 긍정적인 영향을 미친 유일한 문서는 다른 시민들이 어떻게 행동했는지가 담긴 네 번째 문서였다. 거의 모두가 동일하게 행동할 경우, 사람들은 굳이 소수 집단에 들어가려고 하지 않는다.

오늘날의 미디어 환경은 감정적으로 불쾌한 비주류 여론을 따르지 않는 분위기를 조성한다. 적어도 개인적으로 친밀한 관계에서는 말이다. 자신의 견해가 아무리 의심스럽다 하더라도 인터넷에는 이보다 더 수상쩍은 생각들이 많이 존재한다. 그리고 이곳에 모여 같은 뜻을 가진 사람들이 활발하게 활동하며 서로 자기들의 세계관이 옳다는 것을 확인한다. 인간은 끼리끼리 모이는 경향이 있으니 말이다. 친구들 사이에서도 마찬가지다. 우리 대부분은 가치관과 입장이 서로 비슷한 사람끼리 모인다. 공통점이 없으면 우정이 생겨나지 않는다. 단편적인 미디어는 우리가 자신의 생각 거품 속에 살면서 자신의 생각과 같은 다른 사람들의 생각을 칭송하는 분위기를 조성한다.

여기에는 다른 사람들의 생각이 지닌 파괴력이 숨겨져 있다. 즉 그러한 동질적인 생각 거품은 과격화를 부추기는 작용을 한다. 모두가 같은 견해를 공유하면서 서로 치켜세워주면 오류를 바로잡을 방법이 결핍된다. 영국의 자유주의 철학자 존 스튜어트 밀은 1859년에 출간한 자신의 저서 《자유론》에서 반대 의견에 마음을 열어야 한다고 충고했다. 그는 "어떤 사안에 대해 자신의 입장만 아는 사람은 많은 것을 모른다."고 쓰고 있다. 유일하게 군주에게 직언할 수 있는 궁중 광대를 두거나 악마의 변호인Devil's Advocate과 논의를 하는 것은 자신의 입장을 바라보는 시각을 날카롭게 만든다.

하지만 자신과 생각이 같은 사람들하고만 붙어 있는 사람은 자기 자신만을 경험할 뿐이며, 이러한 똑같은 생각에서는 좋은 것이 생겨나지 못한다. 심리학자 어빙 재니스Irving Janis는 1960년대에 높은 지능과 뛰어난 능력을 가진 사람들로 구성된 집단들이 왜 부분적으로 좋지 못한 이상한 결정을 내리는지에 대해 심층적으로 연구했다. 그중에서도 그는 피그만Bay of Pigs 침공 작전을 분석했다. 1961년 4월 미국은 피그만에서 은밀한 CIA 작전을 통해 쿠바를 침공하여 피델 카스트로 정권을 전복시키려고 했다. 하지만 이 작전은 참담하게 실패했다. 어빙 재니스는 이 작전의 실패 원인을 무엇보다도 계획 단계에서 모든 관계자들이 똑같은 의견을 갖고 있었기 때문이라고 보았다. 아무도 이 작전에 대해 비판하거나 대안을 제시하는 등 악마의 변호인 역할을 하지 않았던 것이다.

어빙 재니스는 자신이 관찰한 이러한 현상을 '집단사고Groupthink'라고 불렀다. 집단사고는 집단의 모든 구성원이 같은 의견을 지니고 서로에게서 자신의 의견을 확인할 때 발생할 수 있다. 그렇게 되면 어떤 계획에 의구심이 들어도 아무도 목소리를 내서 비판하지 못한다. 오히려 다른 사람들의 생각에 복종하고 집단에서 바라는 행동을 따른다. 이는 부분적으로 치명적인 결과를 가져온다. 예를 들면 2008년의 금융 위기 역시 집단사고 현상으로 설명될 수 있다. 대규모 은행 모두가 같은 뜻을 가지고 있었기 때문에(혹은 아무도 반대 입장을 취할 용기가 없었기 때문에) 그토록 오랫동안 고위험 유가증권이 신나게 팔렸고, 결국 거품이 터지고 말았다.

많은 심리학자들은 모두가 다른 사람들의 의견을 따르는 그러한 동질적인 생각 거품이 과격화 작용을 촉진시킨다는 직접적인 실험 증거들을 축적했다. 심리학자 데이비드 마이어스David Myers와 폴 바흐Paul Bach, 조지 비숍George Bishop은 이미 1970년대에 이와 관련된 논문을 발표했으며, 2000년대에는 행동 연구가 캐스 선스타인이 집단사고 현상을 연구했다. 비판과 저항이 결여되고 모두가 서로에게서 자신의 입장이 옳음을 확인하는 경우에는 그러한 입장이 끊임없이 극으로 치닫는다. 많은 연구가들이 우파와 좌파, 군사적 개입의 옹호자와 반대자 등 하나의 이념을 옹호하는 사람들을 연구한 결과, 항상 동일한 성과를 얻었다. 즉 오로지 같은 생각을 가진 사람들로만 집단이 구성되었을 경우에 그들의 생각이 점점 과격해졌다. 모두가 자신이 옳다는 이유만을 찾는다면 지적 겸손이나 절제가 생겨나지 않는다.

또한 모든 사람들이 같은 생각을 가질 경우 단조로운 분위기가 조성되고, 이를 기회 삼아 가장 과격한 대변인들의 시간이 시작된다. 그러므로 그들은 긴장과 흥분을 가장 많이 조장하는 태도로 취한다. 모두가 같은 노래를 부르고 있을 때에는 무엇보다도 목소리가 가장 큰 사람의 소리가 잘 들리는 법이다. 그리고 이러한 큰 목소리는 다른 합창 단원들이 자신들의 소리를 더 잘 듣기 위해 더 크게 노래를 부르게 만든다. 이처럼 집단 내에서 압력이 커지면 집단의 목소리도 점점 커진다. 하지만 그들에게 정말로 필요한 존재는 지휘자처럼 중간중간 잘못된 점을 지적하고 합창단 전원에게 목소리만 키우지 말라고 충고하는 비판가다. 이러한 지휘자가 없으면 아무도 그 부조화한 노래를 들으려 하지 않을 것이다.

이러한 비판가는 대부분 결여되어 있거나, 존재한다 해도 그들의 목소리는 외면당한다. 그렇게 되면 문제 정의의 범위가 확대되고 새로운 문제와 새로운 적수가 생겨남으로써 집단 내 구성원들이 서로 채찍질을 한다. 대규모 정치판에서도 이러한 일이 벌어지고 있다. 한편에서는 우파들이 의기투합하여 외국인과 무슬림, 엘리트층, 젠더 연구 지지자들을 욕하며 자신들의 국가가 망해간다고 슬퍼한다. 다른 한편에서는 좌파들이 합심하여 인종차별주의자와 성차별주의자, 포퓰리스트들을 비방하고 백인 남성들의 억압에 반대하는 대규모 투쟁을 벌인다. 함께 논의하는 것은 두 진영 모두에게 어려운 일이다. 그들은 논의를 하는 대신, 고래고래 소리치거나 아니면 아예 입을 닫아버린다. 이처럼 그들은 집단 구성원 모두가 가진 같은 생각 속에 자기 자신을 봉인하고, 이로 말미암아 이러한 생각은 끊임없이 과격해진다. 그 결과, 양측은 점점 더 서로를 이해하지 못하게 되고 이념적으로 반대되는 상대측에게 점점 더 큰 혐오감을 갖게 된다. 그들은 이 장의 앞부분에서 거론한 뉴트 깅리치처럼 행동한다. 다시 말해 오늘날 구제할 수 없을 정도로 갈라진 정치적 진영들 사이에 가능한 한 깊은 도랑을 파기 위해 열심히 삽질을 하고 있는 것이다. 뉴트 깅리치의 목적은 자기편 사람들에게 자신과 같은 뜻을 가진 사람들의 의견만 듣게 하는 것이었다. 다른 사람들의 생각이 막강한 요인이라는 것, 그는 이 사실을 분명히 알고 있었기 때문이다.

음모론에 열광하는 사람들

좋은 이야기는 왜 설득력이 있고
세상을 훈훈하게 만드는가?

．
．
．

　세 시간 반 동안 고속도로를 달린 버스가 경사진 좁은 도로로 접
어든다. 버스는 울창하고 어두운 숲을 향해 달린다. 숲속에는 마
치 용이 살고 있을 것 같다. 마을 입구의 표지판이 새로 오는 사람
들을 반긴다. "더럽게 좋은 사람들의 고향, 퍼거스 팔스에 오신 것
을 환영합니다Welcome to Fergus Falls, home of damn good folks." 버스
가 도착한 지 얼마 지나지 않아 어떤 사람이 꽁꽁 언 바닥에 또 다
른 표지판을 땅에 박고 있다. 이 표지판에는 방문객에게 전혀 호의
적이지 않은 문구가 적혀 있다. "멕시코 사람들은 접근하지 말 것
Mexicans keep out!" 인구가 약 1만 3천 명 정도인(이 점이 강조되어
야 한다) 작은 도시 퍼거스 팔스는 미국의 북쪽 끝자락에 위치하고
있다. 퍼거스 팔스와 가장 가까운 나라는 캐나다로, 국경까지는 차
로 약 346킬로미터가량 떨어져 있다. 반면 멕시코와의 국경 지역
인 텍사스주 엘패소El Paso까지는 구글 지도에 따르면 미국의 고속
도로를 타고 2,253km를 가야 한다. 다른 말로 표현하자면, 멕시코

사람들은 매일 퍼거스 팔스에 왕래할 수가 없다. 남쪽 멀리에 있는 멕시코 사람들이 이러한 냉담한 퍼거스 팔스에 올 가능성이 거의 드문데도 그들은 이곳에서 환영받지 못한다.

이 작은 도시에는 미국 대통령 도널드 트럼프의 지지자들이 살고 있다. 이곳 미국 시골의 광활한 황무지는 트럼프 지지자들의 본거지다. 트럼프에게 표를 던진 사람들은 어떻게 생각하고 행동할까? 이곳 미국 시골에서 트럼프를 찍은 유권자들은 어떤 사람들일까? 그들은 어떤 동기에서 트럼프를 찍었으며, 어떤 삶을 살고 있고 도대체 어떤 생각을 했을까? 트위터와 폭스 뉴스Fox News의 비극적인 낭패 속에서 이제 미국은 어떤 방향으로 나아갈 것인가?

퍼거스 팔스의 트럼프 지지자들 중 한 사람인 27세의 앤드류 브렘세트Andrew Bremseth는 시청에서 일하고 있다. 이 젊은 남성은 9mm 베레타 소총 없이는 절대로 집에서 나가지 않는다. 미네소타 주의 이 작은 도시에서조차 어떤 위험이 도사리고 있을지 누가 알겠는가? 진짜 용이라도 나올까? 혼자 살고 있는 앤드류 브렘세트가 가장 간절히 바라는 것은 평생을 함께할 여성을 찾는 것이다. 하지만 지금까지 그의 이러한 바람은 이루어지지 않았으며, 그는 아직까지 여자를 진지하게 사귀어본 적이 없었다. 또 그는 27세인 지금까지 한 번도 바다를 본 적이 없다고 했다. 이러한 그의 사연은 2017년 3월에 독일의 대표 시사 주간지인 〈슈피겔Der Spiegel〉에 '작은 도시에서'라는 제목의 기사로 실렸다.

이 기사는 미국 시골 퍼거스 팔스와 그곳 주민들의 모습을 그리고 있다. 이 기사에 따르면, 이곳 주민들은 총기를 들고 다니고 멕시코 사람을 싫어하며, 일요일마다 정치적 구세주 도널드 트럼프를 위해 기도를 한다. 또 극장에서는 뛰어난 미국 저격수의 성공적인 삶을 그리는 〈아메리칸 스나이퍼〉가 2년 전부터 계속 상영되고 있다. 이 영화가 이미 오랫동안 상영되고 있음에도 영화표는 계속해서 매진이라고 한다. 퍼거스 팔스에는 적에 맞설 준비가 되어 있는 무장한 미국 애국자들이 살고 있다고 〈슈피겔〉지 기사는 쓰고 있다.

〈슈피겔〉지에 실린 이 글은 독일 저널리즘의 슈퍼스타인 클라스 렐로티우스Class Relotius가 쓴 기사다. 그는 30대 초반에 이미 각종 상을 휩쓸었으며, 〈슈피겔〉지에 굵직한 탐사 보도를 게재했다. 2017년 초에 〈슈피겔〉지 사회부 부장이 그를 미국의 시골인 퍼거스 팔스로 취재를 보냈다. 클라스 렐로티우스는 38일 동안 퍼거스 팔스에 머물면서 트럼프를 찍은 주민들, 무장한 싱글 남성 등에 관한 기사를 함부르크 편집부로 보냈다. 그런데 알고보니 이 기사는 그가 완전히 꾸며낸 거짓이었다. 그가 작성한 대부분의 탐사 보도들도 마찬가지였다. 이러한 사실은 2018년 말에 밝혀졌다. 렐로티우스가 묘사한 많은 사람들은 실제로 존재하지 않는 가상 인물이거나 그에 의해 이력이 특이하게 조작된 사람들이었다.

퍼거스 팔스에 살면서 이 기사를 위해 자료를 수집했다는 두 명의 취재원 미셸 앤더슨Michele Anderson과 제이크 크론Jake Krohn 역시 렐로티우스를 만난 적이 없다고 말했다. 게다가 퍼거스 팔스 주변에는 숲이 없다. 그런데 숲에 용이 살고 있는 것 같다고? 그렇다면 표지판 이야기는? 역시 완전히 조작된 것이었다. '더럽게 좋은 사람들'이라는 문구가 적힌 표지판도, 멕시코 사람들을 모욕하는 내용의 표지판도 실제로 존재하지 않았다. 27세라는 앤드류 브렘세트는 실제로 27세인 사실을 제외하고는 전부 사실과 맞지 않았다. 이 젊은 남성은 총기를 지니고 다닌 적도 없었으며, 베레타 소총도 소지하고 있지 않았다. 또 그는 싱글이기는 했지만 몇 년 전부터 사귀는 여자 친구도 있었다. 미셸 앤더슨과 제이크 크론은 심지어 이 커플이, 앤드류 브렘세트가 말하길 한 번도 본 적이 없다는 바다에서 찍은 사진을 공개하기도 했다. 그렇다면 영화 〈아메리칸 스나이퍼〉는? 이 영화는 클라스 렐로티우스가 2년 전에 퍼거스 팔스를 방문했을 때 지역 극장에서 짧은 기간 동안 상영했을 뿐이었고, 이곳 주민들이 2년 동안 매일 이 영화를 보러 달려가지 않았다.

클라스 렐로티우스는 〈슈피겔〉 편집부와 독자들을 완전히 속였다. 즉 그는 편집부의 모든 기대를 충족시키고 독자의 모든 선입견을 판명해주는 이야기들로 그들을 기만했다. 렐로티우스는 자신의 다른 탐사 보도에서도 그랬듯이, 사람의 마음을 약하게 만드는 온갖 디테일을 가득 담은 사연과, 독자로 하여금 즉시 연대감을 느끼게 만드는 사람들을 묘사한 글들을 썼다. 그러한 그의 글은 모든 것이 완벽하게 맞아떨어졌다. 사실이라고 하기에는 너무나도 완벽하게 말이다. 수년에 걸친 이러한 날조는 2018년 12월에 발각되었다. 이 사건은 〈슈피겔〉지의 가장 큰 치욕이자 독일 저널리즘 사상 가장 심각한 타격이었다. 더욱이 미디어가 거짓 언론이라는 비방을 끊임없이 듣고 신뢰를 얻기 위해 노력하고 있을 때에 말이다. 그 후 탐사 보도라는 형태가 너무 극단에 달한 것은 아닌지, 미디어 업계에서 '스토리텔링Storytelling'이라는 유행어가 최종적으로 퇴출되어야 하는 것은 아닌지에 대한 논란이 일어났다.

심리학적 측면에서 볼 때, 클라스 렐로티우스 사건에서 또 다른 흥미로운 측면을 발견할 수 있다. 즉 그는 자신의 기사를 날조함으로써 스토리가 좋은 사연이 청중에게 얼마나 설득력이 있는지를 인상 깊게 보여주었다. 사실이라고 하기에 스토리가 너무 좋을 때도, 모든 디테일이 너무나도 완벽하게 맞아떨어져서 하나의 문학 작품처럼 구상될 때에도, 그래서 믿기지가 않을 때조차 사람들의 마음이 열리고 이를 믿으려고 한다. 스토리가 좋은 이야기는 설득력이 있으며, 인간의 모든 인지적 통제 시스템을 뚫고 빠져나간다. 그러한 이야기들은 사람의 마음을 움직이고 사로잡으며 감명을 준다. 그리고 현실이라는 이름의 혼돈에 의미를 부여한다. 사람들은 서로 이러한 이야기를 나누며 세상을 이야기한다. 특히 이야기의 형식에 인과관계를 삽입시키고 이를 함께 공유한다. 조너선 하이트를 비롯한 심리학자들은 인간의 뇌에는 논리 프로세스가 아닌 스토리 프로세서가 활동한다고 말한다. 데이터나 사실, 논리 등은 의식적으로 합리적인 사고에 호소하기 때문에 쉽게 외면될 수 있다. 하지만 스토리는 감정과 동감을 건드린다. 즉 스토리는 피할 수 없는 강한 감정을 불러일으킨다는 것이다.

인간에게는 스토리텔링 본능이 있다. 태고부터 우리 인간은 스토리를 서로 공유하고 있다. 우리 선조들은 불을 지피면서 환한 불꽃 속에 둘러앉아 많은 이야기들을 나누었다. 또한 오랜 동굴의 암벽을 보고 느낀 바를 노래나 시, 그림의 형태로 순수하게 묘사했다. 이러한 이야기들은 세대를 거쳐 전달되었고 우리가 오늘날 동화나 설화, 전설이라고 부르는 것들을 만들어냈다. 이로부터 대규모 집단 사람들의 협동을 비로소 가능하게 만든 신화들이 탄생했다. 이러한 신화 이야기들은 집단 구성원들에게 무엇이 옳고 그른지, 자신들은 누구이며 어디에서 왔는지, 어떤 신을 섬겨야 하며 어떤 질서를 믿어야 하는지에 대한 이념을 제공해주는 역할을 했다. 예루살렘 히브리 대학교의 역사학자이자 《사피엔스》의 저자 유발 하라리는 이야기와 신화가 모든 사회의 토대이며, 공유된 신화와 이야기 없이는 어떠한 권력 구조도 생겨나지 못한다고 주장한다. 이야기가 없으면 어떠한 인간 사회에도 역사가 존재하지 않는다는 것이다.

성경은 도덕 사상을 전달하는 이러한 신화와 이야기로 이루어져 있다. 이솝 우화도 마찬가지다. 이솝 우화는 동물 이야기만 묘사하고 있는 것이 아니라, 독자들에게 방향을 제시하는 교훈과 핵심을 끊임없이 전해준다. 그림 형제의 동화, 매우 다채로운 인간 문화에 대한 창조 신화들도 마찬가지다. 또한 이러한 이야기들은 세상으로부터 의미를 얻어내는 데에도 지속적으로 사용되었다. 오늘날의 시각에서 보면 수세기 전의 사람들이 운명의 타격과 자연재해, 기후 현상, 질병을 비롯한 다른 위협적인 사건들을 어떻게 설명했는지 거의 상상하기 어렵다. 그들은 외적인 힘, 처벌을 내리는 신, 사악한 마녀와 같은 존재에 대한 이야기를 꾸며냄으로써 이러한 현상들을 설명했다.

사회학자 로버트 스콧Robert Scott은 자신의 저서《기적의 치료: 성인과 순례, 그리고 믿음의 치유력Miracle Cures: Saint, Pilgrimage, and the Healing Powers of Belief》에서 중세 유럽의 이러한 사상이 일종의 집단적 편집증으로 이어졌다는 결론을 끌어낸다. 곳곳에서 사람들은 신의 분노를 예감했고 어두운 숲속의 음험한 존재를 언급했으며, 이러한 불안한 감정들로 마음을 압박하는 것들을 이야기들 속에 담았다. 겁을 주는 내용들이 묘사되었음에도 이러한 공포 이야기들은 인간의 두려움을 줄여주었다. 왜냐하면 인간이 가장 참지 못하는 것은 불확실함이나 양가감정이기 때문이다. 어떤 것에서 아무런 의미도 발견되지 않을 때 우리는 해명을 원한다. 어떻게 해서든지 말이다. 뇌 속의 이야기 발전소가 이러한 해명을 제공한다. 해명이 맞는지 아닌지는 전혀 상관없다. 오로지 중요한 것은 그러한 해명이 불쾌한 감정을 쫓아낸다는 것이다. 〈슈피겔〉지에 실린 퍼거스 팔스의 꾸며진 이야기는 어떻게 도널드 트럼프가 세상에서 가장 막강한 나라의 대통령이 되는 일이 벌어질 수 있었는가라는 질문을 해명했다는 점에서 바로 이러한 사람들의 욕구를 충족시켰다. 설득력 있는 이야기는 마음을 열게 하고 복잡하고 추한 현실을 단순화시켜주며 의혹을 제거해준다.

스토리가 없는 곳에서는 스토리를 만들어낸다. 우리는 심지어 우연한 사건들에서도 자동적으로 어떤 스토리를 찾으려고 한다. 심리학자 프리츠 하이더Fritz Heider와 마리안네 짐멜Marianne Simmel은 이미 1940년대에 이러한 본능을 구체적으로 설명했다. 그들은 실험 참가자들에게 하나의 원과 두 개의 삼각형이 화면 위에 움직이는 영상을 보여주었다. 화면에 보이는 것은 이것이 전부였으며 음향도 전혀 없었다. 이 기하학적 도형들은 화면을 돌아다니며 서로 가까워지기도 하다가 다시 간격을 두고 멀어졌다. 상당히 무미건조한 영상이었다. 그런데 관찰자들은 곧바로 도형들의 움직임을 해석하기 시작했다. 이를테면 도형들이 서로를 쫓아내기도 하고 서로 싸우기도 한다는 것이었다. 이처럼 피험자들의 눈에 보이는 도형들의 움직임은 작은 스토리로 변했다. 실험 참가자들은 하나의 원과 두 개의 삼각형이 주인공이 된 멜로드라마를 보기도 했고 비극을 보기도 했으며, 또 다른 소극을 보기도 했다. 마치 그들은 이 도형들에서 불행한 삼각관계를 보는 것 같았다.

인간은 아무런 관련도 없는 곳에서 어떤 패턴과 연관 관계를 찾으려 하고, 이를 이야기로 결합시킨다. 이는 음모론에서 가장 확실하게 관찰된다. 음모론에서는 무엇보다 과격하고 긴장되는 것이 중요하다. 여전히 많은 사람들은 2001년 9월 11일, 비행기를 월드 트레이드 센터로 조종한 장본인이 CIA라고 믿고 있다. 그렇다면 달 착륙은? 인간을 달에 보내고 다시 살아 돌아오게 만드는 것이 어떻게 가능할 수 있을까? 꾸며낸 연극이 아닐까? 극좌 세력과 극우 세력도 똑같이 음모론에 가담한다. 이념적으로 극좌이든 극우든 상관없이 정치적 견해가 점점 극단화될수록 사람들은 음모론적 사고를 더욱 강하게 하는 경향이 있다. 음모론의 내용이야 서로 다르겠지만, 음모론으로 심리적 욕구를 달래는 것은 동일하다. 말하자면 음모론을 통해 세상의 복잡함을 줄이려고 하며, 세상일에 대해 개인적으로 이해하고 행동한다는 감정에 도달하려는 것이다. 그리고 이러한 목적을 위해 음모론 지지자들은 자신들의 눈에만 보이는 거짓 진실에 대해 거친 이야기들을 만들어 내고 그것을 믿는다.

어떤 집단은 제약 회사가 CIA와 대형 금융권과 손잡고 국민을 상대로 조작을 한다고 믿는다. 또 다른 집단은 세계 권력을 거머쥐려는 소수 집단이나 종교에 대해 예언하고 거짓 언론이 진실을 숨긴다고 한탄한다. 하지만 각각 어떤 음모론을 만들어내든 그 뒤에는 동일한 심리학적 토대가 숨겨져 있다고 암스테르담 대학교의 심리학자 얀 빌렘 반 프로이엔Jan-Willem van Prooijen 연구진은 말한다. 이 연구진은 2015년에 학술지 〈사회심리학 및 인성 과학Social Psychological and Personality Science〉에서 은밀히 권력을 행사하려는 음흉한 세력에 대한 이야기를 믿는 것은 일종의 심리적 극복 전략이라고 쓰고 있다.

음모론의 맥락에서 볼 때 상당히 과하게 들릴 수도 있겠지만, 개인의 인생사도 그러한 음모론적 이야기들과 비교될 수 있다. 개인의 삶은 그 자체로도 그렇지만 아주 많은 우연들에 의해 결정된다. 모든 것이 달라질 수도 있었다는 생각을 진지하게 할 때, 우리는 현기증을 느끼기도 한다. 조금만 다르게 했더라면 완전히 다른 사람이 되었을 수도 있다. 다른 배우자, 다른 친구들, 다른 불행들. 특히 자녀가 있는 사람은 이쯤에서 몸서리가 쳐지기 시작할 것이다. 가끔 아쉬운 생각이 들기는 하지만 내가 그때 그 사람과 결혼했다면 지금의 내 아이들은 이 세상에 태어나지 못했을 거야.

개인의 일생을 바라볼 때에도 명확하고 논리적으로 해명하려는 욕구가 생겨난다. 이를테면 우리는 자신의 삶을 1막에서 2막으로 논리정연하게 이어지는 연극처럼 묘사하기 위해 사후 이야기를 꾸며낸다. 개인의 일대기는 스스로 확신하는 동화 이야기의 총합이다. 이 모든 이야기는 혼란스럽게 뒤엉킨 현실과는 대부분 관계가 없다. 물론 〈슈피겔〉지의 리포터였던 클라스 렐로티우스의 기사들보다는 더 많은 관계가 있겠지만 말이다.

확실한 점은 우리가 이러한 꾸며낸 자서전으로 자기 자신을 속일 수 있다는 것이다. 마치 우리가 좋은 이야기들에 기꺼이 믿음을 선사하는 것처럼 말이다. 심리학자 티모시 브록Timothy Brock과 멜라니 그린Melanie Green은 청중이 어떤 조건하에서 이야기 속에 담긴 논리적 모순이나 불일치를 받아들이는지를 연구한 적이 있다. 그들은 청중을 강하게 사로잡는 이야기일수록 그것이 아무리 허튼소리라도 사람들이 기꺼이 받아들인다는 사실을 보여주었다. 그 외에도 이 두 심리학자는 2000년에 학술지 〈인성과 사회심리학 저널〉에 발표한 논문에서 피험자들이 이러한 조건에서 이야기 내용의 개연성이나 주인공의 입장에 더 강하게 동의한다는 사실을 확인했다.

이러한 사실은 우리가 오랜 친구들과 대화를 나눌 때도 나타난다. 절친한 친구들과 대화를 할 때 좋은 점은 무엇일까? 오래전부터 서로의 이야기를 잘 알고 있고, 맥주를 마시면서 수백 번이고 묵은 이야기를 꺼내 양념을 가미하여 말할 수 있다는 것이다. 옛 일화들은 모닥불처럼 따뜻하고 친구들을 끈끈하게 결속시킨다. 그 이야기들은 우리와 관련된 이야기, 우리가 잘 알고 있는 이야기이고 우리에게 따뜻하고 좋은 감정을 선사하며, 모든 것이 좋았던 옛 시절을 떠오르게 하기 때문이다. 하지만 누구나 케케묵은 이야기보다 새로운 이야기를 듣고 싶다고 주장한다. 실제로 사람들은 자신에게 무엇이 정말로 도움이 되는지를 모른다. 하버드 대학교의 심리학자 대니얼 길버트 연구진이 2017년에 학술지 〈심리학 과학Psychological Science〉에 발표한 것처럼, 청중은 자신이 알고 있는 이야기를 즐기지만 그 반대를 주장한다.

길버트 연구진의 실험에서 청중뿐만 아니라 화자도 새로운 내용이 최고의 즐거움을 선사한다고 말했다. 하지만 실험에서는 정반대의 결과를 보여주었다. 예를 들어 실험에서 화자 한 명이 청중 두 명에게 까마귀의 지능에 대한 이야기를 들려주었다. 그리고 청중은 화자의 이야기가 얼마나 재미있고 이해가 잘 되는지를 평가했다. 그 결과, 까마귀 강연 내용을 이미 알고 있던 청중들이 훨씬 더 재미있게 들었다. 반면 내용을 전혀 모른 채 이야기를 들은 사람은 힘을 들여서 강연을 들어야 했고 관심 또한 미미했다.

길버트에 따르면, "친구들이 우리가 모르는 영화나 음악에 대해 이야기할 때 우리는 대체로 지루해한다. 그 이유는 그러한 복합적인 경험들에 대하여 일목요연하게 소통하는 것이 어렵다는 데에 있다." 하지만 상대가 말하는 영화나 음악을 자신이 알고 있을 때에는 이야기를 훨씬 잘 따라갈 수 있고, 상대가 말하는 이야기에 공백이 생길 경우 이를 채울 수 있다. 그래서 대부분의 사람들은 자신이 알고 있는 이야기를 들으려고 한다. 하지만 이론적으로는 다를 것이다. 이론대로라면 새로운 이야기가 더 큰 관심을 끈다. "그러나 대부분의 사람들은 이야기를 할 때 결정적인 정보를 빼놓고 말하는 상당히 형편없는 화자다."고 길버트는 말한다. 이러한 관점에서 볼 때 이미 알고 있는 이야기가 더 흥미진진하다기보다는 새로운 사건이나 정보를 일목요연하게 설명하는 것이 어렵다. 클라스 렐로티우스 사건과 관련해서 보면, 그도 마찬가지로 〈슈피겔〉지와 우리 독자들에게 퍼거스 팔스에 대해 예전부터 알려진 이야기를 들려주었다. 이를테면 우리가 미국 시골 사람들에 대해 예전부터 알고 있는 내용들, 즉 총기를 가지고 다니는 사람들, 애국심이 과도한 사람들, 자신들의 고향을 잘 떠나지 사람들에 대해 이야기했다. 렐로티우스는 이러한 자신의 이야기로 우리의 모든 선입견을 확인시켜주었다. 이러한 이유 때문에 우리는 그의 말을 기꺼이 경청했다.

관심을 끌 만한 이야기가 훌륭한 말솜씨로 능숙하게 서술된다면 우리를 완전히 옭아맬 수 있다. 예를 들어 기부에 대한 호소를 할 때에는 무엇보다도 마음을 따뜻하게 만드는 이야기를 하면 효과가 크다. 곤궁에 빠진 몇몇 사람들을 거론하며 이야기를 할 경우, 듣는 사람으로 하여금 동정심을 느끼게 하고 기부를 해야겠다는 감정을 갖게끔 만든다. 기부자는 마치 자신이 이 사람들을 알고 있다는 느낌을 받고, 자신의 기부금으로 그들을 도와줘야겠다는 참여 의식을 느낀다. 그리고 기부를 통해 자신도 이 이야기의 일부가 된다고 생각한다. 구호 단체들이 기아에 시달리는 사람들의 수치, 폭력 희생자에 대한 통계 혹은 잠재적 기부자의 공감을 얻기 위한 도덕적 논거로 호소할 경우 청중의 감정을 뒤흔들지 못한다. 사람들의 마음을 사로잡는 이야기, 사람들을 설득시켜서 그들의 입장에 깊은 감명을 줄 수 있는 개별 사례들에 대한 이야기로 호소해야 한다. 이러한 사실은 수많은 연구들을 통해 입증되었다.

이러한 점은 정치인들도 잘 알고 있다. 정치는 결국 누가 더 좋은 이야기를 하느냐의 싸움이기 때문이다. 연금 수당을 0.5% 내리든, 자녀 수당을 13.80유로로 인상하든, 먼 전쟁 지역에 군대를 파견하든, 유권자들의 동의나 거부를 결정하는 것은 무엇보다도 이러한 조치들을 어떤 이야기 속으로 삽입시키는지에 달렸다. 당에서 무엇보다 중요한 것은 자녀 수당이나 연금 수당 금액을 구체적으로 얼마에 책정하느냐보다 자녀와 부모, 연금 생활자가 나라의 주춧돌이며 이 나라의 강점이 그들의 복지에 좌우된다는 이야기를 믿을 만하게 전달하는 것이다. 이야기는 사람들을 설득시키기 위해서라면 반드시 사실과 일치할 필요가 없다. 클라스 렐로티우스 사건을 생각해보라. 그가 날조한 이야기들이 사람들의 마음을 사로잡지 않았는가? 혹은 인지과학자 스티븐 슬로먼과 필립 페른백이 그들의 저서 《지식의 착각》에서 설명하는 것처럼, "할리우드에서는 정확한 사람이 돈을 벌지 못한다. 사람들의 직관에 호소하는 사람들이 돈을 번다."고 말했다.

소위 메타내러티브Metanarrative는 종종 그들을 정치적으로 결속시키고 그들의 지지자들을 동원한다. 메타내러티브란 객관적 의미를 만들어내는 이념이나 신화를 말하며, 이러한 이념이나 신화는 개별 사건들의 해석 수단으로 사용된다. 가장 빈번하고 가장 효과적인 메타내러티브는 희생자 이야기일 것이다. 예를 들면 극단주의 연구가 줄리아 에브너Julia Ebner가 자신의 저서 《분노: 이슬람주의와 극우주의의 악순환The Rage: The Vicious Circle of Islamist and Far-Right Extremism》에서 설명하듯이, 서로 적대적인 두 성향의 무리는 동일한 신화에 근거한다. 한쪽에서는 폭력도 불사할 각오가 되어 있는 이슬람주의 지지자들이 서방 세계에서 무슬림을 공격하고 괴롭히며 말살하려 한다고 표명한다. 그러므로 필요하다면 폭력을 사용해서라도 이에 맞서야 한다는 것이다. 적수인 극우주의자들도 마찬가지다. 극우주의자들은 이슬람교가 서구 사회를 공격하고 괴롭히며 말살하려고 한다고 이야기한다. 그러므로 필요하다면 폭력을 사용해서라도 이에 맞서야 한다고 말한다.

이슬람주의 혹은 극우주의의 폭력 행위는 서로 상대편에게 자신들의 피해 역사를 입증하는 증거이며 모든 무슬림 혹은 모든 서방 국가의 적대적인 입장으로 인지된다. 비열한 상대와의 영웅적인 싸움에 대한 이야기는 무엇보다도 이러한 믿음을 유지시킨다. 수치나 데이터, 통계를 열거할 필요가 전혀 없다. 이러한 것들은 청중을 사로잡을 만한 감정적 힘을 가지고 있지 않다. 그렇다. 포퓰리스트들과 극단주의자들과 싸우는 사람에게 필요한 유일한 효과적인 무기는 상대보다 더 좋은 이야기를 하여 청중이 상대에게서 등을 돌리게 만드는 것이다. 그는 주제를 설정하여 잘 포장해야 한다. 상대의 의제가 잘못되고 나쁘다고 뒤에서 큰소리로 헐뜯기만 한다면 아무도 설득시키지 못한다. 그렇게 하면 오히려 포퓰리스트들의 이야기에 더 많은 청중을 끌어들이게 할 것이다.

이와 관련하여 퍼거스 팔스의 이야기 혹은 도널드 트럼프의 미국 이야기를 다시 꺼내보자면, 추측컨대 트럼프는 적어도 한 가지 사실을 알고 있었다. 즉 사람들로 하여금 이야기에 귀를 기울이게 만들려면 그 이야기의 내용이 관심을 끌어야 한다는 것을 말이다. 트럼프가 하는 이야기가 정확하다고는 말할 수 없다. 오히려 마치 그는 자신이 하나의 이야기인 것 같다. 트위터 트롤 대장인 그는 전 세계를 긴장시키고 모두가 그의 말을 경청하게 만드는 예능 쇼를 보여주고 있다. 우리는 그저 이러한 이야기가 해피엔딩으로 끝나기를 바랄 뿐이며 언젠가 다음과 같이 평할 수 있는 날이 오기를 기대할 뿐이다. '그때 〈슈피겔〉지의 어느 허풍쟁이 기자가 역사상 가장 위대한 허풍쟁이의 지지자들에 대한 이야기를 꾸며낸 것은 당연한 일이 아니었을까? 어쨌든 좋은 이야기처럼 들리니까.'

Epilogue

꿈을 꿔보자!

긍정적인 포퓰리즘과 신뢰를 위한 작은 변론

　세상을 구하는 일이 왜 그토록 참담할 정도로 지지부진한지를 알고 싶은 사람은 서점의 자기계발 코너를 뒤적여보는 것이 좋다. 그곳 책장에는 달콤한 희망과 약속이 구매자들을 기다리고 있다. 한 잡지는 '퇴근 후 체력 관리'를 약속하며 저녁에 '정말로' 단 3분이면 순식간에 꿈의 체형을 만들 수 있다고 강조한다. 그 옆에는 마치 경쟁이라도 하듯 탄력 있는 엉덩이를 보장해준다는 요가 서적들이 즐비하다. 남성 독자들은 근육질 팔을 만들어주는 책과 직장에서 모든 것을 처리할 수 있게 도와주는 기술 관련 책으로 모인다. 성공을 보장해주는 이러한 책들 속에서 저자들은 동일한 약속을 제공한다. 더 큰 성공, 체중 감량, 더 큰 아름다움, 스트레스 해소, 건강 증진, 더 나은 성관계, 더 많은 돈, 더 큰 만족과 편안함. 모든 것이 너무나도 쉽고 너무나도 빨리 이루어질 수 있다고 한다.

어떤 사람들은 이렇게 생각하기도 한다. 세상에, 어떻게 사람들이 이런 말도 안 되는 소리에 이리저리 흔들릴 수 있지? 아주 쉬운 기적의 다이어트란 존재하지 않으며 노력 없는 성공에 대한 약속은 유혹적이기는 하지만 도달할 수 없는 낙원일 뿐이다. 하지만 사람들은 그렇게 믿고 싶기 때문에 믿고 따른다. 큰 성공을 꿈꾸는 것은 좋은 일이며 일상에서 얻는 상심을 줄여준다. 그런데 어쩌면 이러한 공허한 약속을 얕잡아보는 것이 너무 근시안적인 생각일 수도 있다. 왜냐하면 이러한 개인의 유토피아에는 어떤 좋은 것이 담겨있기 때문이다. 즉 이로부터 우리는 어떤 일을 시작하고 목표를 설정할 자극을 받을 수 있다. 낙원으로 들어가는 문이 잠겨 있어도 말이다.

이와 같은 자기계발 서적들을 바라볼 때 궁극적으로 훨씬 더 중요한 질문이 불가피하게 떠오른다. 개인이 그러한 약속으로부터 독려를 받을 수 있다면 왜 이와 비슷한 약속들을 사회 전체로 향하게 하여 큰 문제들을 해결할 수 없는 것일까? 이를테면 '매일 단 3분이면 포기 없이 기후 변화를 멈출 수 있다!', '퇴근 후 포퓰리즘 폭로하기!', '스트레스 없는 세계 평화, 조화로운 세상을 위한 손쉬운 비결!', '모두를 위한 복지를 만드는 세 가지 단순한 파워 법칙!'과 같은 형태로 말이다.

물론 아주 순진하게 들릴 것이다. 하지만 진지하게 생각해보면 오늘날과 같은 세계 정황에 반드시 필요한 부분이다. 사람들에게 동기를 부여하기 위해서는 긍정적인 미래상이 필요하며, 약속된 보상처럼 작용하는 신뢰와 희망이 필요하다. 어느 정도 현실적인 희망, 실망이나 국가 파산으로 이어지지 않는다는 희망, 또는 과거의 실패한 정치적 유토피아처럼 수백만의 목숨을 요구하지 않는 희망은 더할 나위 없이 이상적이다.

그런데 정치 활동을 하는 사람들은 여전히 끔찍한 시나리오를 기획하는 데에 그 누구보다 뛰어나다. 그들은 위협적인 재앙을 막기 위한 방책을 지속적으로 요구함으로써 동기를 부여하려고 한다. 기후 변화의 문제든 사회의 결속, 유럽의 결속, 민주주의의 결속 문제든 상관없이 말이다. 하지만 이러한 방식은 큰 목표를 공략하는 것이 동기를 부여한다는 심리적 욕구를 소홀히 하고 있다. 미래의 끔찍한 일을 막기만 하는 방식은 어떠한 꿈도 불타오르게 하지 못한다. 식습관을 바꾸는 사람에게 동기를 부여하는 요인은 선망의 대상이 되고 싶은 마음이지, 심혈관 질환이나 당뇨 위험을 줄이려는 의도가 아니다. 나쁜 일을 순전히 막으려는 행동이 인간으로 하여금 꿈을 꾸게 만들었다면, 아마 보험 설계사는 가장 매력 있는 직업이 되었을 것이고 보험증서는 신분을 상징하는 것이 되었을 것이다.

개인이 어떤 행동에 대해 동기부여를 받을 때, 신뢰와 보상의 힘은 작은 부분에서 가장 먼저 나타난다. 심리학자들이 많은 실험을 통해 확인한 것처럼 혹은 부모와 자녀와의 관계에서 확인되었듯이, 대부분 당근이 채찍보다 더욱 효과적으로 작용한다. 그러한 많은 연구 중 한 연구에서 병원 직원들에게 규칙적으로 손을 씻도록 설득하는 내용을 다룬 적이 있다. 위험한 병원균의 확산을 막기 위해 위생 상태가 얼마나 중요한지를 알리는 이러한 강력한 지시는 간호사뿐만 아니라 의사들의 마음도 움직이지 못했다. 뉴욕 주립대학의 돈나 아르멜리노Donna Armellino 연구진이 세면대에 칭찬과 점수를 주겠다는 내용의 안내판을 설치했을 때, 비로소 갑자기 거의 모든 직원들이 손을 씻기 시작했다. 이러한 내용은 의학 전문지 〈임상전염병Clinical Infectious Diseases〉에 게재되었다.

이러한 결과는 우리를 놀라게 한다. 병원균을 통한 감염의 위험은 실제로 존재하고 면역력이 약한 환자들을 감염으로부터 보호하는 것은 의료 관계자라면 도덕적으로 당연히 해야 하는 행위다. 비누를 집어 들고 수도꼭지를 돌리기만 하면 충분할 정도로 손을 씻는 행위는 특별한 수고가 필요하지 않다. 하지만 그렇지 않았다. 사소한 가짜 피드백이 그들로 하여금 손을 씻게 만드는 동기가 되었다. 이처럼 인간은 기쁨을 약속해주는 상황에 접근하려는 경향이 있다. 그것이 그저 세면실의 단순한 안내판을 통한 칭찬이더라도 말이다. 반면 나쁜 경험, 고통과 상실에 대한 기대는 충격 상태나 도피 반응을 유발한다. 승진에 대한 희망은 동기를 부여하고, 해고에 대한 두려움은 활력을 빼앗는다.

물론 이는 아주 큰 문제들에서도 마찬가지다. 그렇다면 보다 큰 문제를 해결했을 때 받게 되는 보상은 어떨까? 예를 들어 기후 변화를 막기 위한 노력에서라면 말이다. 기후 변화 방지를 위해 장거리 여행이나 연비가 높은 자동차를 포기하는 것을 당연하게 생각하고 이에 대해 큰 보상을 주는 세상은 더 나은, 더 아름다운 미래상을 그려낼 수 있을까? 이것은 분명히 무리한 요구이고 비현실적이며 이론적으로나 가능하다. 하지만 더 많은 사람들이 기후 변화와 보상 문제를 깊이 생각한다면 이는 시작될 수 있을 것이다. 지구 온도 상승을 2℃로 제한한다는 목표는 기후 변화의 주원인인 우리의 얼어붙은 마음을 녹이지 못한다. 언제까지 지구 온도 상승을 몇 도까지 제한한다는 것이 무슨 말일까? 이는 추상적이고 누구의 마음도 움직일 수 없으며, 훌륭한 것을 추구하는 대신 나쁜 것을 막는다는 진부하고 효과 없는 원칙일 뿐이다.

　심리학자들은 예를 들면 자선 구호와 관련하여 신뢰와 희망적 기대감이 사람들을 고무하고 격려한다는 사실을 확인했다. 그러므로 밝은 환경에서 기분이 좋은 환자들의 사진이 선행을 자극했다. 그러한 사진은 보는 사람으로 하여금 치유가 가능하다는 기대감을 불러일으켜 자선을 행하도록 동기를 부여했다. 반면 많이 아프고 슬퍼 보이는 환자들은 보는 이들을 체념하게 만들었다. '내가 기부한다고 뭐가 달라질 수 있을까? 전부 헛된 일이야.'

　보상과 좋은 결말에 대한 가능성은 통제할 수 있다는 감정, 영향력을 발휘할 수 있다는 감정을 유발한다. 이러한 감정은 기부 행동을 위한 기본 전제 조건이다. 쉽게 말하면 탄력 있는 엉덩이를 만들려고 17번이나 다이어트를 시도하기 위한 전제 조건이기도 하다. 그 반대는? 아무것도 할 수 없다는 체념적 감정이다. '이것이 전부 무슨 소용이 있을까? 기후 변화를 비롯하여 현재 이 세상에서 벌어지는 미친 짓을 막기 위해 아무것도 할 수 없어. 어차피 아무 소용이 없으니 차라리 먼 데로 멋진 여행이나 다녀와야겠어.' 희망이 결핍되면 집단적이고 학습된 무력함이 확산된다. 기대와 신뢰가 없다면 우리는 머리를 땅속에 처박고 아무것도 듣지 않는다.

사람들은 대체적으로 자신의 개인적인 미래에 대해서 희망적인 것들을 보려고 하기 때문에 개인 치유 관련 서적들도 서점에서 큰 인기를 누린다. 대부분의 사람들은 온갖 근심 걱정에도 불구하고 모든 것이 어떻게든 잘될 거라는 감정을 느낀다. 이처럼 많은 사람들이 자기 자신의 미래에 대해 비현실적으로 희망적인 시각을 갖는 것을 낙관 편향Optimism Bias이라고 부른다. 이러한 감정은 자기 자신이 운명의 타격으로부터 계속 안전하다는 생각을 부추긴다. 암, 이혼, 실직 등 이러한 불운은 주변 사람들에게 일어나는 일이지, 자기 자신에게는 일어나지 않을 거라고 생각한다. 물론 성공적으로 살을 빼는 사람, 탄탄한 경력을 쌓아 목표에 다가가는 사람, 기한 내에 프로젝트를 끝내는 사람, 예산을 벗어나지 않고 집을 짓는 사람들은 소수에 속할 것이다. 이러한 낙관 편향은 사람들로 하여금 아예 아무 소용도 없다고 말하게 하는 대신 주어진 과제들에 착수하게 만든다.

하지만 우리는 짙은 회색 렌즈가 장착된 또 다른 안경을 쓰고 있다. 사람들은 이 안경으로 자신의 국가, 자신의 사회 혹은 전 세계의 미래를 바라본다. 그것도 재앙의 징조를 말이다. 그러한 안경을 끼고 세상을 바라본다면 모든 것이 실패하고 소란이 생기는 것은 당연하다. 2018년에 일리노이 주립대학교의 심리학자 수시미타 슈리칸트Sushmita Shrikanth를 중심으로 하는 연구진은 학술지 〈실험 심리학 저널: 일반〉에 한 연구를 발표했는데, 이 연구는 인간의 가슴속에 두 개의 영혼, 과장된 개인적 낙관주의와 과장된 집단적 비관주의가 존재한다는 사실을 보여준다.

무엇이 이러한 상반되는 두 개의 경향을 만들어내는 것일까? 그 이유는 우리가 자기 자신에 대해서는 직접 이야기하지만 세상의 상태에 대해서는 이야기를 듣기 때문이다. 연구진이 피험자들에게 개인사에서 중요했던 사건들에 대한 정보를 말해달라고 부탁하면 피험자들은 대부분은 좋은 것들, 예를 들어 사랑, 자녀의 출생, 휴가 등에 대해서 이야기한다. 개인의 기억 속에는 부정적인 사건보다 긍정적인 사건이 더 많이 남아 있으며, 오랜 친구들끼리는 감상적인 옛 이야기들을 지속적으로 이야기한다. 하지만 집단적인 회상의 경우에는 그 반대다. 피험자들은 거의 모든 국가의 역사에 대해 재앙과 전쟁, 혼란 등을 이야기한다. 심리학자들이 여러 나라의 국민들에게 자신의 국가의 역사적 토대에 대해 말해달라고 하면 대부분이 불운과 타격에 대해 이야기한다. 대부분의 정보들은 감정을 동원한다. 부정적인 정보들이 공공연하게 더 널리 확산되며, 분노나 경악을 유발하는 정보들이 더 잘 인지된다. 나쁜 정보들은 더 강한 작용을 하며, 자동적으로 더 믿을 만하다고 여겨진다. 또한 이러한 정보들은 세계 상황에 대한 집단적 표상을 지나치게 탁하게 만든다.

과거를 특히 나쁜 시각으로 바라보는 사람은 미래도 어둡게 보게 된다. 이를 전체 사회에 옮겨보면, 집단적 기억이 주로 전쟁과 재앙으로 이루어져 있는 경우 미래상도 암울해진다.

이러한 진단을 진지하게 생각해보자. 즉 집단적인 인간의 미래에 대해 긍정적 미래상을 가지려면, 희망적인 이야기를 세상 속으로 가져오려면 우리의 기억과 담론에서 인류의 업적과 성과, 행복했던 순간들에 더 많은 공간을 할애해야 한다. 잘못된 것이나 부족한 것에 대해 비난만 해서는 안 된다. 솔직하게 말하자면 이곳 중부 유럽에서는 대부분의 사람들이 잘살고 있다. 물론 옆집 사람이 더 큰 집과 더 멋진 자동차를 갖고 있기는 하지만 말이다. 가끔은 이러한 사실을 환기시키고 계속해서 이야기할 필요가 있다. 그렇게 하면 집단적인 과거가 조금이나마 밝아질 것이다. 또한 사람들에게 희망과 목표, 계획을 선사해주는 긍정적인 미래상에 불을 지필 수 있는 한 줄기 희망이 생겨날 것이다.

이 모든 것이 순진한 이야기처럼 들리는가? 물론 그럴 것이다. 하지만 이제는 꿈을 꿔보자. 모든 것이 가능해질 수 있다는 꿈을!

이 책에 등장하는 지식과 진술들은 여러 책과 무수한 연구와 논문, 심리학자와 인지연구가를 비롯한 다른 학자들과의 대화를 토대로 하고 있다. 이 책의 많은 장들은 내가 수년 동안 〈쥐트도이체 차이퉁Süddeutsche Zeitung〉에 연재한 주로 학술적인 글들을 바탕으로 하고 있다. 이 글들은 인간이 왜 자신이 감정적으로 믿는 것만 믿으며 어떻게 그러한 견해를 갖게 되었는가라는 주제를 담고 있다. 독자들은 이 책에 언급되는 몇몇 사례들, 이를테면 솔로몬 애쉬의 동조 실험이나 심리학자 레온 페스팅거의 인지 부조화 이론에 영향을 준 종말론 종파 사례를 2013년에 출간된 나의 저서 《완고한 상사 설득시키기Starrköpfe überzeugen》에서도 찾아볼 수 있을 것이다.

참고 문헌 목록에는 이 책에 삽입된 중요한 저서와 연구, 논문들을 알파벳 순서에 따라 나열해놓았다. 모든 연구들이 직접적으로 이 책에 등장하는 것은 아니지만, 그 근본적 내용들이 이 책의 배경지식을 이루고 있다.

참고 문헌 목록에 적힌 많은 학술지들에 대해서 간단히 말하자면, 대부분의 학술지들은 영어로 출간된다. 그 외에도 대부분의 연구들은 유료 사이트의 학술지에 게재되어 있다. 하지만 공공 도서관을 통해 대부분 접근이 가능하다. 몇몇 연구가들은 자신들의 논문을 인터넷에서 자유롭게 볼 수 있도록 공개하고 있다. 대부분 구글 검색을 통해 이 논문들의 초록을 인터넷에서 볼 수 있다.

또한 심리학 학술지의 출판 정책은 일목요연하지 않은 부분이 있다. 많은 저널들은 연구들을 먼저 온라인 버전으로 발표하고, 그 다음에 어느 정도의 기간을 두고 권Volume과 호Issue 번호가 매겨진 저널에 발간한다. 또한 요즘에는 많은 학자들이 자신들의 논문을 특정 학술지에 발간되기 전에 인터넷에 미리 게재하기도 한다. 나는 내가 읽은 논문들과 이 책에 인용된 논문들의 버전을 참고 문헌 목록에 기재해두었다. 말하자면 '온라인online'이라고 기재된 논문은 아직 발간되지 않고 먼저 인터넷에만 게재된 논문을 말한다. 그 외의 다른 경우에는 각각 해당되는 저널을 기재했다. 이러한 논문들이 그 이후로 특정 호에 출간되었을 수도, 아직도 온라인 버전만 존재할 수도 있다. 관심이 있는 독자들은 모든 논문들을 간단한 온라인 검색을 통해 쉽게 찾을 수 있다.

서적 Bücher

Ariely, Dan: Denken hilft zwar, nützt aber nichts. Warum wir immer wieder unvernünftige Entscheidungen treffen. München 2008.

Ariely, Dan: Fühlen nützt nichts, hilft aber. Warum wir uns immer wieder unvernünftig verhalten. München 2010.

Aronson, Elliot/Tavris, Carol: Ich habe recht, auch wenn ich mich irre. Warum wir fragwürdige Überzeugungen, schlechte Entscheidungen und verletzendes Handeln rechtfertigen. München 2010.

Cialdini, Robert: Die Psychologie des Überzeugens. Ein Lehrbuch für alle, die ihren Mitmenschen und sich selbst auf die Schliche kommen wollen. Bern 2010.

Cialdini, Robert/Goldstein, Noah/Martin, Steve: Yes! Andere überzeugen – 50 wissenschaftlich gesicherte Geheimrezepte. Bern 2010.

Doering-Manteuff el, Sabine: Das Okkulte. Eine Erfolgsgeschichte im Schatten der Aufklärung. Von Gutenberg bis zum World Wide Web. München 2008.

Ebner, Julia: Wut. Was Islamisten und Rechtsextreme mit uns machen. Darmstadt 2018.

Ernst, Edzard/Singh, Simon: Gesund ohne Pillen. Was kann die Alternativmedizin? München 2009.

Evans, Alex: The Myth Gap. What happens when evidence and arguments aren't enough? London 2017.

Festinger, Leon/Riecken, Henry W./Schachter, Stanley: When Prophecy Fails. London 2008.

Fukuyama, Francis: Identity. Contemporary Identity Politics and the Struggle for Recognition. London 2018.

Gigerenzer, Gerd: Das Einmaleins der Skepsis. Über den richtigen Umgang mit Zahlen und Risiken. Berlin 2002.

Goldacre, Ben: Die Wissenschaftslüge. Die pseudo-wissenschaftlichen Versprechen von Medizin, Homöopathie, Pharma-und Kosmetikindustrie. Frankfurt am Main 2010.

Haidt, Jonathan: The Righteous Mind. Why Good People are Divided by Politics and Religion. London, New York 2012.

Hendricks, Vincent F./Vestergaard, Mads: Postfaktisch. Die neue Wirklichkeit in Zeiten von Bullshit, Fake News und Verschwörungstheorien. München 2018.

Hood, Bruce M.: Übernatürlich? Natürlich! Warum wir an das Unglaubliche glauben. Heidelberg 2011.

Jütte, Robert: Die Geschichte der Alternativen Medizin. Von der Volksmedizin zu den unkonventionellen Therapien von heute. München 1996.

Kahnemann, Daniel: Schnelles Denken, langsames Denken. München 2012.

Kalichman, Seth: Denying Aids. Conspiracy Theories, Pseudo science, and Human Tragedy. New York 2009.

Konnikova, Maria: Täuschend echt und glatt gelogen. Die Kunst des Betrugs. München 2017.

Lantermann, Ernst-Dieter: Die radikalisierte Gesellschaft. Von der Logik des Fanatismus. München 2016.

Lilla, Mark: The Once and Future Liberal. After Identity Politics, London 2018.

Lukianoff , Greg/Haidt, Jonathan: The Coddling of the American Mind. How Good Intentions and Bad Ideas are Setting up a Generation for Failure. New York 2018.

Mercier, Hugo/Sperber, Dan: The Enigma of Reason. Cambridge 2017.

Mooney, Chris: The Republican Brain. The Science of Why They Deny Science – and Reality. Hoboken 2012.

Myers, David/Abell, Jackie/Kolstad, Arnulf/Sani, Fabio: Social Psychology. European Edition. Maidenhead 2010.

Pinker, Steven: Enlightenment Now. The Case for Reason, Science, Humanism, and Progress. New York 2018.

Pratkanis, Anthony/Aronson, Elliot: Age of Propaganda. The Everyday Use and Abuse of Persuasion. New York 1992.

Rosling, Hans: Factfulness. Wie wir lernen, die Welt so zu sehen, wie sie wirklich ist. Berlin 2018.

Schleichert, Hubert: Wie man mit Fundamentalisten diskutiert, ohne den Verstand zu verlieren. Anleitung zum subversiven Denken. München 2008.

Sharot, Tali: Das optimistische Gehirn. Warum wir nicht anders können, als positiv zu denken. Berlin, Heidelberg 2014.

Sharot, Tali: Die Meinung der anderen. Wie sie unser Denken und Handeln bestimmt – und wie wir sie beeinfl ussen. München 2017.

Shermer, Michael: Why People Believe Weird Things. New York 2002.

Sloman, Steven/Fernbach, Philip: The Knowledge Illusion. Why We Never Think Alone. New York 2017.

Specter, Michael: Denialism. How Irrational Thinking Hinders Scientific Progress, Harms the Planet, and Threatens Our Lives. New York 2009.

Sunstein, Cass R./Thaler, Richard H.: Nudge. Wie man kluge Entscheidungen anstößt. Berlin 2011.

Taleb, Nassim Nicholas: Der Schwarze Schwan. Die Macht höchst unwahrscheinlicher Ereignisse. München 2008.

Todorov, Alexander: Face Value. The Irresistible Influence of First

Impressions. Princeton, Oxford 2017.

Wiseman, Richard: Paranormality. Why We See What isn't There. London 2011.

Wundt, Wilhelm: Grundriss der Psychologie. Leipzig 1896.

연구 논문 Studien

Alter, Adam L./Oppenheimer, Daniel M.: Prediciting short-term stock fluctuations by using processing fluency, in: PNAS, online, 2006.

Alter, Adam L./Oppenheimer, Daniel M.: Uniting the tribes of fluency to form a metacognitive nation, in: Personality and Social Psychology Review, Bd. 13, S. 219, 2009.

Alves, Hans: Sharing rare attitudes attracts, in: Personality and Social Psychology Bulletin, online, 2018.

Alves, Hans et al.: A cognitive-ecological explanation of intergroup biases, in: Psychological Science, online, 2018.

Anderson, Ashley A. et al.: Crude comments and concern: Online incivility's effect on risk perception of emerging technologies, in: Journal of Computer-Mediated Communication, online, 2013.

Antonakis, John/Dalgas, Olaf: Predicting elections: Child's play!, in: Science, Bd. 323, S. 1183, 2009.

Antonakis, John/Eubanks, Dawn L.: Looking leadership in the face, in: Current Directions in Psychological Science, Bd. 26, S. 270, 2017.

Arkin, Robert M./Guerrettaz, Jean: Who am I? How asking the question changes the answer, in: Self and Identity, online, 2014.

Armellino, Donna et al.: Using High-Technology to Enforce Low-Technology Safety Measures: The Use of Third-party Remote Video Auditing and Real-time Feedback in Healthcare, in: Clinical Infectious Diseases, Bd. 54, S. 1, 2012.

Baumeister, Roy F./Vohs, Kathleen D. et al.: Bad Is Stronger Than

Good, in: Review of General Psychology, Bd. 5, S. 323, 2001.

Betsch, Cornelia et al.: The influence of narrative v. statistical information on perceiving vaccination risks, in: Medical Decision Making, Bd. 31, S. 742, 2011.

Blake, Adam B./Nazarian, Meenely/Castel, Alan D.: The Apple of the mind's eye: Everyday attention, metamemory, and reconstructive memory for the Apple logo, in: The Quarterly Journal of Experimental Psychology, online, 2015.

Bown, Katrina/Sevdalis, Nick: Lay vaccination narratives on the web: Are they worth worrying about?, in: Medical Decision Making, Bd. 31, S. 707, 2011.

Carr, Evan W. et al.: Are you smiling, or have I seen you before? Familiarity makes faces look happier, in: Psychological Science, online, 2017.

Cho, Hyunyi et al.: Perceived realism: Dimensions and roles in narrative persuasion, in: Communication Research, online, 2012.

Cichocks, Aleksandra et al.: »They will not control us«: Ingroup positivity and belief in intergroup conspiracies, in: British Journal of Psychology, Bd. 107, S. 556, 2016.

Cook, John/Lewandowsky, Stephan: The debunking handbook, University of Queensland, 2011.

Dekker, Sanne et al.: Neuromyths in education: Prevalence and predictors of misconceptions among teachers, in: Frontiers in Psychology, Bd. 3, S. 1, 2012.

Devitt, Aleea L./Schacter, Daniel L.: An optimistic outlook creates a rosy past: The impact of episodic simulation on subsequent memory, in: Psychological Science, online, 2018.

Diethelm, Pascal/McKee, Martin: Denialism: What is it and how should scientists respond?, in: European Journal of Public Health, Bd. 19, S. 2, 2009.

Ditto, Peter H. et al.: At least bias is bipartisan: A meta-analytic comparison of partisan bias in liberals and conservatives, in: Perspectives on Psychological Science, online, 2018.

Dohle, Simone/Montoya, Amanda K.: The dark side of fluency: Fluent names increase drug dosing, in: Journal of Experimental Psychology: Applied, Bd. 23, S. 231, 2017.

Douglas, Karen M. et al.: Th e psychology of conspiracy theories, in: Current Directions in Psychological Science, Bd. 26, S. 538, 2017.

Dunning, David/Kruger, Justin: Unskilled and unaware of it. How difficulties in recognizing one's own incompetence lead to inflated self-assessments, in: Journal of Personality and Social Psychology, Bd. 77, S. 1121, 1999.

Ecker, Ulrich et al.: Correcting false information in memory: Manipulating the strength of misinformation encoding and its retraction, in: Psychonomic Bulletin and Review, Bd. 18, S. 570, 2011.

Ecker, Ulrich et al.: Misinformation and its correction: Continued influence and successful debiasing, in: Psychological Science in the Public Interest, online, 2012.

Edelson, Micah et al.: Following the crowd: Brain substrates of long-term memory conformity, in: Science, Bd. 333, S. 108, 2011.

Eil, David/Rao, Justin M.: The good news-bad news eff ect: Asymmetric processing of objective information about yourself, in: American Economic Journal: Microeconomics, Bd. 3, S. 114, 2011.

El-Alayli, Amani et al.: ›I don't mean to sound arrogant, but …‹ The effects of using disclaimers on person perception, in: Personality and Social Psychology Bulletin, Bd. 34, S. 130, 2008.

Fernbach, Philip et al.: Political Extremism is supported by illusion of understanding, in: Psychological Science, Bd. 24, S. 939, 2013.

Fernbach, Philip et al.: Extreme opponents of genetically modified foods know the least but think they know the most, in: Nature Human Behaviour, online, 2019.

Fisher, Matthew et al.: Searching for explanations: How the

internet infl ates estimates of internal knowledge, in: Journal of Experimental Psychology: General, Bd. 144, S. 674, 2015.

Fragale, Alison R./Heath, Chip: Evolving informational credentials: The (miss)attribution of believable facts to credible sources, in: Personality and Social Psychology Bulletin, Bd. 30, S. 225, 2004.

Frimer, Jeremy A. et al.: Liberals and conservatives are similarly motivated to avoid exposure to one another's opinions, in: Journal of Experimental Social Psychology, Bd. 72, S. 1, 2017.

Gampa, Anup et. al.: (Ideo)Logical Reasoning: Ideology Impairs Sound Reasoning, in: Social Psychological and Personality Science, online, 2019.

Geraerts, Elke et al.: Lasting false beliefs and their behavioural consequences, in: Psychological Science, Bd. 19, S. 749, 2008.

Gigerenzer, Gerd/Garcia-Retamero, Rocio: Cassandra's regret: The psychology of not wanting to know, in: Psychological Review, Bd. 124, S. 179, 2017.

Gilbert, Daniel T. et al.: The novelty penalty: Why do people like talking about new experiences but hearing about old ones?, in: Psychological Science, online, 2017.

Glaeser, Edward L./Sunstein, Cass R.: Does more speech correct falsehoods?, in: The Journal of Legal Studies, Bd. 43, S. 65, 2014.

Graeupner, Damaris/Coman, Alin: The dark side of meaning making: How social exclusion leads to superstitious thinking, in: Journal of Experimental Social Psychology, Bd. 69, S. 218, 2017.

Green, Melanie C./Brock, Timothy C.: The role of transportation in the persuasiveness of public narratives, in: Journal of Personality and Social Psychology, Bd. 79, S. 701, 2000.

Greitemeyer, Tobias: Article retracted, but the message lives on, in: Psychonomic Bulletin & Review, Bd. 21, S. 557, 2014.

Guenther, Corey L./Alicke, Mark D.: Self-enhancement and belief perseverance, in: Journal of Experimental Social Psychology, Bd. 44, S.

706, 2007.

Lev-Ari, Shiri/Keysar, Boaz: Why we don't believe non-native speakers? The influence of accent on credibility, in: Journal of Experimental Social Psychology, Bd. 46, S. 1093, 2010. 259

Loewenstein, George et al.: Information Avoidance, in: Journal of Economic Literature, Bd. 55, S. 96, 2017.

Ha, Minsu et al.: Feeling of certainty: Uncovering a missing link between knowledge and acceptance of evolution, in: Journal of Research in Science Teaching, Bd. 49, S. 95, 2012.

Hadjichristidis, Constantinos et al.: Breaking magic: Foreign language suppresses superstition, in: The Quarterly Journal of Experimental Psychology, online, 2017.

Hall, Lars et al.: Lifting the veil of morality: Choice blindness and attitude reversals on a self-transforming survey, in: Plos One, Bd. 7, S. e45457, 2012.

Hanel, Paul H.P. et al.: The source attribution effect: Demonstrating pernicious disagreement between ideological groups on non-divisive aphorisms, in: Journal of Experimental Social Psychology, Bd. 79, S. 51, 2018.

Harkins, Stephen G./Petty, Richard E.: The multiple source effect in persuasion: The effects of distraction, in: Personality and Social Psychology Bulletin, Bd. 7, S. 627, 1981.

Hart, William et al.: Feeling validated versus being correct: A meta-analysis of selective exposure to information, in: Psychological Bulletin, Bd. 135, S. 555, 2009.

Haslam, Nick: Concept creep: Psychology's expanding concepts of harm and pathology, in: Psychological Inquiry, Bd. 27, S. 1, 2016.

Heintzelman, Samantha J./King, Laura A.: (The feeling of) Meaning-as-Information, in: Personality and Social Psychology Review, online, 2014.

Hewstone, Miles et al.: Intergroup bias, in: Annual Review of

Psychology, Bd. 53, S. 575, 2002.

Hinyard, Leslie J./Kreuter, Matthew W.: Using narrative communication as a tool for health behaviour change: A conceptual, theoretical, and empirical overview, in: Health Education & Behaviour, Bd. 34, S. 777, 2007.

Johnson, Hollyn M./Seifert, Colleen M.: Sources of the continued influence effect: When misinformation in memory affects later inferences, in: Journal of Experimental Social Psychology: Learning, Memory and Cognition, Bd. 20, S. 1420, 1994.

Jun, Youjung et al.: Perceived social presence reduces fact checking, Proceedings of the National Academy of Science, online, 2017.

Kadous, Kathryn et al.: Using counter-explanation to limit analysts' forecast optimism, in: The Accounting Review, Bd. 81, S. 377, 2006.

Kahan, Dan M. et al.: Motivated numeracy and enlightened self-government, in: Behavioural Public Policy, online, 2013.

Lee, Angela Y.: The mere exposure effect: An uncertainty reduction explanation revisited, in: Personality and Social Psychology Bulletin, Bd. 27, S. 1255, 2001.

Levari, David E./Gilbert, Daniel T. et al.: Prevalence-induced concept change in human judgment, in: Science, Bd. 360, S. 1465, 2018.

Lewandowsky, Stephan et al.: NASA faked the moon landing – therefore (climate) science is a hoax: An anatomy of the motivated rejection of science, in: Psychological Science, Bd. 24, S. 622, 2013.

Litt, Ab et al.: Pressure and perverse flights to familiarity, in: Psychological Science, online, 2013.

Maglio, Sam J./Reich, Taly: Feeling certain: Gut choice, the true self, and attitude certainty, in: Emotion, online, 2018.

Marks, Joseph/Sharot, Tali et al.: Epistemic spillovers: Learning others' political views reduces the ability to assess and use their expertise in non-political domains, in: Cognition, online, 2018.

Martin, Cyrus: The psychology of GMO, in: Current Biology, Bd. 23, S. R356, 2013.

McCabe, David P./Castel, Alan D.: Seeing is believing: The effect of brain images on judgements of scientific reasoning, in: Cognition, Bd. 107, S. 343, 2008.

McFarland, Cathy/Ross, Michael: The relation between current impressions and memories of self and dating partners, in: Personality and Social Psychology Bulletin, Bd. 13, S. 228, 1987.

Meisel, Zachary F./Karlawish, Jason: Narrative vs evidence based medicine – and, not or, in: Jama, Bd. 306, S. 2022, 2011.

Miller, Dale T. et al: Counterfactual thinking and the first instinct fallacy, in: Journal of Personality and Social Psychology, Bd. 88, S. 725, 2005.

Minson, Julia A./Monin, Benoît: Do-gooder derogation: Disparaging morally motivated minorities to defuse anticipated reproach, in: Social Psychological and Personality Science, online, 2011.

Morewedge, Carey K.: Negativity bias in attribution of external agency, in: Journal of Experimental Psychology: General, Bd. 138, S. 535, 2009.

Myers, David G./Bach, Paul J.: Discussion effects on militarism-pacifism: A test of the group polarization hypothesis, in: Journal of Personality and Social Psychology, Bd. 30, S. 741, 1974.

Myers, David G./Bishop, George D.: Discussion effects on racial attitudes, in: Science, Bd. 169, S. 778, 1970.

Newman, David B. et al.: Conservatives report greater meaning in life than liberals, in: Social Psychological and Personality Science, online, 2018.

Newman, Eryn J. et al.: Nonprobative photographs (or words) inflate truthiness, in: Psychonomic Bulletin and Review, online, 2012.

Nickerson, Raymond S.: Confi rmation bias: A ubiquitous phenomenon in many guises, in: Review of General Psychology, Bd. 2, S. 175, 1998.

Nisbett, Richard E./Wilson, Timothy DeCamp: Telling more than we can know: Verbal reports on mental processes, in: Psychological Review, Bd. 84, S. 231, 1977.

Nyhan, Brendan/Reifler, Jason: When corrections fail: The persistence of political misperceptions, in: Political behaviour, online, 2006.

Oppenheimer, Daniel M.: Consequences of erudite vernacular utilized irrespective of necessity: Problems with using long words needlessly, in: Applied Cognitive Psychology, Bd. 20, S. 139, 2006.

Ranganath, Kate A. et al.: Cognitive »category-based induction « research and social »persuasion« research are each about what makes arguments believable: A tale of two literatures, in: Perspectives on Psychological Science, Bd. 5, S. 115, 2010.

Richardson, Daniel C. et al.: Measuring narrative engagement: The heart tells the story, in: bioRxiv preprint, online, 2018.

Roese, Neal J./Vohs, Kathleen D.: Hindsight bias, in: Perspectives on Psychological Science, Bd. 7, S. 411, 2012.

Sanchez, Carmen/Dunning, David: Overconfidence among beginners: Is a little learning a dangerous thing?, in: Journal of Personality and Social Psychology, online, 2017.

Scharrer, Lisa et al.: The seduction of easiness: How scientific depictions influence laypeople's reliance on their own evaluation of scientific information, in: Learning and Instruction, Bd. 22, S. 231, 2012.

Scharrer, Lisa et al.: When science becomes too easy: Science popularization inclines laypeople to underrate their dependence on experts, in: Public Understanding of Science, Bd. 26, S. 1003, 2017.

Schroeder, Juliana et al.: Many hands make overlooked work:

Over-claiming of responsibility increases with group size, in: Journal of Experimental Psychology: Applied, online, 2016.

Schuldt, Jonathon P. et al.: »Global warming« or »climate change«? Whether the planet is warming depends on question wording, in: Public Opinion Quarterly, Bd. 75, S. 115, 2011.

Schwarz, Norbert et al: Metacognitive experiences and the intricacies of setting people straight: Implications for debiasing and public information campaigns, in: Advances in Experimental Social Psychology, Bd. 39, S. 127, 2007.

Shah, Anuj K./Oppenheimer, Daniel M.: Easy does it: The role of fluency in cue weighting, in: Judgement and Decision Making, Bd. 2, S. 371, 2007.

Shrikanth, Sushmita et al.: Staying Positive in a Dystopian Future: A Novel Dissociation Between Personal and Collective Cognition, in: Journal of Experimental Psychology: General, online, 2018.

Skurnik, Ian et al.: How warnings about false claims become recommendations, in: Journal of Consumer Research, Bd. 31, S. 713, 2005.

Slovic, Paul: Trust, emotion, sex, politics, and science: Surveying the risk-assessment battlefi eld, in: Risk Analysis, Bd. 19, S. 689, 1999.

Slovic, Paul: »If I look at the mass I will never act«: Psychic numbing and genocide, in: Judgement and Decision Making, Bd. 2, S. 79, 2007.

Song, Hyunjin/Schwarz, Norbert: I fit's easy to read, it's easy to do, pretty good and true, in: Th e Psychologist, Bd. 23, S. 108, 2010.

Sullivan, Daniel L./Landau, Mark J./Rothschild, Zachary K.: An existential function of enemyship: evidence that people attribute Influence to personal and political enemies to compensate for threats of control, in: Journal of Personality and Social Psychology, Bd. 98, S. 434, 2010.

Tappin, Ben et al.: The heart trumps the head: Desirability bias in political belief revision, in: Journal of Experimental Psychology: General, online, 2017.

Taylor, Sean J. et al.: Social influence bias: A randomized experiment, in: Science, Bd. 341, S. 647, 2013.

Thomm, Eva/Bromme, Rainer: »It should at least seem scientific!« Textual features of »scientificness« and their impact on lay assessments of online information, in: Science Education, Bd. 96, S. 187, 2012.

Van Bavel, Jay/Pereira, Andrea: The partisan brain: An identity-based model of political belief, in: Trends in Cognitive Sciences, online, 2018.

Van der Meer, Toni G.L.A. et al.: Mediatization and the disproportionate attention to negative news. The case of airplane crashes, in: Journalism Studies, online, 2018.

Van Prooijen, Jan-Willem/Krouwel, André P. M.: Extreme political beliefs predict dogmatic intolerance, in: Social Psychological and Personality Science, online, 2016.

Van Prooijen, Jan-Willem et al.: Increased conspiracy beliefs among ethnic and Muslim minorities, in: Applied Cognitive Psychology, Bd. 32, S. 661, 2018.

Van Prooijen, Jan-Willem et al.: Political extremism predicts belief in conspiracy theories, in: Social Psychological and Personality Science, online, 2015.

Washburn, Anthony N./Skitka, Linda J.: Science denial across the political divide: Liberals and conservatives are similarly motivated to deny attitude-inconsistent science, in: Social Psychological and Personality Science, online, 2017.

Weaver, Kimberlee et al.: Inferring the popularity of an opinion from its familiarity: A repetitive voice can sound like a chorus, in: Journal of Personality and Social Psychology, Bd. 92, S. 821, 2007.

Winkielman, Piotr et al.: Fluency of consistency: When thoughts fit nicely and flow smoothly, in: Gawronski, Bertram/Strack, Fritz (Hrsg.): Cognitive consistency: A unifying concept in Social Psychology. New York 2012.

Wolfe, Michael B./Williams, Todd J.: Poor metacognitive awareness of belief change, in: Quarterly Journal of Experimental Psychology, online, 2018.

Woolley, Kaitlin/Risen, Jane L.: Closing your eyes to follow your heart: Avoiding information to protect a strong intuitive preference, in: Journal of Personality and Social Psychology, online, 2017.

Zajonc, Robert B.: Attitudinal effects of mere exposure, in: Journal of Personality and Social Psychology, Bd. 9, S. 1, 1968.

Zaleskiewicz, Tomasz/Gasiorowska, Agata: Tell me what I wanted to hear: Confirmation effect in lay evaluations of financial expert authority, in: Applied Psychology: An International Review, online, 2018.

Zebrowitz, Leslie A.: First impressions from faces, in: Current Directions in Psychological Science, Bd. 26, S. 237, 2017.

감정이 지배하는 사회

초판 2쇄 발행 2021년 12월 1일
초판 1쇄 발행 2020년 1월 2일

지은이 세바스티안 헤르만
옮긴이 김현정
발행인 손은진
개발책임 배미영
개발 김민정
제작 이성재 장병미
디자인 별을 잡는 그물 양미정
발행처 메가스터디(주)
출판등록 제2015-000159호
주소 서울시 서초구 효령로 304 국제전자센터 24층
전화 1661-5431 팩스 02-6984-6999
홈페이지 http://www.megastudybooks.com
이메일 megastudy_official@naver.com

ISBN 979-11-297-0578-5 03300

이 책은 메가스터디(주)의 저작권자와의 계약에 따라 발행한 것이므로
무단 전재와 무단 복제를 금지하며, 이 책 내용의 전부 또는 일부를 이용하려면
반드시 저작권자와 메가스터디(주)의 서면 동의를 받아야 합니다.
잘못된 책은 구입하신 곳에서 바꾸어드립니다.

메가스터디BOOKS

'메가스터디북스'는 메가스터디㈜의 출판 전문 브랜드입니다.
유아/초등 학습서, 중고등 수능/내신 참고서는 물론, 지식, 교양, 인문 분야에서 다양한 도서를 출간하고 있습니다.